실전 + 수능

고쟁이

핵심문항으로 부족함 없이!

| STAFF |

발행인 정선욱
퍼블리싱 총괄 남형주
개발 김태원 김한길 김진솔 김민정 우주리
기획·디자인·마케팅 조비호 김정인 framewalk
유통·제작 서준성 신성철

| 집필 |

이투스북 수학연구실

실전+수능 고쟁이 수학 I | 202112 제1판 1쇄 202410 제1판 4쇄
펴낸곳 이투스에듀㈜ 서울시 서초구 남부순환로 2547
고객센터 1599-3225 **등록번호** 제2007-000035호 **ISBN** 979-11-389-0208-3 [53410]

이애희 부평 해법수학교실 　이우승 이우승수학전문학원 　강은옥 셀파5단지공부방 　안종훈 보람고등학교 　김호숙 호수학원

이원재 이루다교육학원 　이은주 전문과외 　강흥규 최강학원 　오설향 해밀수학과학학원 　김호원 원수학학원

이필규 엠베스트SE학원 　이인호 본투비수학교습소 　고지훈 지적공감학원 　윤여민 전문과외 　김희성 멘토수학교습소

임지우 자유자재학원 　이진욱 시지이룸수학학원 　김근아 닥터매쓰205 　이요한 소담고등학교 　나혜원 청북고등학교

장영철 동산고등학교 　이태형 가토수학과학학원 　김기범 경일학원 　이태호 상상이상 　노예리 더바른수학학원

장효근 유레카수학학원 　이한조 닥터엠에스수학과학 　김기평 둔산필즈학원 　이현아 현수학-전문과외 　류혜영 용신중학교

전우진 인사이트수학학원 　장두영 가토수학과학학원 　김복응 더브레인코어학원 　정유진 세종다정고등학교 　문기수 하늘아이학원

정대웅 전문과외 　장세완 장선생수학 　김승환 청운학원 　허 욱 전문과외 　문혜연 입실론

정윤교 온풀이수학1관학원 　장재홍 수학연구소 　김윤화 나래수학 　**경기** 　박민주 카라Math

정은영 밀턴수학학원 　장현정 남산고등학교 　김윤환 양영학원 　강민종 수학쉼터 수학학원 　박상준 몬스터교육_대입몬스터

정은혜 비상영수학원 　전지영 전지영수학 　김지현 파스칼대덕학원 　강예슬 수학의품격 　박선영 알고수학

정혜진 잇올스파르타 인천청라센터 　정민호 J.STEADY수학 　김 진 발상의전환수학전문학원 　강태희 한민고등학교 　박성우 문산제일고등학교

조민관 서이학원 　주기헌 경원고등학교 　김홍철 토브수학교습소 　고안나 기찬에듀기찬수학학원 　박성준 수원칠보고등학교

지영환 이능수학학원 　진국령 업앤탑수학과학학원 　나효명 열린아카데미입시학원 　권용진 수학당 　박연지 상승에듀

채수현 밀턴수학학원 　최대진 엠프로수학 　박연실 빅마마수학 　권정현 전문과외 　박영주 쉬운수학 일산

최경수 코다에듀 　최명성 페르마학원 　박진수 양영학원 　김경민 바른길수학학원 　박원용 동탄트리즈슬빛나루수학학원

최문경 영앙아카데미 　최현정 MQ멘토수학 　배용제 L&K한울학원 　김경진 경진수학학원 　박장우 기찬에듀기찬수학학원

최 진 절대학원 　하태호 월성 이투스수학학원 　배지후 다빈치영재입시센터 　김남진 산본 파스칼수학학원 　박정수 특작수학 시흥퍼펙트

최 훈 수학의시선 　황지현 위드제스트수학학원 　서민재 종로엡스쿨학원 　김도훈 양서고등학교 　박정현 서울삼육고등학교

추승형 무결 수학학원 　**광주** 　선진규 로하스학원 　김동현 JK영수학전문학원 　박종필 정석수학학원

한영진 전문과외 　강승완 첨단시매쓰수학학원 　손일형 둔산 손일형수학 　김미미 수학놀이터 　박종현 하이탑수학

허진선 수학나무 　김광현 한수위수학학원 　송정은 달곰수학공부방 　김민석 더원수학공부방 　박주리 수학에반하다

현미선 써니수학 　김국진 김국진짜학원 　송진협 전문과외 　김민정 어울림수학공부방 　박주희 명인학원

홍창우 인성여자고등학교 　김나형 원탑영수전문학원 　양상규 생각의힘수학학원 　김민정 생각숲 　박찬용 템수학

황면식 늘품과학수학학원 　김수홍 김수홍수학학원 　우현석 에이투지학원 　김상오 리더포스학원 　박하늘 일산후곡 쉬운수학

대구 　김원진 메이블수학 　윤석주 윤석주수학전문학원 　김상윤 막강한수학학원 　박한솔 Snp수학학원

강민영 선재학원 　김재현 김재현수학학원 　이규영 쉐마수학학원 　김석현 G1 MATH 　박홍영 전문과외

강민주 T.O.P.EDU 　김종민 하이퍼수학 　이수진 대전관저중학교 　김선정 수공감학원 　방미영 JMI수학학원

강민지 용산김샘학원 　김태완 루트원수학학원 　이일녕 대전 양영학원 　김선혜 기찬에듀기찬수학 　배재준 연세영어고려수학학원

구정모 함지고등학교 　나혜경 고수학 　이지훈 이지훈수학과학 　김성 블랙박스수학과학전문학원 　배준용 솔로몬학원

구현태 나인쌤수학전문학원 　류창암 멘토영수학원 　전하윤 배수근수학학원 　김성진 수학의아침 수지캠퍼스 　배형진 에임하이수학학원

권기현 이렇게좋은수학 　마채연 마채연수학전문학원 　조충현 로하스학원 　김세영 에스프라임학원 　백경주 지트

권보경 수%수학 　문정연 수학의정석 　차영진 연세언더우드수학 　김소영 예스셈올림피아드 　변준호 김종우ATP학원

김동영 통쾌한수학교습소 　박상현 유베스트학원 　홍진국 와이즈만 대덕테크노센터 　김수민 통수학원 　봉우리 하이클래스공부방

김득현 차수학 사월보성점 　배진문 광주양산학원 　**울산** 　김양진 나무아카데미 　서용준 와이즈만영재교육학원

김미소 에스엠과학수학학원 　변석주 유클리드아카데미 　권상수 호크마수학전문학원 　김영빈 이든수학 　서지호 JMI수학학원

김성민 업앤탑수학과학학원 　설주홍 공신수학학원 　권유혜 전문과외 　김영식 수학대가 　서한울 수학의품격

김수영 봉덕 김쌤수학 　손광일 송원고등학교 　김경문 크레뱅크수학학원 　김영옥 서원고등학교 　설성환 설생수학학원

김연화 업앤탑수학과학학원 　손준영 G1230 오치캠퍼스 　김민정 김민정수학 　김영준 청솔학원 　성기주 토라모리아

김영진 정앤진학원 　신성호 신성호수학공화국 　김봉조 퍼스트클래스수학영어전문학원 　김용덕 매쓰토리수학제2관학원 　성혜경 배움이자라는교실수학교습소

김재홍 경일여자중학교 　양귀덕 양선생수학전문학원 　김영배 화정 김쌤수학과학학원 　김윤경 국빈학원 　소상완 고잔고등학교

김재영 학문당믿음수학 　양동식 1등급수리수학원 　김제득 퍼스트클래스학원 　김윤재 이투스신영통학원 　손석운 tn학원

김한서 한수학학원 　이강우 대치공감학원 　나순현 물푸레수학교습소 　김은지 탑브레인수학과학학원 　손승태 와부고등학교

김혜빈 대원고등학교 　이요한 제일수학학원 　문준호 파워영수학원 　김은지 파스칼수학학원 　송승은 의정부고등학교

문윤정 능인고등학교 　이주현 리얼매쓰수학전문학원 　문호영 pmp영어수학전문학원 　김재영 한국디지털미디어고등학교 　송지수 송지수공부방

박경득 파란수학 　이헌기 보문고등학교 　박국진 강한수학 　김정호 큐매쓰학원 　송치호 대치명인학원

박나영 믿음수학학원 　임태관 매쓰멘토수학학원 　박원기 에듀프레소종합학원 　김정환 필립스아카데미 　송태윤 맑은숲수학학원

박산성 Venn수학 　장민경 장민경플랜수학학원 　성수경 위룰수학영어학원 　김정훈 죽전 파인만학원 　신경섭 한수학전문학원

박원철 경원고등학교 　장영진 공감학원 　신현승 토모수학 　김종남 제너스학원 　신동휘 김덕환수리연구소

박준혁 PNK수학교습소 　정다월 광주인성고 　안재희 안쌤수학학원 　김종찬 김종찬입시전문학원 　신승화 동화중고교

박태호 프라임수학 　정다희 다희쌤수학 　이원택 파워영수전문학원 　김종화 퍼스널개별지도학원 　신정화 SnP수학학원

박현주 Math플래너 　정원섭 수리수학학원 　정세은 현대청운고등학교 　김종환 바른수학학원 　신지현 CEM학원

백대민 송원학원 　정태규 가우스수학전문학원 　정용운 멘토영수학원 　김준형 석필학원 　신혜선 인창유투엠

손혜진 인피니티수학학원 　정형진 BMA롱맨영수학원 　최규종 뉴토모수학전문학원 　김지윤 광교오드수학 　안명근 맨투맨학원

양강일 양쌤수학학원 　정희현 현수학 　최영희 재미진초쌤공부방 　김진국 스터디MK 　안연주 포스텍수학학원

오예운 오쌤수학 　조윤환 문성중고등학교 　**세종** 　김진우 페르마수학학원 　양동연 오산 위드학원

유화진 진수학 　조은영 전문과외 　권민우 스파르타 서울대관 　김창선 백영고등학교 　양은지 수플러스수학

윤기호 샤인수학 　천슬기 페르마수학학원 　김영웅 새롬고등학교 　김창영 에듀포스학원 　양진철 유신고등학교

윤선하 윤쌤수학 　최수연 538수학학원 　김재현 세종국제고등학교 　김태학 평택드림에듀학원 　어재성 수학의아침

윤태권 브라운학원 　최지웅 매쓰피아 　김혜림 전문과외 　김현경 스카이학원 　염철호 박선생수시전문학원

이규철 조은수학 　**대전** 　민관식 NCTM학원 　김현자 생각하는수학공간학원 　오승빈 뿌리깊은나무학원

이상범 Math플래너 　강유식 연세제일학원 　박지연 리얼매쓰 　김현정 더클레버수학학원 　오지혜 수톡수학학원

실전 + 수능
고쟁이

수학 I

Structure

1. 유형별 핵심문제

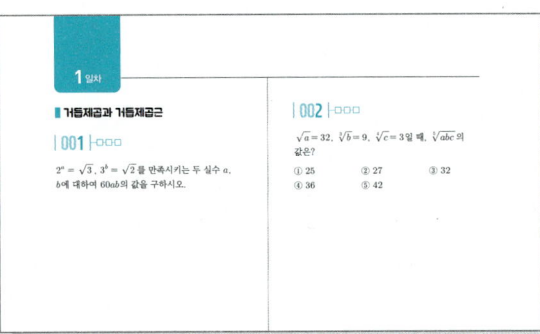

- 단원별 빈출 유형 5~10유형으로 1일 평균 3유형씩 학습 가능
  - 틀린 문항은 문항 번호 옆 Check Box를 활용하여 재도전 및 복습
- 100% 우수 신출 200문항 수록
- 고득점 쟁취의 핵심이 되는 어려운 3점, 쉬운 4점 난이도 문항 수록

2. 실전 대비 고난도 미니모의고사

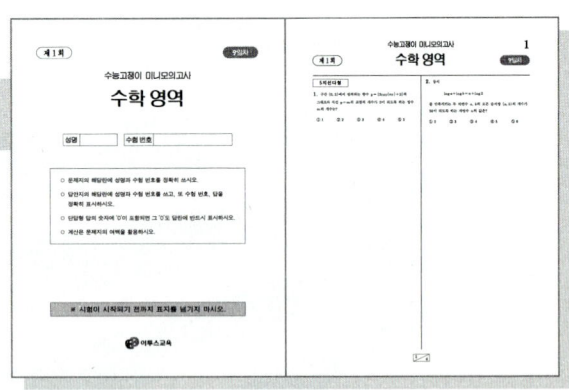

- 8문항씩 10회차 구성
- 모든 회차에 수능 원점수 100점을 위한 킬러 2문항 수록

3. 정답과 풀이

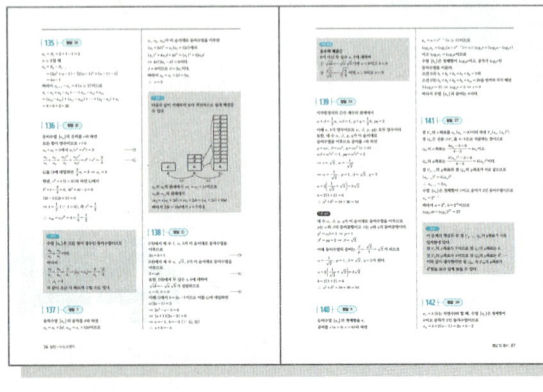

- 본풀이, 다른 풀이 등 다양한 아이디어 학습 가능
  - **기본 개념** 문제 풀이에 활용되는 핵심 개념 정리
  - **TIP** 문제 풀이의 핵심 아이디어 정리
  - **참고** 부가적이거나 심층적인 설명
- **문제 다시 보기** 실전 대비 고난도 미니모의고사 복습시 활용 가능하도록 해설지에서 문제 다시 보기 제공

Contents

I

지수함수와
로그함수

■ 거듭제곱과 거듭제곱근

| 001 |━□□□

$2^a = \sqrt{3}$, $3^b = \sqrt{2}$ 를 만족시키는 두 실수 a, b에 대하여 $60ab$의 값을 구하시오.

| 002 |━□□□

$\sqrt{a} = 32$, $\sqrt[3]{b} = 9$, $\sqrt[4]{c} = 3$일 때, $\sqrt[5]{abc}$ 의 값은?

① 25   ② 27   ③ 32

④ 36   ⑤ 42

세 수 $\sqrt{\dfrac{n}{3}}$, $\sqrt[4]{\dfrac{n}{12}}$, $\sqrt[6]{\dfrac{4n}{27}}$ 이 모두 자연수가 되도록 하는 자연수 n의 최솟값이 $2^p \times 3^q$일 때, $p+q$의 값을 구하시오. (단, p, q는 자연수이다.)

1이 아닌 세 양수 a, b, c가 다음 조건을 모두 만족시킨다.

> (가) a^2은 b의 세제곱근이다.
>
> (나) b^3은 $\dfrac{1}{c^2}$의 다섯제곱근이다.

$ac = b^k$일 때, 실수 k의 값은?

① -7 ② $-\dfrac{43}{6}$ ③ $-\dfrac{22}{3}$

④ $-\dfrac{15}{2}$ ⑤ $-\dfrac{23}{3}$

■ 지수

| **005** ┠□□□

서로 다른 세 실수 x, y, z에 대하여

$2^x = 3^y = 5^z$일 때, $5^{\frac{z}{x}+\frac{z}{y}}$ 의 값은?

① 3   ② 6   ③ 9

④ 12   ⑤ 15

| **006** ┠□□□

실수 x에 대하여 $2^x - 2^{x-1} = 27\sqrt{2}$ 일 때, $\sqrt[3]{4^x}$ 의 값은?

① 18   ② $18\sqrt[3]{2}$ ③ $18\sqrt[3]{4}$

④ 36   ⑤ $36\sqrt[3]{2}$

007 ├─□□□

실수 a가 $3^a + 3^{-a} = 4$를 만족시킬 때, $9^{a+1} + 9^{-a+1}$의 값을 구하시오.

008 ├─□□□

두 실수 x, y에 대하여

$$36^x = 3, \ 4^y = \frac{1}{9}$$

일 때, $\dfrac{1}{x} + \dfrac{2}{y}$의 값은?

① -2 ② -1 ③ 0
④ 1 ⑤ 2

실수 α, β, γ가 $\alpha + \beta + \gamma = 9$를 만족시킨다.
1이 아닌 양수 x, y, z에 대하여
$x^{\frac{2}{\alpha}} = y^{\frac{3}{\beta}} = z^{\frac{1}{\gamma-9}}$ 일 때, $4x^2y^3 + 9z$의 최솟값을
구하시오. (단, $\alpha \neq 0$, $\beta \neq 0$, $\gamma \neq 9$)

■ 로그의 뜻과 성질

$\log_3 7 \times \log_2 x \times \log_{\sqrt{7}} 8 = 12$가 성립하도록
하는 양수 x의 값은?

① $\dfrac{1}{3}$ 　　② $\sqrt{3}$ 　　③ 3

④ 9 　　⑤ 27

011 ┤□□□

두 양수 a, b에 대하여

$$\log_2 ab = 4, \quad \log_2 \frac{a}{b} = 2$$

일 때, $a+b$의 값을 구하시오.

012 ┤□□□

$\log_2 3 = a$, $\log_2 5 = b$일 때, $\log_4 30$의 값을 a, b로 나타낸 것은?

① $a+b$

② $2a-b-1$

③ $\dfrac{a-2a+1}{2}$

④ $\dfrac{a+b+1}{2}$

⑤ $\dfrac{2a-b+1}{2}$

1이 아닌 두 양수 a, b에 대하여 $a^4 b^3 = 1$일 때, $\log_a (a^3 b^4)$의 값은?

① -1 ② $-\dfrac{4}{3}$ ③ $-\dfrac{5}{3}$

④ -2 ⑤ $-\dfrac{7}{3}$

두 양수 X, Y에 대하여

$$\log X = \log 2 \times \log 16,$$
$$\log Y = \log 4 \times \log 40$$

일 때, $\dfrac{Y}{X}$의 값은?

① $\dfrac{1}{2}$ ② 1 ③ 2

④ 4 ⑤ 8

| 015 | ┤□□□

1보다 큰 세 실수 a, b, c에 대하여
$\log_a b : \log_c b = 1 : 3$일 때, $\log_c a$의 값은?

① $\dfrac{1}{3}$　　　② $\dfrac{2}{3}$　　　③ 1

④ 2　　　⑤ 3

| 016 | ┤□□□

1이 아닌 세 양수 a, b, c에 대하여
$a = b^2 = c^3$이 성립한다.

$$X = \log_b a, \ Y = \log_a c, \ Z = \log_c b$$

라 할 때, 다음 중 세 수의 대소 관계를 바르게 나타낸 것은?

① $X < Y < Z$　　　② $X < Z < Y$
③ $Y < Z < X$　　　④ $Z < X < Y$
⑤ $Z < Y < X$

017 □□□

1이 아닌 세 양수 a, b, c에 대하여 $a^2 = b$, $b^2 = c$일 때, 〈보기〉에서 옳은 것만을 있는 대로 고른 것은?

─────〈보 기〉─────
ㄱ. $\log_a c = 4$
ㄴ. $\log_b ac = 1$
ㄷ. $c^{\log_b a} = b$

① ㄱ   ② ㄴ   ③ ㄷ
④ ㄱ, ㄴ   ⑤ ㄱ, ㄷ

018 □□□

$\log_x (4-x)$가 정의되도록 하는 모든 정수 x의 개수를 S, $\log_5 (2-y^2)$이 정의되도록 하는 모든 정수 y의 개수를 T라 할 때, $S+T$의 값을 구하시오.

019 ⊢□□□

이차방정식 $x^2 - 3x + a = 0$의 두 근이 $\log_2 \alpha$,
$\log_2 \beta$이고 이차방정식 $x^2 + bx + 64 = 0$의
두 근이 2^α, 2^β일 때, $a - b$의 값을 구하시오.

(단, a, b는 상수이다.)

020 ⊢□□□

$x > y$인 두 양수 x, y에 대하여

$$\log xy = \frac{5}{2}, \ \log x \times \log y = 1$$

이 성립할 때, $\dfrac{x}{y}$의 값은?

① $\sqrt{10}$ ② 10 ③ $10\sqrt{10}$

④ 100 ⑤ $100\sqrt{10}$

양수 k에 대하여 $\log_2(-x^2+kx)$의 값이
자연수가 되도록 하는 실수 x의 개수가 15일 때,
k의 값을 구하시오.

두 자연수 a, b가 다음 조건을 만족시킬 때,
$a+b$의 값을 구하시오.

(가) 좌표평면에서 점 (a, b)는 함수
$y=2\sqrt{x}$ 의 그래프 위의 점이다.
(나) $\log_a b$는 자연수이다.

| 023 |⊢□□□

100 이하의 두 자연수 n, k에 대하여 $\log_2 \dfrac{n}{k}$ 이 음이 아닌 정수가 되도록 하는 k의 값의 개수를 $f(n)$이라 하자. $f(m) \geq 5$를 만족시키는 자연수 m의 개수를 구하시오.

| 024 |⊢□□□

자연수 n에 대하여

$$f(n) = 2^n - \log_2 n$$

이라 할 때, 〈보기〉에서 옳은 것만을 있는 대로 고른 것은?

─────〈보 기〉─────

ㄱ. $f(2) = 3$

ㄴ. $f(8) = -f(\log_2 8)$

ㄷ. $f(2^n) + n = \{f(2^{n-1}) + n - 1\}^2$

① ㄱ   ② ㄴ   ③ ㄱ, ㄴ

④ ㄱ, ㄷ   ⑤ ㄴ, ㄷ

자연수 n에 대하여 $f(n)$이 다음과 같다.

$$f(n) = \begin{cases} \log_3 n & (n\text{이 홀수}) \\ \log_2 n & (n\text{이 짝수}) \end{cases}$$

20 이하의 두 자연수 m, n에 대하여

$$f(mn) = f(m) + f(n)$$

을 만족시키는 순서쌍 (m, n)의 개수는?

① 220   ② 230   ③ 240

④ 250   ⑤ 260

지수함수의 뜻과 그래프

| 026 |

점근선의 방정식이 $y = -1$인 함수
$y = 2^{2x+a} + b$의 그래프를 y축에 대하여
대칭이동시킨 함수의 그래프가 점 $(-1, 15)$를
지날 때, 두 상수 a, b에 대하여 ab의 값은?

① -5 ② -2 ③ 1

④ 4 ⑤ 7

| 027 |

$0 < a < 1$인 실수 a에 대하여 함수 $f(x) = a^x$은
닫힌구간 $[-2, 1]$에서 최솟값 $\dfrac{5}{6}$, 최댓값 M을
갖는다. $a \times M$의 값은?

① $\dfrac{2}{5}$ ② $\dfrac{3}{5}$ ③ $\dfrac{4}{5}$

④ 1 ⑤ $\dfrac{6}{5}$

함수 $f(x) = 4^{x+1} - 2^{x+3} + 10$이 있다.
$0 \le x \le 2$인 모든 실수 x에 대하여
$f(x) \ge a$가 성립하도록 하는 실수 a의 최댓값
M, $f(x) \le b$가 성립하도록 하는 실수 b의
최솟값을 m이라 하자. $M+m$의 값을 구하시오.

$t > 0$인 임의의 실수 t에 대하여 직선 $y = t$는 두
곡선 $y = 2^x$, $y = f(x)$와 각각 한 점에서 만나고,
두 교점 사이의 거리는 2로 일정하다. 두 곡선이
직선 $x = a$와 만나는 두 점 사이의 거리가 12가
되도록 하는 양수 a의 값을 구하시오.

(단, $f(0) < 1$)

| 030 | ─□□□

직선 $y = -x + 1$이 두 곡선 $y = 2^x$,
$y = 2^{x+p} + p$와 만나는 점을 각각 A, B라 하자.
선분 AB의 길이가 4일 때, p^2의 값을 구하시오.

(단, p는 양의 상수이다.)

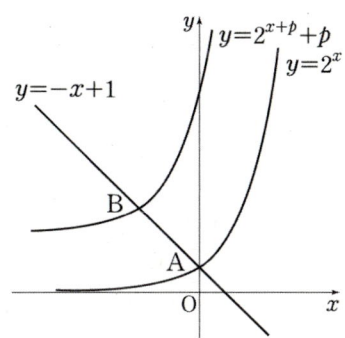

| 031 | ─□□□

그림과 같이 점 A의 좌표는 $(0, 1)$이고, 1보다 큰
실수 k에 대하여 직선 $y = k$가 y축과 만나는 점을
B라 하자. 또한 직선 $y = k$가 두 지수함수
$f(x) = a^x \, (0 < a < 1)$, $g(x) = 2^x$의 그래프와
만나는 서로 다른 두 점을 각각 C, D라 하자. 두
삼각형 ABC와 ABD의 넓이의 비가 $3 : 1$일 때,
$f(-12)$의 값은?

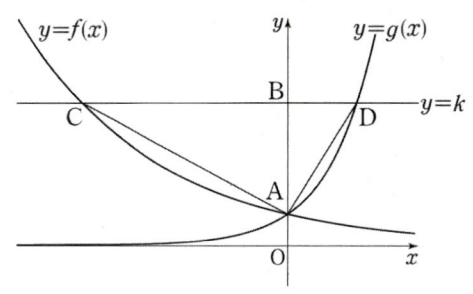

① 2 ② 4 ③ 8
④ 16 ⑤ 32

함수 $f(x) = a^x + 2 \, (a > 1)$에 대하여
$\overline{AB} = \overline{BC} = 2$를 만족시키는 x축 위의 서로 다른
세 점 A, B, C를 지나고 x축에 수직인 세 직선이
곡선 $y = f(x)$와 만나는 점을 각각 D, E, F라
하자. $\overline{AD} = 6$, $\overline{BE} = h$, $\overline{CF} = 11$일 때, 상수
h의 값을 구하시오.

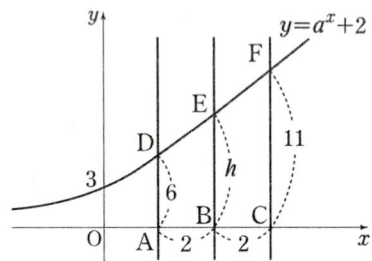

그림과 같이 곡선 $y = 4^x$ 위의 한 점 A와 곡선
$y = 2^x$ 위의 두 점 B, C가 다음 조건을 만족시킬
때, $\overline{OC}^2$의 값은? (단, O는 원점이고, A, B, C는
제1사분면 위의 점이다.)

> (가) 직선 AB는 y축과 수직이고,
> $\overline{AB} = 2$이다.
> (나) $\overline{AC} = \overline{BC}$

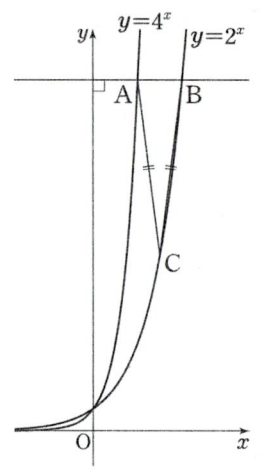

① 71　　　② 73　　　③ 75
④ 77　　　⑤ 79

| 034 |⊡⊡⊡

그림과 같이 기울기가 1인 직선 l이 곡선 $y = 2^x$과
서로 다른 두 점 $A(a, 2^a)$, $B(b, 2^b)$ $(a < b)$에서
만난다. 직선 l과 두 직선 $x = a$, $y = 2^b$으로
둘러싸인 부분의 넓이가 2일 때, 2^{a+b}의 값은?

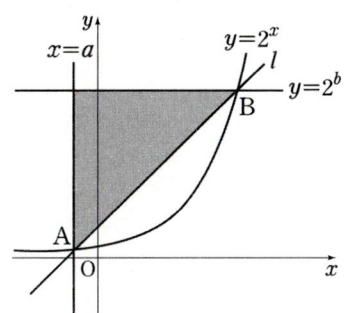

① $\dfrac{4}{3}$　　　② $\dfrac{13}{9}$　　　③ $\dfrac{14}{9}$

④ $\dfrac{5}{3}$　　　⑤ $\dfrac{16}{9}$

| 035 |⊡⊡⊡

그림과 같이 두 함수 $y = 2^x$과 $y = 2^{x-n}$의 그래프
위의 제1사분면의 점을 각각 A, B라 하고, 두 점
A, B에서 x축에 내린 수선의 발을 각각 C, D라
하자. 사각형 ABDC가 정사각형이고 점 D의
x좌표가 6일 때, 곡선 $y = 2^{x-n}$과 y축의 교점
E에 대하여 삼각형 ABE의 넓이는?

(단, n은 자연수이다.)

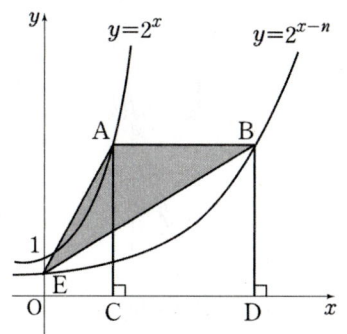

① $\dfrac{59}{8}$　　　② $\dfrac{15}{2}$　　　③ $\dfrac{61}{8}$

④ $\dfrac{31}{4}$　　　⑤ $\dfrac{63}{8}$

| 036 | ☐☐☐

곡선 $y = 2^x + k$ (k는 상수)와 직선 $y = 3x$가
서로 다른 두 점 A, B에서 만날 때, 두 점 A,
B에서 x축에 내린 수선의 발을 각각 C, D라 하자.
$\overline{AB} = 2\sqrt{10}$ 일 때, 사각형 ACDB의 넓이는?

① 11   ② 12   ③ 13
④ 14   ⑤ 15

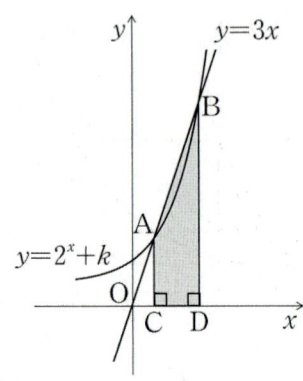

| 037 | ☐☐☐

직선 $y = 2 - x$가 두 함수 $y = 2^x$, $y = 3^x$의
그래프와 만나는 점을 각각 (x_1, y_1), (x_2, y_2)라
할 때, 옳은 것만을 〈보기〉에서 있는 대로 고른
것은?

〈보 기〉

ㄱ. $y_1 > x_2$

ㄴ. $x_1 y_1 > x_2 y_2$

ㄷ. $\dfrac{1}{x_1} - \dfrac{1}{y_1} < \dfrac{1}{x_2} - \dfrac{1}{y_2}$

① ㄱ   ② ㄴ   ③ ㄱ, ㄴ
④ ㄱ, ㄷ   ⑤ ㄱ, ㄴ, ㄷ

■ 지수함수의 활용

| 038 |┝□□□

방정식 $\left(\dfrac{1}{4}\right)^{|x|} = 2^{-x^2+3}$의 두 실근을 α, β라 할

때, $\alpha^2 + \beta^2$의 값은?

① 8   ② 12   ③ 16

④ 18   ⑤ 24

| 039 |┝□□□

부등식 $\left(\dfrac{1}{3}\right)^{x+1} < 27 < \left(\dfrac{1}{27}\right)^{x}$을 만족시키는

모든 정수 x의 곱을 구하시오.

040 |⊢□□□

부등식 $(5 - 5^x)(5^x + a) > 0$의 해가
$0 < x < 1$일 때, 상수 a의 값은?

① -1 ② 0 ③ $\dfrac{1}{5}$

④ 1 ⑤ 5

041 |⊢□□□

$(x^2 - 2x)^{x^2 + 6x + 5} = 1$을 만족시키는 서로 다른
실수 x의 개수는?

① 1 ② 2 ③ 3

④ 4 ⑤ 5

| 042 | ⊢□□□

방정식 $9^x - 2(a+4)3^x - 3a^2 + 24a = 0$이 서로 다른 두 양의 실근을 갖도록 하는 모든 정수 a의 값의 합을 구하시오.

| 043 | ⊢□□□

이차함수 $y = f(x)$의 그래프가 그림과 같고 $f(1) = f(5) = 0$이다. 부등식

$$8^{f(x)} \leq \left(\frac{1}{2}\right)^{f(x-4)}$$

을 만족시키는 모든 자연수 x의 값의 합은?

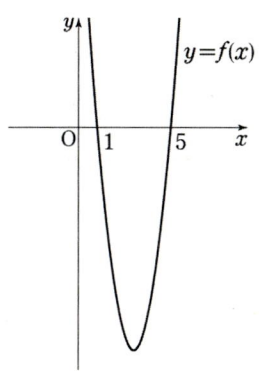

① 9   ② 10   ③ 11

④ 12   ⑤ 13

■ **로그함수의 뜻과 그래프**

| **044** ├─□□□

함수 $y = \log_2(x+1) + 3$의 그래프를 x축의 방향으로 m만큼, y축의 방향으로 n만큼 평행이동한 그래프는 점 $(5, 6)$을 지나고, 이 그래프의 점근선은 직선 $x = 4$ 이다. $m+n$의 값은?

① 2   ② 4   ③ 6
④ 8   ⑤ 10

| **045** ├─□□□

$\dfrac{1}{8} \leq x \leq \dfrac{1}{2}$ 일 때, 함수 $y = \log_2(3-x)$는

$x = \alpha$에서 최솟값 m을 가진다. $\alpha^m = \dfrac{q}{p}$ 일 때,

$2p + q$의 값을 구하시오.

(단, p와 q는 서로소인 자연수이다.)

046

$-1 \leq x \leq 5$에서 정의된 함수
$f(x) = \log_{\frac{1}{3}}(x+a)$의 최댓값이 -1이다.
함수 $f(x)$의 최솟값을 p라 할 때, $10a + p$의
값을 구하시오. (단, a는 상수이다.)

047

함수 $f(x) = \log_2(x+2) - 1$의 역함수를
$g(x)$라 할 때, $(g \circ g)(1)$의 값을 구하시오.

두 함수 $y = 2^{x-a}$, $y = \log_2 x + a$의 그래프가
두 점 A, B에서 만나고, 점 A가 선분 OB를
1 : 3으로 내분할 때, 선분 AB의 길이는?

(단, a는 상수이고, O는 원점이다.)

① $\sqrt{2}$ ② 2   ③ $2\sqrt{2}$

④ 4   ⑤ $4\sqrt{2}$

정의역이 $\{x \,|\, 1 \leq x \leq 81\}$인 함수
$$y = (\log_3 x)\left(\log_{\frac{1}{3}} x\right) + 2\log_3 x + 10$$의

최댓값을 M, 최솟값을 m이라 할 때, $M + m$의
값을 구하시오.

050

두 함수 $y = \log_2 mx$와 $y = \log_2 x$의 그래프와
직선 $x = 4$가 만나는 점을 각각 A, B라 하자.
두 점 A, B의 중점 M에 대하여 직선 $x = 4$에
수직이고 점 M을 지나는 직선이 함수 $y = \log_2 mx$
의 그래프와 만나는 점을 C라 할 때, 선분 CM의
길이는 3이다. 삼각형 ABC의 넓이를 a라 할 때,
$m + a$의 값은? (단, $m > 1$)

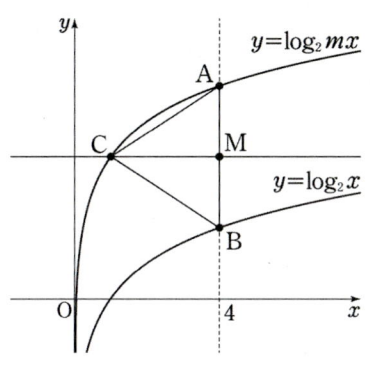

① 16   ② 18   ③ 20
④ 22   ⑤ 24

051

그림과 같이 곡선 $y = \log_2 x$와 직선 $y = ax + b$가
서로 다른 두 점 P, Q에서 만난다. 선분 PQ의
중점 M에서 y축에 내린 수선이 곡선 $y = \log_2 x$와
만나는 점을 N이라 하자. 두 점 P, Q의 y좌표의
차가 4이고 $\overline{MN} = 3$일 때, $100a$의 값을 구하시오.
(단, a, b는 상수이다.)

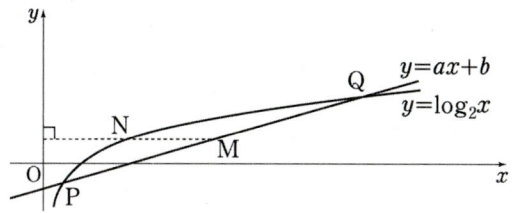

| 052 |

1보다 큰 두 실수 a, b에 대하여 직선 $y = -x + 1$이 두 곡선 $y = a^x$, $y = \log_b x$와 만나는 점을 각각 A, B라 하자. 곡선 $y = a^x$ 위의 A가 아닌 한 점 A$'$과 곡선 $y = \log_b x$ 위의 B가 아닌 한 점 B$'$에 대하여 사각형 ABB$'$A$'$이 정사각형일 때, ab의 값은?

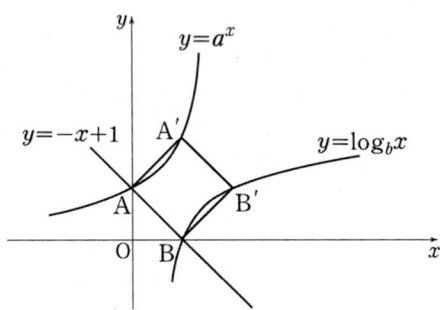

① $\dfrac{9}{4}$　　② $\dfrac{49}{16}$　　③ 4

④ $\dfrac{81}{16}$　　⑤ $\dfrac{25}{4}$

| 053 |

그림과 같이 두 함수

$$y = -\log_2(-x), \quad y = \log_2 x$$

의 그래프 위의 한 점을 각각 P, Q라 하고 점 P의 y좌표를 α, 점 Q의 y좌표를 β라 하면 $\alpha - \beta = 2$가 성립한다. 두 점 P, Q를 지나고 x축, y축과 평행한 직선을 그려 만들어지는 직사각형의 넓이의 최솟값은?

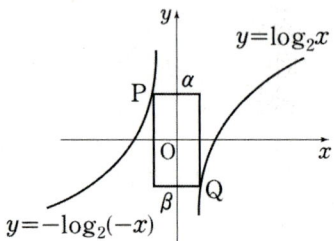

① $\dfrac{1}{4}$　　② $\dfrac{1}{2}$　　③ 1

④ 2　　⑤ 4

054 ⊢□□□

그림과 같이 두 곡선 $y = \log_2 x$, $y = \log_3(x+k)$
와 직선 $y = 2$가 한 점 A에서 만난다. 두 곡선
$y = \log_2 x$, $y = \log_3(x+k)$가 x축과 만나는
점을 각각 B, C라 할 때, 삼각형 ABC의 넓이는?

(단, $k > 1$)

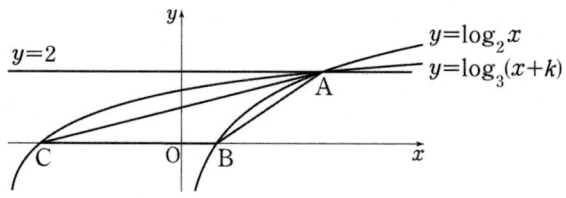

① 4 　　　　 ② $\dfrac{9}{2}$ 　　　　 ③ 5

④ $\dfrac{11}{2}$ 　　　　 ⑤ 6

055 ⊢□□□

양수 a에 대하여 그림과 같이 곡선 $y = |\log_2 x|$가
직선 $y = a$와 만나는 두 점을 각각 A, B라 하고
직선 $y = 2a$와 만나는 두 점을 각각 C, D라 하자.

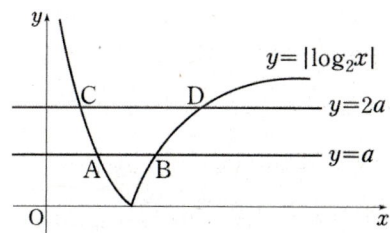

직선 AC의 기울기를 m, 직선 BD의 기울기를
n이라 할 때, $m + 4n = 0$을 만족시킨다. a의
값은? (단, 점 A의 x좌표는 점 B의 x좌표보다
작고, 점 C의 x좌표는 점 D의 x좌표보다 작다.)

① $\dfrac{1}{3}$ 　　　　 ② $\dfrac{1}{2}$ 　　　　 ③ $\dfrac{2}{3}$

④ $\dfrac{5}{6}$ 　　　　 ⑤ 1

056 ▸□□□

그림과 같이 좌표평면에서 곡선 $y = \log_2 x$ 위의 한 점 A를 지나고 x축에 수직인 직선이 곡선 $y = \log_2 4x$와 만나는 점을 B, x축과 만나는 점을 C라 하자. 선분 BC를 $1 : 2$로 내분하는 점이 A가 될 때, 삼각형 OAB의 넓이를 구하시오.

(단, O는 원점이다.)

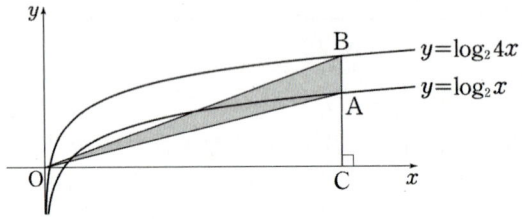

057 ▸□□□

그림과 같이 직선 $x = k \, (k > 1)$가 x축과 만나는 점을 P, 두 함수 $y = \log_a x \, (a > 4)$, $y = \log_4 x$ 의 그래프와 만나는 점을 각각 Q, R라 하자. $\overline{PQ} : \overline{QR} = n : 1$이 되도록 하는 상수 a의 값을 a_n이라 할 때, 등식

$$(\log_2 a_1)(\log_2 a_2)(\log_2 a_3)\cdots(\log_2 a_7) = 2^m$$

을 만족시키는 m의 값을 구하시오.

(단, n은 자연수이다.)

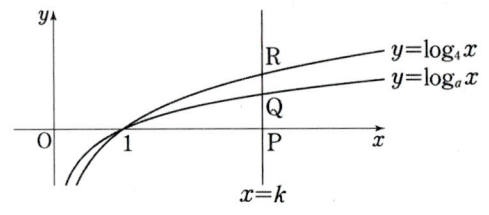

058 ┤□□□

$1 < a < b$인 두 실수 a, b에 대하여 세 함수
$y = 2^x$, $y = \log_{\frac{1}{2}} x$, $y = x$의 그래프가 그림과
같다. 곡선 $y = \log_{\frac{1}{2}} x$, x축 및 직선 $x = b$로

둘러싸인 영역의 넓이를 S라 하고 곡선 $y = 2^x$,
x축, y축 및 직선 $x = a$로 둘러싸인 영역의 넓이를
T라 하자. $S + T$의 값은?

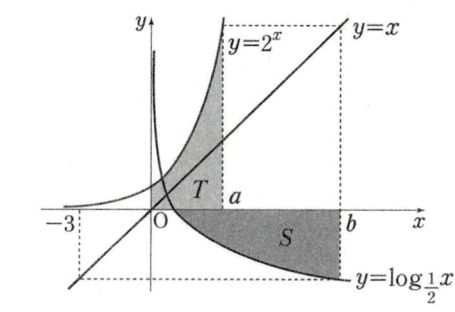

① 16   ② 18   ③ 20

④ 22   ⑤ 24

059 ┤□□□

그림과 같이 함수 $y = 4^x$의 그래프와 직선
$y = mx + 1 \, (m > 0)$의 두 교점을 각각 A, B라
하자. 점 B를 지나고 기울기가 -1인 직선 l이
함수 $y = \log_4 x$의 그래프와 만나는 점을 C, 점
C에서 x축에 내린 수선의 발을 D라 하자. 두
삼각형 OAB, OCD의 넓이의 비가 $1 : 8$일 때,
상수 m의 값은? (단, 점 B는 제1사분면 위의
점이고, O는 원점이다.)

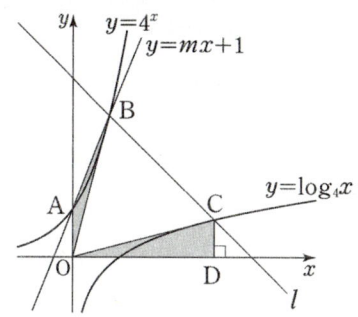

① 4   ② $\dfrac{13}{3}$ ③ $\dfrac{14}{3}$

④ 5   ⑤ $\dfrac{16}{3}$

$\dfrac{1}{3} < a < 1$인 실수 a에 대하여 직선 $x + y = 3a$와 y축이 만나는 점을 A, 직선 $x + y = 3a$가 두 함수 $y = \log_a x$, $y = a^x$의 그래프와 만나는 점을 각각 B, C, 직선 $x + y = 3a$와 x축이 만나는 점을 D라 하자. 삼각형 OAD의 넓이가 삼각형 OAB의 넓이의 3배일 때, 삼각형 OBC의 넓이는 $\dfrac{q}{p}$이다. $p + q$의 값을 구하시오. (단, p와 q는 서로소인 자연수이고, O는 원점이다.)

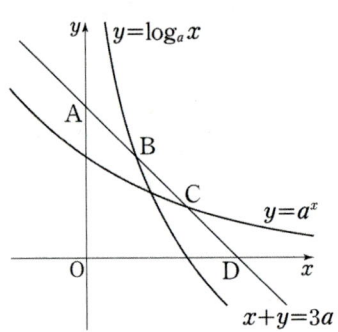

자연수 $n\,(n \neq 9)$에 대하여 x축과 평행한 직선 $y = n + 9$가 두 곡선 $y = \log_{\frac{1}{2}}(x - n) + 9$, $y = \log_{\frac{1}{2}}(x - 9) + n$과 만나는 서로 다른 두 점을 각각 A, B라 할 때, $\overline{AB} < 5$를 만족시키는 자연수 n의 개수는?

① 10   ② 12   ③ 14

④ 16   ⑤ 18

■ 로그함수의 활용

| 062 |⊢□□□

방정식 $\log_2 (x+1) = \log_4 (3x+7)$의 해를 구하시오.

| 063 |⊢□□□

부등식 $\log_{\frac{1}{9}} (6 \times 3^x + 7) < \log_{\frac{1}{3}} (3^x + 2)$의 해는?

① $\dfrac{1}{9} \leq x < \dfrac{1}{3}$ ② $x \leq \dfrac{1}{3}$

③ $\dfrac{1}{3} < x \leq 1$ ④ $x < 1$

⑤ $1 \leq x < 3$

| 064 | ⊢□□□

부등식

$$2\log_2|x-1| \leq 1 - \log_2 \frac{1}{2}$$

을 만족시키는 모든 정수 x의 개수는?

① 2   ② 4   ③ 6
④ 8   ⑤ 10

| 065 | ⊢□□□

1이 아닌 양수 a에 대하여 x에 대한 부등식

$$\log_a x + \log_a (2x-1) > -1$$

의 해가 $\frac{1}{2} < x < \frac{3}{2}$이다. $60a$의 값을 구하시오.

066 ┠─□□□

두 함수 $y = f(x)$, $y = g(x)$의 그래프가 다음 그림과 같을 때, $0 < a < 1$인 실수 a에 대하여 부등식 $\log_a f(x) > \log_a g(x)$의 해는?

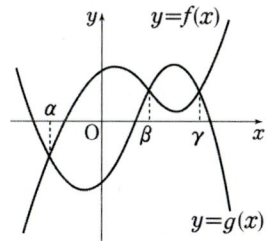

① $\alpha < x < \beta$

② $\beta < x < \gamma$

③ $\alpha < x < \gamma$

④ $x < \gamma$

⑤ $x < \alpha$ 또는 $\beta < x < \gamma$

067 ┠─□□□

릭터 규모란 지진의 강도를 나타내는 단위로써 지진파를 측정하여 지진의 에너지를 추정하기 위해 개발된 방법이다. 지진의 최대 진폭이 10배씩 커질 때 마다 지진의 릭터 규모는 1씩 증가한다. 지진의 릭터 규모를 M이라 할 때, 지진에 의해 발생하는 에너지 E 사이에는 다음 식이 성립한다.

$$\log E = 11.8 + 1.5M$$

최대 진폭이 A인 지진에 의해 발생하는 에너지를 E_1이라 하고 최대 진폭이 $100A$인 지진에 의해 발생하는 에너지를 E_2라 하자. $E_2 = kE_1$이라 할 때, 상수 k의 값은?

① 10

② $10\sqrt{10}$

③ 100

④ $100\sqrt{10}$

⑤ 1000

II

삼각함수

■ **삼각함수의 정의**

| 068 |▪□□□

반지름의 길이가 9이고 둘레의 길이가 9π인
부채꼴의 중심각의 크기는?

① π　　　　② $\pi - 2$　　　③ $2\pi - 3$
④ $3\pi - 6$　　⑤ $4\pi - 9$

| 069 |▪□□□

$\sin\theta\cos\theta < 0$, $\cos\theta\tan\theta > 0$을 동시에
만족하는 각 θ는 제 몇 사분면의 각인가?

① 제 2사분면　　　　② 제 3사분면
③ 제 4사분면　　　　④ 제 3, 4사분면
⑤ 제 1, 3사분면

070 ├─□□□

$\sin\theta - \cos\theta = \sqrt{2}$ 일 때, $\sin^3\theta - \cos^3\theta$의 값은?

① $-\dfrac{\sqrt{3}}{2}$ ② $-\dfrac{1}{2}$ ③ 0

④ $\dfrac{\sqrt{2}}{2}$ ⑤ $\dfrac{\sqrt{3}}{2}$

071 ├─□□□

$$\dfrac{\sin(\pi+\theta)\tan^2(\pi-\theta)}{\cos\left(\dfrac{3}{2}\pi-\theta\right)} + \dfrac{\sin\left(\dfrac{3}{2}\pi+\theta\right)}{\sin\left(\dfrac{\pi}{2}+\theta\right)\cos^2(2\pi-\theta)}$$

의 값은? (단, $\sin\theta\cos\theta \neq 0$)

① 2 ② 1 ③ 0

④ -1 ⑤ -2

072 ┠□□□

다음 그림은 밑면의 반지름의 길이가 2이고 모선의 길이가 a인 원뿔이다. 이 원뿔의 전개도에서 부채꼴의 중심각의 크기가 $\dfrac{4}{5}\pi$일 때, a의 값은?

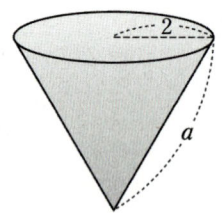

① 5   ② 10   ③ 15
④ 20   ⑤ 25

073 ┠□□□

좌표평면 위의 한 점 P에 대하여 동경 OP가 나타내는 각의 크기를 θ라 할 때, 그 중 한 각의 크기가 $-160°$이다. $-\dfrac{8}{9}\pi \le \theta < \dfrac{7}{2}\pi$를 만족하는 각 θ의 크기는 모두 몇 개인지 구하시오.

(단, O는 원점이다.)

074 ▸□□□

직선 $y = -\dfrac{1}{2}x$ 위의 한 점 $\mathrm{P}(a, b)$ $(a < 0)$에

대하여 동경 OP가 나타내는 각의 크기를 θ라 하자.
이때, $\sin\theta + \cos\theta$의 값은? (단, O는 원점이다.)

① $-\dfrac{2\sqrt{5}}{5}$ ② $-\dfrac{\sqrt{5}}{5}$ ③ $\dfrac{1}{5}$

④ $\dfrac{\sqrt{5}}{5}$ ⑤ $\dfrac{2\sqrt{5}}{5}$

075 ▸□□□

$\dfrac{\pi}{2} < \theta < \pi$인 θ에 대하여

$$\frac{\sin\theta}{1-\cos\theta} + \frac{1-\cos\theta}{\sin\theta} = 4$$

가 성립할 때, $\cos\theta$의 값은?

① $-\dfrac{\sqrt{2}}{4}$ ② $-\dfrac{\sqrt{2}}{2}$ ③ $-\dfrac{\sqrt{3}}{4}$

④ $-\dfrac{1}{2}$ ⑤ $-\dfrac{\sqrt{3}}{2}$

x에 대한 이차방정식 $x^2 - 3x + 4a\sin\theta = 0$의

두 근이 $\cos\theta$, $\tan\theta$일 때, $\dfrac{1 + \sin\theta - \sin^2\theta}{a\cos\theta}$의

값은? (단, $0 < \theta < \dfrac{\pi}{2}$)

① 6 ② 8 ③ 10
④ 12 ⑤ 14

$0 < \theta < \dfrac{\pi}{2}$인 θ에 대하여 $\sin^2\theta$, $\tan^2\theta$가

이차방정식 $5x^2 - ax + 16 = 0$의 실근일 때,
양수 a의 값을 구하시오.

| **078** | ■□□□

그림과 같이 삼각형 ABC의 꼭짓점 C에서 직선 AB에 내린 수선의 발을 H라 하면 $\overline{AH}=5$, $\overline{CH}=12$이다. ∠CAB$=\alpha$라 할 때, $\cos\alpha$의 값은? (단, $\dfrac{\pi}{2}<\alpha<\pi$)

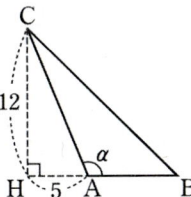

① $-\dfrac{12}{13}$ ② $-\dfrac{5}{12}$ ③ $-\dfrac{5}{13}$

④ $\dfrac{5}{13}$ ⑤ $\dfrac{12}{13}$

| **079** | ■□□□

∠A$=\dfrac{\pi}{2}$인 직각삼각형 ABC에서 $\overline{BC}=1$이고 $\overline{AB}+\overline{AC}=\dfrac{17}{13}$이다. ∠BCA$=\theta$에 대하여 $\sin\theta\cos\theta=\dfrac{q}{p}$일 때, $p+q$의 값을 구하시오. (단, p와 q는 서로소인 자연수이다.)

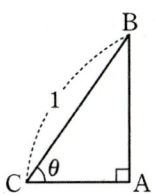

| 080 |⊢□□□

그림과 같이 좌표평면 위의 원 $x^2 + y^2 = 1$과 두 반직선

$$y = ax \ (x \geq 0), \ y = -\frac{1}{a}x \ (x < 0)$$

가 만나는 점을 각각 A, B라 하자. 점 $P(1, 0)$에 대하여 $\angle AOP = \alpha$, $\angle BOP = \beta$라 할 때, $-\dfrac{2\sin\beta\cos\beta}{\sin\alpha\cos\alpha}$의 값을 구하시오.

(단, $a > 0$이고 O는 원점이다.)

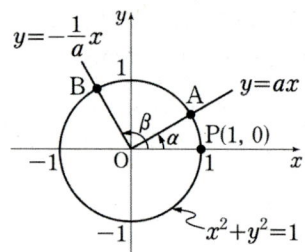

■ 삼각함수의 그래프

| 081 |⊢□□□

함수 $y = a\sin(x - b\pi) + c$의 그래프가 다음 그림과 같다.

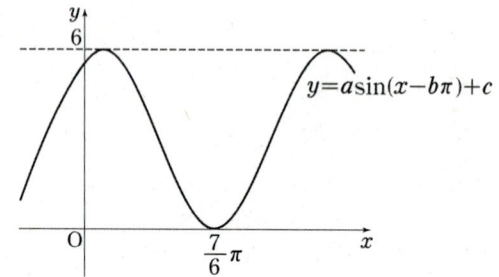

$a > 0$, $0 < b < 2$, $c > 0$인 세 상수 a, b, c의 곱 abc의 값을 구하시오.

함수 $y = 2 - |\cos x - 3|$의 최댓값이 M,
최솟값이 m일 때, $M - m$의 값을 구하시오.

함수 $y = |\sin 2x|$, $y = |\tan x|$, $y = \cos|x|$의
주기를 각각 a, b, c라 할 때, a, b, c의 대소
관계를 바르게 나타낸 것은?

① $a < b < c$ ② $c < b < a$

③ $a < b = c$ ④ $a = c < b$

⑤ $c < b = a$

$0 \leq x \leq \pi$에서 함수
$y = 2\sin^2 x + 4\cos x + 5$의 최댓값을 M,
최솟값을 N이라 할 때, $M+N$의 값을 구하시오.

그림과 같이 함수 $y = 4\cos\left(\dfrac{\pi}{4}x\right)$의 그래프 위의
서로 다른 두 점 A, B의 y좌표가 이 함수의
최솟값과 같을 때, 어두운 부분의 넓이는?

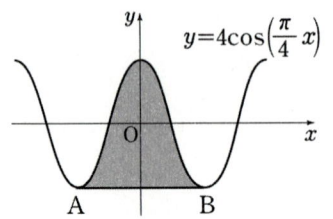

① 26   ② 28   ③ 30
④ 32   ⑤ 34

086 ├─□□□

함수 $f(x)$가 다음 세 조건을 만족시킨다.

> (가) 모든 실수 x에 대하여
> $f(x+\pi) = f(x)$이다.
>
> (나) $0 \le x \le \dfrac{\pi}{2}$일 때,
> $f(x) = \sin(4x)$이다.
>
> (다) $\dfrac{\pi}{2} < x \le \pi$일 때,
> $f(x) = -\sin(4x)$이다.

이때 함수 $f(x)$의 그래프와 직선 $y = \dfrac{x}{\pi}$가 만나는 점의 개수는?

① 4   ② 5   ③ 6

④ 7   ⑤ 8

087 ├─□□□

그림과 같이 양수 a, b에 대하여 함수 $f(x) = a\cos bx$의 그래프의 일부분과 직선 $y = c\,(c > 0)$가 만나는 두 점을 A, B라 할 때, 두 점 A, B의 x좌표가 1, 5이다. 함수 $y = f(x)$의 그래프 위의 한 점 P에 대하여 삼각형 ABP의 넓이의 최댓값이 40일 때, $abc = \dfrac{q}{p}\pi$이다.

$p + q$의 값을 구하시오. (단, $1 \le x \le 5$에서 $f(x) \le c$이고, p와 q는 서로소인 자연수이다.)

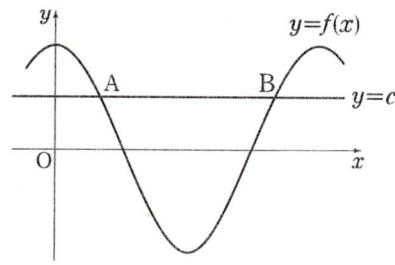

좌표평면에 원점 O를 중심으로 하고 반지름의 길이가 1인 원 위를 움직이는 점 P가 있다. x축의 양의 방향에 대하여 동경 OP가 나타내는 각의 크기를 θ (θ는 실수)라 하자. 점 P에서 x축까지의 거리와 y축까지의 거리 중 크지 않은 값을 $f(\theta)$라 할 때, 실수 전체의 집합에서 정의된 함수 $f(\theta)$의 주기는 a이고 최댓값은 b이다. ab의 값은?

① $\dfrac{\sqrt{2}}{8}\pi$ ② $\dfrac{\sqrt{2}}{4}\pi$ ③ $\dfrac{\sqrt{2}}{2}\pi$

④ $\sqrt{2}\pi$ ⑤ $2\sqrt{2}\pi$

모든 자연수 n에 대하여 구간 $[0, \infty)$에서 정의된 함수 $f(x)$가

$$f(x) = \frac{1}{n}\sin nx \ (2(n-1)\pi \le x < 2n\pi)$$

이다. 자연수 m에 대하여 곡선 $y = f(x)$와 직선 $y = \dfrac{1}{m}$의 교점의 개수를 a_m이라 할 때, $a_k = 144$를 만족시키는 자연수 k의 값을 구하시오.

| 090 | ⊢□□□

그림과 같이 곡선 $y = \tan x \left(-\dfrac{\pi}{2} < x < \dfrac{3}{2}\pi \right)$ 와

직선 $y = m\left(x - \dfrac{\pi}{2} \right) (m > 0)$ 이 제1사분면에서

만나는 점을 A 라 할 때,

곡선 $y = \tan x \left(-\dfrac{\pi}{2} < x < \dfrac{\pi}{2} \right)$ 와

직선 $y = m\left(x - \dfrac{\pi}{2} \right)$, 점 A 를 지나고 x 축에

평행한 직선으로 둘러싸인 부분(어두운 부분)의

넓이가 π 이다. $60\pi \times m$ 의 값을 구하시오.

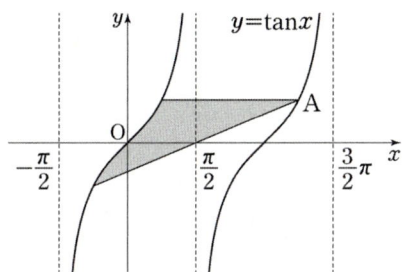

| 091 | ⊢□□□

닫힌구간 $[-2\pi,\ 2\pi]$ 에서 정의된 두 함수

$$f(x) = \sin kx + 2, \quad g(x) = 3\cos 24x$$

에 대하여 다음 조건을 만족시키는 24 이하의
자연수 k 의 개수는?

실수 a 가 두 곡선 $y = f(x)$, $y = g(x)$ 의
교점의 y 좌표이면
$$X = \{x \mid f(x) = a\},$$
$$Y = \{x \mid g(x) = a\}$$
라 할 때, $X \cap Y^C \neq \varnothing$ 이다.

① 16 ② 17 ③ 18
④ 19 ⑤ 20

곡선 $y = 4\sin\dfrac{x-\pi}{4}$ $(0 \le x \le 10\pi)$와 직선

$y = 2$가 만나는 점들 중 서로 다른 두 점 A, B와
이 곡선 위의 점 P에 대하여 삼각형 PAB의
넓이의 최댓값이 $k\pi$이다. k의 값을 구하시오.

(단, 점 P는 직선 $y = 2$ 위의 점이 아니다.)

■ **삼각함수를 포함한 방정식과 부등식**

| 093 ├─□□□

방정식 $2\sin^2 x - 3\sqrt{2}\cos x - 4 = 0$을
만족시키는 모든 실수 x의 값의 합은?

(단, $0 \leq x \leq 2\pi$)

① $\dfrac{3}{2}\pi$　　② 2π　　③ $\dfrac{5}{2}\pi$

④ 3π　　⑤ $\dfrac{7}{2}\pi$

| 094 ├─□□□

$0 \leq x < 2\pi$일 때, 부등식 $\cos\left(x + \dfrac{\pi}{6}\right) \leq \dfrac{1}{2}$의
해가 $a \leq x \leq b$이다. $b - a$의 값은?

① $\dfrac{2}{3}\pi$　　② π　　③ $\dfrac{4}{3}\pi$

④ $\dfrac{3}{2}\pi$　　⑤ $\dfrac{5}{3}\pi$

095 ├─□□□

방정식 $\cos(\pi\sin x) = 0$을 만족시키는 모든
실근의 합은? (단, $0 \le x \le \pi$)

① $\dfrac{\pi}{2}$ ② $\dfrac{2}{3}\pi$ ③ $\dfrac{5}{6}\pi$

④ π ⑤ $\dfrac{7}{6}\pi$

096 ├─□□□

이차함수 $y = x^2 - 2x\sin\theta + 1$ $(0 \le \theta \le \pi)$의
그래프의 꼭짓점이 직선 $y = \sqrt{2}\,x - \dfrac{1}{2}$의
아래쪽에 있도록 하는 θ의 값의 범위가
$a < \theta < b$일 때, $a + b$의 값은?

(단, a와 b는 상수이다.)

① $\dfrac{\pi}{6}$ ② $\dfrac{\pi}{4}$ ③ $\dfrac{\pi}{3}$

④ $\dfrac{\pi}{2}$ ⑤ π

| 097 | ☐☐☐

$0 \le x \le 2\pi$일 때, 방정식 $2\cos 2x - \cos x = 0$ 의 모든 실근의 합은 $k\pi$이다. 상수 k의 값을 구하시오.

| 098 | ☐☐☐

$0 \le \theta < 2\pi$일 때, x에 대한 이차방정식

$$x^2 + (2\cos\theta)x + \sin^2\theta - \sin\theta = 0$$

이 서로 다른 두 양의 실근을 갖도록 하는 모든 θ의 값의 범위는 $\alpha < \theta < \beta$이다. $2\alpha + 3\beta$의 값은?

① $\dfrac{7}{2}\pi$ ② 4π ③ $\dfrac{9}{2}\pi$

④ 5π ⑤ $\dfrac{11}{2}\pi$

그림은 함수 $y = \sin x \, (0 \le x \le \pi)$의 그래프이다.

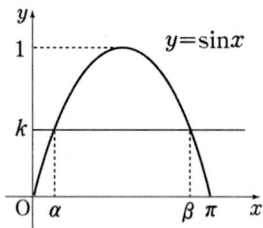

x에 대한 방정식 $\sin x = k \, (0 < k < 1)$를 만족시키는 서로 다른 두 실근을 α, β라 할 때, $\sin(\alpha + \beta) + \cos(\alpha + \beta) + \tan(\alpha + \beta)$의 값은?

① $-\sqrt{2}$ ② -1 ③ 0

④ 1 ⑤ $\sqrt{2}$

정의역이 $\left\{ x \mid -\dfrac{\pi}{2} < x < \dfrac{\pi}{2} \right\}$인 두 함수

$$f(x) = \tan x, \; g(x) = \cos x$$

에 대하여 방정식 $g(f^{-1}(x)) = \dfrac{1}{2}$의 두 근을 α, β라 하자. $\alpha^2 + \beta^2$의 값은?

① 2 ② 4 ③ 6

④ 8 ⑤ 10

101 ⊢□□□

x에 대한 방정식

$$\left| \cos x + \frac{1}{4} \right| = k \, (0 \le x < 2\pi)$$

가 서로 다른 3개의 실근을 갖도록 하는 실수 k의 값을 α라 할 때, 40α의 값을 구하시오.

▌ 사인법칙

102 ⊢□□□

삼각형 ABC에서 ∠A = 40°, ∠B = 80°, $\overline{\mathrm{AB}} = 6$일 때, 삼각형 ABC의 외접원의 반지름의 길이는?

① $2\sqrt{6}$　　② $2\sqrt{3}$　　③ $2\sqrt{2}$
④ $\sqrt{3}$　　⑤ $\sqrt{2}$

그림과 같이 삼각형 ABC와 삼각형 ADE가 한 원에 내접해 있다. $\overline{BC}=\dfrac{1}{2}\overline{DE}$ 이고 $\sin\beta=\dfrac{1}{3}$ 일 때, $\sin\alpha$의 값은?

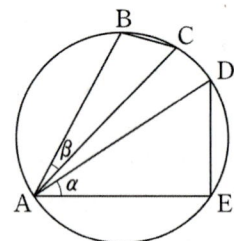

① $\dfrac{1}{4}$ 　　② $\dfrac{2}{3}$ 　　③ $\dfrac{\sqrt{2}}{2}$

④ $\dfrac{4}{5}$ 　　⑤ $\dfrac{\sqrt{3}}{2}$

그림과 같이 삼각형 ABC가 반지름의 길이가 10인 원 O에 내접하고, $a+b+c=30$일 때, $\sin A+\sin B+\sin C$의 값은?

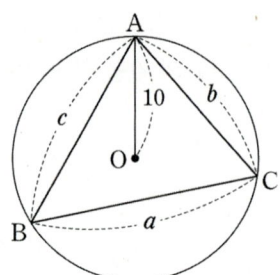

① $\dfrac{1}{2}$ 　　② 1 　　③ $\dfrac{3}{2}$

④ 2 　　⑤ $\dfrac{5}{2}$

| 105 | □□□

그림과 같이 $\angle A = 120°$, $\angle C = 45°$인 사각형 ABCD에서 세 점 A, B, D를 지나는 원의 넓이를 S_1, 세 점 B, C, D를 지나는 원의 넓이를 S_2라 할 때, $S_1 : S_2$를 구한 것은?

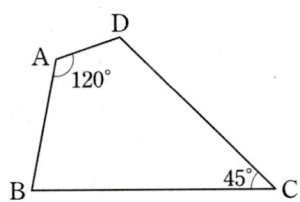

① $1 : 2$ ② $2 : 3$ ③ $3 : 4$

④ $4 : 5$ ⑤ $5 : 6$

| 106 | □□□

그림과 같이 $\angle ABC = \dfrac{\pi}{2}$인 삼각형 ABC에 내접하고 반지름의 길이가 3인 원의 중심을 O라 하자. 직선 AO가 선분 BC와 만나는 점을 D라 할 때, $\overline{DB} = 4$이다. 삼각형 ADC의 외접원의 넓이는?

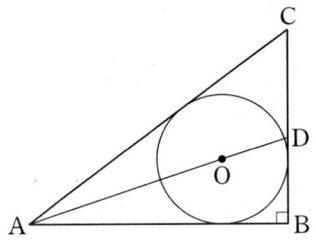

① $\dfrac{125}{2}\pi$ ② 63π ③ $\dfrac{127}{2}\pi$

④ 64π ⑤ $\dfrac{129}{2}\pi$

| **107** ├─□□□

원에 내접하는 사각형 $ABCD$가 있다.

$$\overline{AB}:\overline{BC}=1:\sqrt{3}, \; \angle D=30°$$

이고, 사각형 $ABCD$의 대각선 AC의 길이가 $\sqrt{14}$일 때, 변 AB의 길이는?

① 1 　　② $\sqrt{2}$ 　　③ $\sqrt{3}$

④ $\sqrt{6}$ 　　⑤ $\sqrt{7}$

| **108** ├─□□□

삼각형 ABC에서 $\overline{BC}=4$이고 세 각의 크기의 비가

$$\angle A:\angle B:\angle C=3:4:5$$

일 때, 선분 AB의 길이는?

① $\dfrac{\sqrt{3}+1}{2}$ 　　② $\sqrt{3}-1$ 　　③ $\sqrt{3}+1$

④ $2\sqrt{3}-2$ 　　⑤ $2\sqrt{3}+2$

109

그림과 같이 원에 내접하는 사각형 $ABCD$가 있다. $\overline{AB}=6$, $\overline{BD}=2\sqrt{17}$, $\overline{DA}=4$이다. $\angle BCD=\theta$라 할 때, $18\sin^2\theta$의 값은?

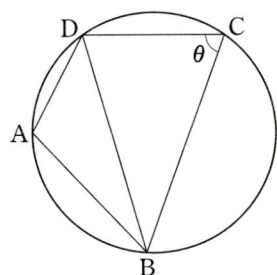

① 18 ② 16 ③ 14
④ 2   ⑤ 10

110

$\overline{CA}=\sqrt{15}$인 삼각형 ABC에 대하여 변 BC를 $2:3$으로 내분하는 점을 D라 하자. $\overline{AB}:\overline{DA}=\sqrt{5}:\sqrt{3}$일 때, 선분 BC의 길이는?

① $\sqrt{21}$ ② $\sqrt{22}$ ③ $\sqrt{23}$
④ $2\sqrt{6}$ ⑤ 5

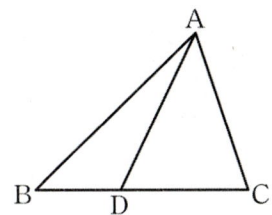

길이가 각각 10, a, b인 세 선분 AB, BC, CA를 각 변으로 하는 예각삼각형 ABC가 있다. 삼각형 ABC의 세 꼭짓점을 지나는 원의 반지름의 길이가 $3\sqrt{5}$이고 $\dfrac{a^2+b^2-ab\cos C}{ab}=\dfrac{4}{3}$일 때, ab의 값은?

① 140   ② 150   ③ 160

④ 170   ⑤ 180

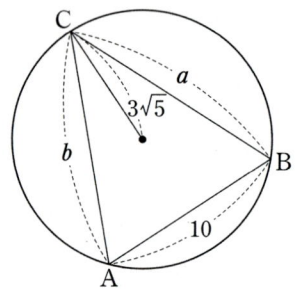

정삼각형 ABC가 반지름의 길이가 r인 원에 내접하고 있다. 선분 AC와 선분 BD가 만나고 $\overline{BD}=\sqrt{2}$가 되도록 원 위에서 점 D를 잡는다. $\angle DBC=\theta$라 할 때, $\sin\theta=\dfrac{\sqrt{3}}{3}$이다. 반지름의 길이 r의 값은?

① $\dfrac{6-\sqrt{6}}{5}$ ② $\dfrac{6-\sqrt{5}}{5}$ ③ $\dfrac{4}{5}$

④ $\dfrac{6-\sqrt{3}}{5}$ ⑤ $\dfrac{6-\sqrt{2}}{5}$

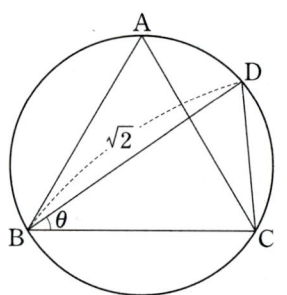

| 113 | ⊢□□□

그림과 같이 삼각형 ABC에서 $\overline{AB}=4$, $\overline{BC}=4$, $\overline{CA}=3$이고, 변 BC의 연장선 위에 점 D를 $\overline{CD}=3$이 되도록 잡을 때, $\overline{AD}^2=\dfrac{q}{p}$이다. $p+q$의 값을 구하시오.

(단, p와 q는 서로소인 자연수이다.)

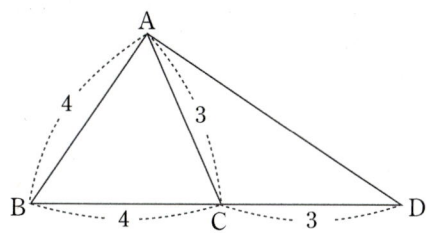

| 114 | ⊢□□□

그림과 같이 원 C에 내접하고 $\overline{AB}=3$, $\angle BAC=\dfrac{\pi}{3}$인 삼각형 ABC가 있다. 원 C의 넓이가 $\dfrac{49}{3}\pi$일 때, 원 C 위의 점 P에 대하여 삼각형 PAC의 넓이의 최댓값은?

(단, 점 P는 점 A도 아니고 점 C도 아니다.)

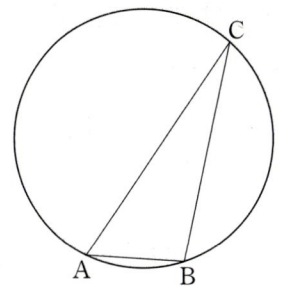

① $\dfrac{32}{3}\sqrt{3}$ ② $\dfrac{34}{3}\sqrt{3}$ ③ $12\sqrt{3}$

④ $\dfrac{38}{3}\sqrt{3}$ ⑤ $\dfrac{40}{3}\sqrt{3}$

그림과 같이 $A > 90°$인 삼각형 ABC의 세 꼭짓점 A, B, C에서 세 직선 BC, CA, AB에 내린 수선의 발을 각각 D, E, F라 하자. $\overline{AD} : \overline{BE} : \overline{CF} = 2 : 3 : 4$일 때, 삼각형 ABC에서 $\cos C$의 값은?

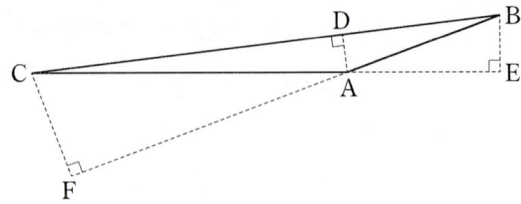

① $\dfrac{5}{6}$
② $\dfrac{41}{48}$
③ $\dfrac{7}{8}$

④ $\dfrac{43}{48}$
⑤ $\dfrac{11}{12}$

▌삼각형의 넓이

그림과 같이 예각삼각형 ABC가 한 원에 내접하고 있다. $\overline{AB} = 6$이고, $\angle ABC = \alpha$라 할 때 $\cos\alpha = \dfrac{3}{4}$이다. 점 A를 지나지 않는 호 BC 위의 점 D에 대하여 $\overline{CD} = 4$이다. 두 삼각형 ABD, CBD의 넓이를 각각 S_1, S_2라 할 때, $S_1 : S_2 = 9 : 5$이다. 삼각형 ADC의 넓이를 S라 할 때, S^2의 값을 구하시오.

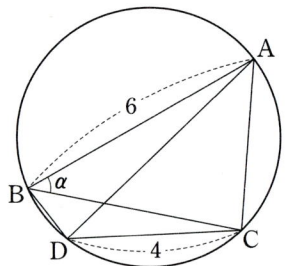

| 117 | □□□

그림과 같이 오각형 ABCDE의 내부에 한 변의 길이가 각각 3, 5인 정사각형 BCGF, AFDE가 있다. 오각형 ABCDE의 넓이를 구하시오.

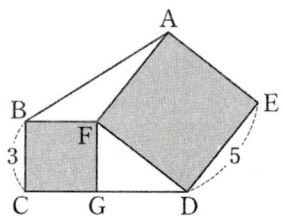

| 118 | □□□

그림과 같은 삼각형 ABC에서

$$\overline{AB} = 3, \ \overline{AC} = 2, \ \angle A = 60°$$

이다. 각 A의 이등분선이 변 BC와 만나는 점을 D라 할 때, 선분 AD의 길이는?

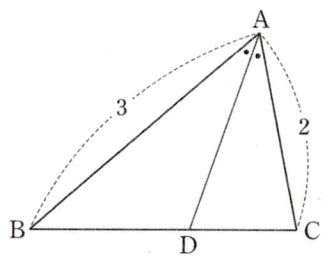

① $\dfrac{3\sqrt{3}}{4}$ ② $\dfrac{4\sqrt{2}}{3}$ ③ $\dfrac{6\sqrt{2}}{5}$

④ $\dfrac{6\sqrt{3}}{5}$ ⑤ $\dfrac{5}{2}$

그림과 같이 $\overline{AB} = 15$인 직각삼각형 ABC에 대하여 변 AB를 2 : 1로 내분하는 점 P에서 변 AC에 내린 수선의 발을 Q라 하자.
$\angle BPQ = \theta$일 때, $\tan\theta = -2$를 만족한다.
사각형 BCQP의 넓이는?

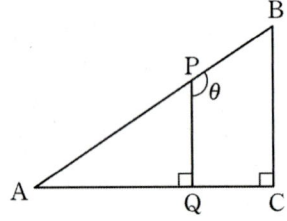

① 25 ② $\dfrac{51}{2}$ ③ 26

④ $\dfrac{53}{2}$ ⑤ 27

$\overline{AC} = 2$, $\overline{BC} = 4$, $\cos(\angle ABC) = \dfrac{7}{8}$인

둔각삼각형 ABC의 내접원의 넓이는 $\dfrac{q}{p}\pi$이다.

$p + q$의 값을 구하시오.

(단, p와 q는 서로소인 자연수이다.)

III

수열

등차수열

| 121 |─□□□

공차가 양수인 등차수열 $\{a_n\}$이 다음 조건을
만족시킬 때, a_2의 값은?

(가) $a_6 + a_8 = 0$
(나) $|a_6| = |a_7| + 3$

① -15 ② -13 ③ -11
④ -9 ⑤ -7

| 122 |─□□□

첫째항이 90이고 모든 항이 정수인 등차수열
$\{a_n\}$에 대하여 집합 A가

$$A = \{n \mid a_n \text{은 자연수}\}$$

이다. $n(A) = 10$이 되도록 하는 등차수열 $\{a_n\}$에
대하여 a_5의 값을 구하시오.

123 ┤□□□

공차가 양수인 등차수열 $\{a_n\}$에 대하여
이차방정식 $x^2 - 10x + 16 = 0$의 두 실근이 a_3,
a_5일 때, a_{15}의 값은?

① 30 　　　 ② 32 　　　 ③ 34

④ 36 　　　 ⑤ 38

124 ┤□□□

1과 15 사이에 한 개 이상의 자연수를 넣어서 만든
수열이 이 순서대로 등차수열을 이루도록 한다. 이
등차수열의 공차를 d라 할 때, 모든 양수 d의 값의
합은?

① 8 　　　 ② 9 　　　 ③ 10

④ 11 　　　 ⑤ 12

그림과 같이 직선 $y = a\,(a > 0)$가 두 곡선
$y = bx^2\,(0 < b < 1)$, $y = x^2$ 및 y축과 만나는
점을 각각 순서대로 P, Q, R라 할 때, 세 점 P,
Q, R의 x좌표를 각각 순서대로 p, q, r라 하자.
세 수 p, q, r가 이 순서대로 등차수열을 이룰 때,
b의 값은? (단, O는 원점이고, P와 Q는
제1사분면 위의 점이다.)

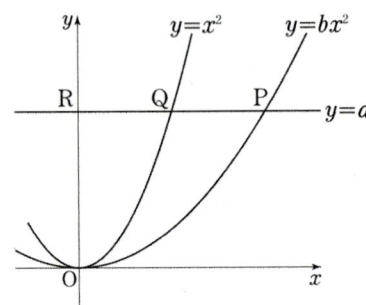

① $\dfrac{1}{2}$ ② $\dfrac{1}{3}$ ③ $\dfrac{1}{4}$

④ $\dfrac{1}{5}$ ⑤ $\dfrac{1}{6}$

그림과 같이 $\angle B = 90°$이고 선분 BC의 길이가
$6\sqrt{5}$인 직각삼각형 ABC의 꼭짓점 B에서 빗변
AC에 내린 수선의 발을 D라 하자. 세 선분 AD,
CD, AB의 길이가 이 순서대로 등차수열을 이룰
때, 선분 AC의 길이를 구하시오.

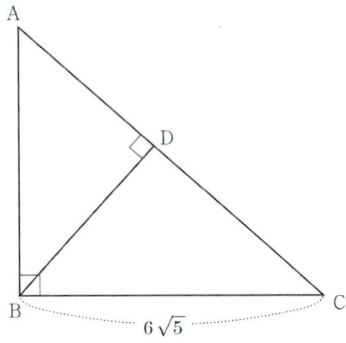

■ 등차수열의 합

| 127 |⊢□□□

두 수열 $\{a_n\}$, $\{b_n\}$의 일반항이 다음과 같다.

$$a_n = 2n - 5, \ b_n = \frac{1}{2}n + 1$$

두 수열 $\{a_n\}$, $\{b_n\}$의 첫째항부터 제 k항까지의 합이 서로 같도록 하는 자연수 k의 값은?

① 3   ② 4   ③ 5
④ 6   ⑤ 7

| 128 |⊢□□□

첫째항부터 제 n항까지의 합이 각각

$$2n^2 - 3n, \ n^2 + mn \ (n = 1, \ 2, \ 3, \ \cdots)$$

인 두 수열의 제 10항이 서로 같을 때, 자연수 m의 값은?

① 15   ② 16   ③ 17
④ 18   ⑤ 19

129 □□□

등차수열 $\{a_n\}$에 대하여 첫째항부터 제n항까지의 합을 S_n이라 하자. $S_4 = 40$일 때, 다음 조건을 만족시키는 자연수 k의 값을 구하시오.

(단, $k \geq 5$)

(가) $S_k - S_{k-4} = 160$
(나) $S_k = 525$

130 □□□

첫째항이 0이고 공차가 자연수인 등차수열 $\{a_n\}$의 첫째항부터 제n항까지의 합을 S_n이라 할 때, $S_k = 30$을 만족시키는 모든 자연수 k의 값의 합을 구하시오.

| 131 | ☐☐☐

두 등차수열 $\{a_n\}$, $\{b_n\}$이 다음 조건을 만족시킨다.

> (가) $a_1 + a_2 + a_3 + \cdots + a_n = S_n$
>
> (나) $b_1 + b_2 + b_3 + \cdots + b_n = T_n$
>
> (다) $\dfrac{S_n}{T_n} = \dfrac{2n+1}{3n-2}$

$\dfrac{a_5}{b_5} = \dfrac{q}{p}$ 라 할 때, $p+q$의 값을 구하시오.

(단, p와 q는 서로소인 자연수이다.)

| 132 | ☐☐☐

등차수열 $\{a_n\}$에 대하여 수열 $\{b_n\}$을

$$b_n = \begin{cases} 2^{a_n} & (n\text{은 홀수}) \\ \left(\dfrac{1}{2}\right)^{a_n} & (n\text{은 짝수}) \end{cases}$$

이라 하자. $b_1 \times b_2 \times b_3 \times b_4 \times b_5 = 64$일 때, $a_1 + a_2 + a_3 + a_4 + a_5$의 값을 구하시오.

| 133 | ⊢□□□

첫째항이 60인 등차수열 $\{a_n\}$에 대하여 수열 $\{T_n\}$을

$$T_n = |a_1 + a_2 + a_3 + \cdots + a_n|$$

이라 하자. 수열 $\{T_n\}$이 다음 조건을 만족시킨다.

(가) $T_{19} < T_{20}$
(나) $T_{20} = T_{21}$

$T_n > T_{n+1}$을 만족시키는 n의 최솟값과 최댓값의 합을 구하시오.

▌수열의 합과 일반항 사이의 관계

| 134 | ⊢□□□

수열 $\{a_n\}$의 첫째항부터 제n항까지의 합을 S_n이라 할 때,

$$2^{1+S_n} = n(n+1) \, (n \geq 1)$$

이 성립한다. 2^{a_5}의 값은?

① -1 ② $-\dfrac{1}{2}$ ③ 0

④ $\dfrac{1}{2}$ ⑤ $\dfrac{3}{2}$

135 ┤□□□

수열 $\{a_n\}$의 첫째항부터 제 n항까지의 합 S_n이

$$S_n = 2n^2 + n - 1 \ (n \geq 1)$$

일 때, $a_1 - a_2 + a_3 - a_4 + \cdots + a_{11} - a_{12} + a_{13}$
의 값을 구하시오.

■ 등비수열

136 ┤□□□

모든 항이 양수인 등비수열 $\{a_n\}$에 대하여

$$a_4 + a_7 = 3, \ \frac{a_7}{a_1} + \frac{a_5}{a_2} = \frac{3}{4}$$

일 때, a_{10}의 값은?

① 1 ② $\dfrac{1}{2}$ ③ $\dfrac{1}{4}$

④ $\dfrac{1}{8}$ ⑤ $\dfrac{1}{16}$

137 ⊢□□□

공차가 0이 아닌 등차수열 $\{a_n\}$의 세 항
a_1, a_3, a_{13}이 이 순서대로 공비가 r인 등비수열을
이룰 때, r의 값을 구하시오.

138 ⊢□□□

다음 조건을 만족시키는 두 실수 a, b에 대하여
$a+b$의 값은?

> (가) 세 수 1, a, b가 이 순서대로 등차수열을
>   이룬다.
> (나) 세 수 a, $\sqrt{3}$, b가 이 순서대로
>   등비수열을 이룬다.
> (다) $\sqrt{ab} = -\sqrt{a}\sqrt{b}$

① -4 ② $-\dfrac{7}{2}$ ③ -3

④ 4 ⑤ $\dfrac{7}{2}$

139

이차방정식 $x^2 - \frac{1}{2}ax + 1 = 0$의 두 근을

α, β($\alpha < \beta$)라 하고, 이차방정식

$x^2 - \frac{1}{2}bx + 2 = 0$의 두 근을 p, q($p < q$)라

하자. 네 수 α, p, β, q가 이 순서대로 등비수열을 이루도록 두 양수 a, b의 값을 정할 때, $a^2 + b^2$의 값을 구하시오.

140

모든 항이 양수인 등비수열 $\{a_n\}$에 대하여 수열 $\{b_n\}$이 다음 조건을 만족시킨다.

(가) $b_n = \log_2 a_n$
(나) $b_1 + b_3 + b_5 + b_7 + b_9 = 5$
(다) $b_2 + b_4 + b_6 + b_8 + b_{10} = 20$

수열 $\{a_n\}$의 공비를 구하시오.

자연수 n에 대하여 좌표평면 위의 점 P_n을 다음 규칙에 따라 정한다.

> (가) 점 P_1의 좌표는 $(1, 1)$이다.
>
> (나) 선분 OP_n을 $4 : 3$으로 외분하는 점을 Q_n이라 하고, 점 Q_n을 지나고 x축에 평행한 직선이 곡선 $y = x^2 \, (x \geq 0)$과 만나는 점을 P_{n+1}이라 한다.

점 P_{10}의 좌표가 (a, b)일 때, $\log_2 ab$의 값을 구하시오. (단, O는 원점이다.)

수열 $\{a_n\}$은 첫째항이 자연수이고 공차가 2인 등차수열이고, 수열 $\{b_n\}$은 첫째항이 64이고 공비가 $\dfrac{1}{2}$인 등비수열이다. $a_m = b_4$를 만족시키는 자연수 m의 값이 존재하도록 하는 모든 a_1의 값의 합을 구하시오.

등비수열의 합

| 143 | ☐☐☐

수열 $\{a_n\}$이 $a_1 = 2$이고,

$$\frac{a_{n+1}}{a_n} = -\frac{1}{2} \ (n \geq 1)$$

을 만족시킨다. 수열 $\{a_n\}$의 첫째항부터 제6항까지의 합을 $\dfrac{q}{p}$라 할 때, $p+q$의 값을 구하시오. (단, p와 q는 서로소인 자연수이다.)

| 144 | ☐☐☐

수열 $\{a_n\}$이 첫째항이 1, 공차가 2인 등차수열일 때 수열 $\{3^{a_n}\}$의 첫째항부터 제10항까지의 합은?

① $\dfrac{3}{8}(3^{10} - 1)$　　　② $\dfrac{3}{8}(3^{15} - 1)$

③ $\dfrac{3}{8}(3^{20} - 1)$　　　④ $\dfrac{3}{8}(3^{25} - 1)$

⑤ $\dfrac{3}{8}(3^{30} - 1)$

145

첫째항이 1인 등비수열 $\{a_n\}$에 대하여

$$a_1 + a_3 + a_5 + \cdots + a_{2k-1} = 341,$$
$$a_2 + a_4 + a_6 + \cdots + a_{2k} = 682$$

일 때, a_k의 값은? (단, k는 상수이다.)

① 16   ② 20   ③ 24
④ 28   ⑤ 32

146

등비수열 $\{a_n\}$의 첫째항부터 제 n항까지의 합 S_n에 대하여 $S_{10} = 36$, $S_{20} = 54$일 때, S_{30}의 값은?

① 60   ② 63   ③ 66
④ 69   ⑤ 72

| 147 | ⊢□□□

첫째항이 1인 등비수열 $\{a_n\}$의 첫째항부터 제n항까지의 합을 S_n이라 할 때,

$$S_{20} = 3S_{10}$$

이 성립한다. $S_{40} = kS_{10}$을 만족시키는 상수 k의 값은?

① 6   ② 9   ③ 12

④ 15   ⑤ 18

| 148 | ⊢□□□

공비가 -2인 등비수열 $\{a_n\}$의 첫째항부터 제n항까지의 합을 S_n이라 하자.

$$S_k = 55, \quad \frac{S_{k+6} - S_{k+3}}{a_4} = -96$$

를 만족시키는 자연수 k에 대하여 a_k의 값을 구하시오.

모든 항이 양수인 등비수열 $\{a_n\}$에 대하여
$a_1 a_2 = a_{10}$, $a_1 + a_9 = 20$일 때,
$(a_1 + a_3 + a_5 + a_7 + a_9)(a_1 - a_3 + a_5 - a_7 + a_9)$
의 값은?

① 494   ② 496   ③ 498
④ 500   ⑤ 502

길이가 1인 선분 AB가 있다. 그림과 같이 선분 AB를 3등분한 다음, 가운데 선분을 한 변으로 하는 정사각형을 그리고, 가운데 선분을 지워 만든 도형을 T_1이라 하자. T_1의 선분 중 원래의 선분 AB에서 남아 있는 두 선분을 각각 3등분한 다음, 가운데 선분을 한 변으로 하는 정사각형을 그리고, 가운데 선분을 지워 만든 도형을 T_2라 하자.
T_2의 선분 중 원래의 선분 AB에서 남아 있는 네 선분을 각각 3등분한 다음, 가운데 선분을 한 변으로 하는 정사각형을 그리고, 가운데 선분을 지워 만든 도형을 T_3이라 하자.
이와 같은 과정을 계속 반복하여 n번째 만든 도형을 T_n이라 하고, T_n에 있는 모든 선분의 길이의 총합을 a_n이라 하자. 이때 a_{20}의 값은?

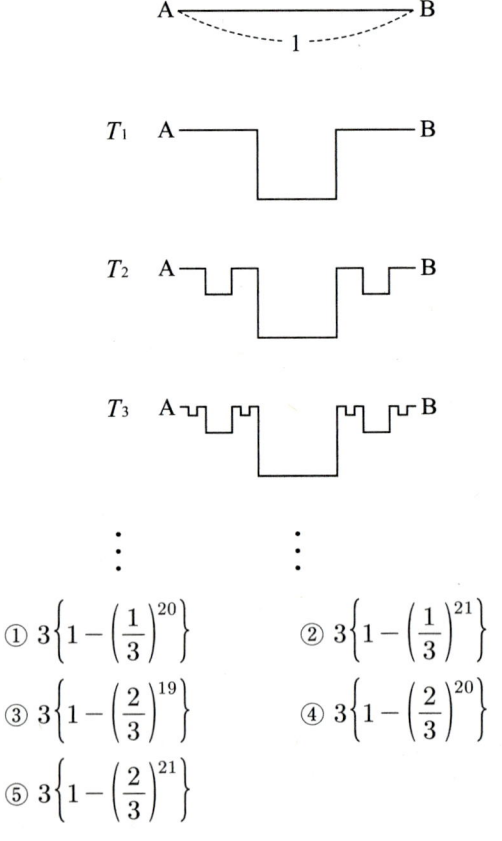

① $3\left\{1 - \left(\dfrac{1}{3}\right)^{20}\right\}$ ② $3\left\{1 - \left(\dfrac{1}{3}\right)^{21}\right\}$

③ $3\left\{1 - \left(\dfrac{2}{3}\right)^{19}\right\}$ ④ $3\left\{1 - \left(\dfrac{2}{3}\right)^{20}\right\}$

⑤ $3\left\{1 - \left(\dfrac{2}{3}\right)^{21}\right\}$

151 ┤□□□

자연수 n에 대하여 점 P_n을 다음 규칙에 따라 정한다.

> (가) 점 P_1의 좌표는 $(1, 1)$이다.
> (나) 점 P_n의 좌표가 (a, b)일 때,
> $b < 2^a$이면 점 P_{n+1}의 좌표는 $(a, b+1)$이고
> $b = 2^a$이면 점 P_{n+1}의 좌표는 $(a+1, 1)$이다.

점 P_n의 좌표가 $(10, 2^{10})$일 때, n의 값은?

① $2^{10} - 2$ ② $2^{10} + 2$ ③ $2^{11} - 2$

④ 2^{11} ⑤ $2^{11} + 2$

시그마의 뜻과 성질

| 152 | ꞏ□□□

수열 $\{a_n\}$에 대하여

$$\sum_{k=1}^{10} (a_k - 2)^2 = 200,$$

$$\sum_{k=1}^{10} (a_k + 2)^2 = 400$$

일 때, $\displaystyle\sum_{k=1}^{10} a_k$의 값은?

① 20   ② 25   ③ 30
④ 35   ⑤ 40

| 153 | ꞏ□□□

모든 항이 양수인 등비수열 $\{a_n\}$에 대하여

$a_7 \times a_8 \times a_9 = 4$일 때, $\displaystyle\sum_{k=1}^{15} \log_2 a_k$의 값은?

① 10   ② 12   ③ 14
④ 16   ⑤ 18

154 |□□□

자연수 n에 대하여 $n(n+1)$을 3으로 나눈 나머지를 a_n이라 할 때, $\displaystyle\sum_{n=1}^{30} a_n$의 값은?

① 18 ② 20 ③ 22
④ 24 ⑤ 26

155 |□□□

수열 $\{a_n\}$은

$$\sum_{k=n+1}^{2n} a_k = n^2 \ (n \geq 1)$$

을 만족시킨다. $\displaystyle\sum_{n=1}^{16} a_n = 90$일 때, a_1의 값은?

① 1 ② 3 ③ 5
④ 7 ⑤ 9

| 156 | ⊢□□□

수열 $\{a_n\}$이 모든 자연수 n에 대하여

$$a_n = \begin{cases} a+n & (n \text{이 3의 배수인 경우}) \\ a-n & (n \text{이 3의 배수가 아닌 경우}) \end{cases}$$

을 만족시킬 때, $\sum_{k=1}^{6} a_k = 21$이다. 상수 a의 값은?

① 2   ② 4   ③ 6
④ 8   ⑤ 10

| 157 | ⊢□□□

3보다 큰 자연수 n에 대하여 $f(n)$을 다음 조건을 만족시키는 가장 작은 자연수 a라 하자.

(가) $a \geq 3$

(나) 두 점 $(2, 0)$, $(a, \log_n a)$를 지나는 직선의 기울기는 $\dfrac{1}{2}$보다 작거나 같다.

예를 들어 $f(5) = 4$이다. $\sum_{n=4}^{30} f(n)$의 값을 구하시오.

▪ 여러 가지 수열의 합

| 158 | ┠□□□

첫째항이 4이고 공차가 1인 등차수열 $\{a_n\}$에 대하여

$$\sum_{k=1}^{12} \frac{1}{\sqrt{a_{k+1}} + \sqrt{a_k}}$$

의 값은?

① 1　　　② 2　　　③ 3
④ 4　　　⑤ 5

| 159 | ┠□□□

수열 $\{a_n\}$에 대하여

$$\sum_{k=1}^{n} (a_k - k) = (n+1)^2$$

일 때, a_9의 값은?

① 22　　　② 24　　　③ 26
④ 28　　　⑤ 30

160

수열 $\{a_n\}$이 모든 자연수 n에 대하여

$$\sum_{k=1}^{n} \frac{a_k}{k} = \frac{n-1}{n+1}$$

을 만족시킬 때, a_{100}의 값은?

① $\dfrac{1}{49}$ ② $\dfrac{2}{99}$ ③ $\dfrac{1}{50}$

④ $\dfrac{2}{101}$ ⑤ $\dfrac{1}{51}$

161

자연수 n에 대하여 x에 대한 이차부등식 $x^2 - nx < 0$을 만족시키는 모든 자연수 x의 값의 합을 S_n이라 할 때, $\sum_{k=1}^{10} S_k$의 값을 구하시오.

162

자연수 n에 대하여 함수 $y = x^2 - 2nx + n^2$의 그래프와 함수 $y = x - n$의 그래프의 서로 다른 두 교점의 x좌표를 각각 a_n, b_n이라 할 때,

$$\sum_{n=1}^{44} \frac{1}{a_n b_n} = \frac{q}{p}$$ 이다. $p + q$의 값을 구하시오.

(단, p와 q는 서로소인 자연수이다.)

163

좌표평면에서 자연수 n에 대하여 다음과 같이 곡선 $y = x^2$과 직선 $y = nx + n^2$의 그래프가 만나는 두 교점의 x좌표를 각각 a_n, b_n(단, $a_n > b_n$)이라

할 때, $\displaystyle\sum_{k=1}^{10} (a_k - b_k)$의 값은?

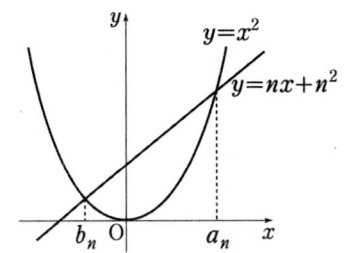

① $45\sqrt{5}$ ② $50\sqrt{5}$ ③ $55\sqrt{5}$

④ $60\sqrt{5}$ ⑤ $65\sqrt{5}$

164 ⊢□□□

자연수 n에 대하여 자연수 전체의 집합의 두 부분집합 A_n, B_n을

$$A_n = \{x \mid n^2 \le x \le 2n^2 + 2n\},$$
$$B_n = \{x \mid 2n^2 + n \le x \le 2n^2 + 3n\}$$

이라 하자. 집합 $(A_n \cup B_n) - (A_n \cap B_n)$의

원소의 개수를 a_n이라 할 때, $\displaystyle\sum_{n=1}^{8} \frac{1}{a_n}$의 값은?

① $\dfrac{11}{18}$ 　　② $\dfrac{28}{45}$ 　　③ $\dfrac{19}{30}$

④ $\dfrac{29}{45}$ 　　⑤ $\dfrac{59}{90}$

165 ⊢□□□

자연수 전체의 집합에서 정의된 함수

$$f(x) = \begin{cases} x + 3 & (x\text{는 홀수}) \\ \dfrac{1}{2}x & (x\text{는 짝수}) \end{cases}$$

이다. 첫째항이 2이고 공차가 3인 등차수열 $\{a_n\}$에 대하여 수열 $\{b_n\}$은

$$b_n = f(a_{n+2}) - f(a_n)\,(n \ge 1)$$

을 만족시킬 때, $\displaystyle\sum_{n=1}^{10} b_n$의 값은?

① 39 　　② 41 　　③ 43

④ 45 　　⑤ 47

| 166 | ☐☐☐

자연수 n에 대하여 점 $(0, \log_2 n)$을 지나고 기울기가 n인 직선을 l_n이라 하자. 두 직선 l_n, l_{n+1}의 교점의 x좌표를 $f(n)$이라 할 때, $\displaystyle\sum_{n=1}^{k} f(n)$의 값이 정수가 되도록 하는 100 이하의 모든 자연수 k의 값의 합을 구하시오.

| 167 | ☐☐☐

수열 $\{a_n\}$의 일반항은

$$a_n = \log_3 \sqrt{\frac{3(n+1)}{n}}$$

이다. $\displaystyle\sum_{k=1}^{m} a_k$의 값이 100 이하의 자연수가 되도록 하는 모든 자연수 m의 값의 합은?

① 74　　　　② 78　　　　③ 82
④ 84　　　　⑤ 88

자연수 n에 대하여 곡선 $y = x^2$과 직선 $y = x + n$이 서로 다른 두 점에서 만날 때, 두 점 사이의 거리를 l_n이라 하자. $\displaystyle\sum_{k=1}^{10} \dfrac{1}{(l_k \times l_{k+1})^2}$의 값은?

① $\dfrac{1}{60}$ ② $\dfrac{1}{70}$ ③ $\dfrac{1}{80}$

④ $\dfrac{1}{90}$ ⑤ $\dfrac{1}{100}$

자연수 n에 대하여 함수

$$f(x) = -x^2 + 4nx + k \ (1 \le x \le 10)$$

의 최댓값을 a_n이라 할 때, $\displaystyle\sum_{n=1}^{10} a_n = 320$이 성립하도록 하는 상수 k의 값은?

① -40 ② -60 ③ -80
④ -100 ⑤ -120

170

수열 $\{a_n\}$의 일반항이 $a_n = 2^n$이고, 수열 $\{a_n\}$의 첫째항부터 제 n항까지의 합을 S_n이라 할 때,

$$\sum_{k=1}^{5} \frac{a_k}{S_k S_{k+1}} = \frac{q}{p}$$ 이다. $p+q$의 값을 구하시오.

(단, p와 q는 서로소인 자연수이다.)

171

수열 $\{a_n\}$의 첫째항부터 제 n항까지의 합을 S_n이라 할 때, 모든 자연수 n에 대하여

$$\sum_{k=1}^{2n} (-1)^k S_k = \frac{n}{n+2}$$

이 성립한다. $a_{10} = \dfrac{q}{p}$일 때, $p+q$의 값을 구하시오. (단, p와 q는 서로소인 자연수이다.)

수열 $\{a_n\}$이 모든 자연수 n에 대하여

$$\sum_{k=1}^{n} \frac{1}{ka_k} = \frac{n^2 + 3n}{4}$$

을 만족시킨다. $\sum_{k=1}^{10} a_k = \dfrac{q}{p}$일 때, $p+q$의 값을

구하시오. (단, p와 q는 서로소인 자연수이다.)

n이 자연수일 때, x에 대한 이차방정식

$$(n^2 + n)x^2 - 2(n+1)x + \frac{n}{n+1} = 0$$

의 두 근을 각각 α_n, β_n 이라 하자.

$a_n = (\alpha_n - \beta_n)^2$이라 할 때, $\sum_{n=1}^{10} a_n = \dfrac{q}{p}$이다.

$p+q$의 값을 구하시오.

(단, p와 q는 서로소인 자연수이다.)

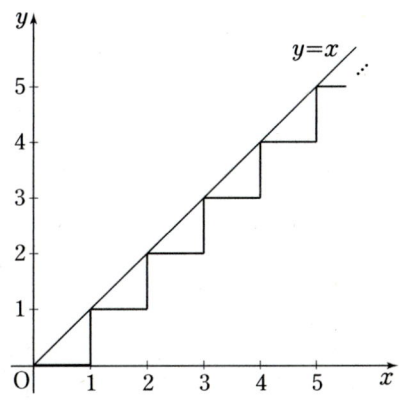

| **174** | ⬜⬜⬜

좌표평면에서 그림과 같이 길이가 1인 선분이
수직으로 만나도록 연결된 경로가 있다. 이 경로를
따라 원점에서 멀어지도록 움직이는 점 P의 위치를
나타내는 점 A_n을 다음과 같은 규칙으로 정한다.

(i) A_0은 원점이다.

(ii) n이 자연수일 때, A_n은 점 A_{n-1}에서
　　 점 P가 경로를 따라 $\dfrac{2n-1}{25}$만큼 이동한
　　 위치에 있는 점이다.

예를 들어, 점 A_2와 A_6의 좌표는 각각 $\left(\dfrac{4}{25}, 0\right)$,

$\left(1, \dfrac{11}{25}\right)$이다. 자연수 n에 대하여 점 A_n 중 직선
$y = x$ 위에 있는 점을 원점에서 가까운 순서대로
나열할 때, 두 번째 점의 x좌표를 a라 하자. a의
값을 구하시오.

■ **수열의 귀납적 정의**

| **175** ├□□□

첫째항이 1인 수열 $\{a_n\}$은 모든 자연수 n에 대하여

$$\begin{cases} a_{2n+1} = 2a_{2n} - a_{2n-1} \\ a_{2n+2} = a_{2n+1} - a_{2n} \end{cases}$$

을 만족시킨다. $a_8 = 5$일 때, a_3의 값은?

① -9 ② -3 ③ 0

④ 3 ⑤ 9

| **176** ├□□□

자연수 n에 대하여 수열 $\{a_n\}$의 일반항이 다음과 같다.

$$a_n = \begin{cases} \dfrac{n^2}{10} & (n \le 12) \\ a_{n-12} - \dfrac{1}{2} & (n > 12) \end{cases}$$

$\displaystyle\sum_{k=1}^{36} a_k$의 값은?

① 175 ② 177 ③ 179

④ 181 ⑤ 183

수열 $\{a_n\}$이 $a_1 = 1$이고, 모든 자연수 n에 대하여

$$a_{n+1} = \begin{cases} 2a_n - 1 & (a_n \text{이 짝수}) \\ a_n + 3 & (a_n \text{이 홀수}) \end{cases}$$

를 만족시킬 때, a_7의 값은?

① 37   ② 39   ③ 41

④ 43   ⑤ 45

수열 $\{a_n\}$은 $a_1 = 4$이고, 모든 자연수 n에 대하여

$$a_{n+1} = \begin{cases} a_n - 5 & (a_n \geq 6) \\ 2a_n - 1 & (a_n < 6) \end{cases}$$

을 만족시킨다. $\displaystyle\sum_{k=1}^{20} a_k$의 값은?

① 95   ② 97   ③ 99

④ 101   ⑤ 103

수열 $\{a_n\}$에 대하여 $a_1 = 2$이고,

$$\begin{cases} a_{n+1} = 2a_n & (a_n \leq 32) \\ a_{n+1} = a_n - 4 & (a_n > 32) \end{cases}$$

가 성립할 때, $\displaystyle\sum_{k=1}^{20} a_k$의 값을 구하시오.

수열 $\{a_n\}$이

$$a_{n+1} = \frac{a_n}{2^n} + n \ (n \geq 1)$$

을 만족시킨다. $a_5 = 5$일 때, a_2의 값을 구하시오.

181

수열 $\{a_n\}$에 대하여 $a_1 = 1$이고,

$$a_n a_{n+1} = 2^n \ (n \geq 1)$$

일 때, $\displaystyle\sum_{k=1}^{10} a_k$의 값을 구하시오.

182

수열 $\{a_n\}$에 대하여 $a_1 = 1$, $a_{16} = \dfrac{19}{4}$이고,

$$a_{n+1} - a_n = \frac{p}{n(n+1)} \ (n \geq 1)$$

일 때, 상수 p의 값은?

① $\dfrac{1}{2}$ ② 1 ③ 2

④ 4 ⑤ 8

| 183 | ■□□

수열 $\{a_n\}$은 $a_1 = 3$이고,

$$\sum_{k=1}^{n}(a_{k+1} - a_k) = a_n \ (n \geq 1)$$

을 만족시킨다. a_{10}의 값을 구하시오.

| 184 | ■□□

수열 $\{a_n\}$이 $a_1 = 1$이고, 첫째항부터 제n항까지의 합을 S_n이라 할 때,

$$S_{n+1} = 2S_n + 3n \ (n \geq 1)$$

이다. a_5의 값은?

① 47　　② 49　　③ 51
④ 53　　⑤ 55

185

수열 $\{a_n\}$의 첫째항부터 제n항까지의 합을
S_n이라 할 때,

$$S_n = 4a_{n+1} + 1 \, (n \geq 1)$$

가 성립한다. $a_3 = 64$일 때, a_6의 값은?

① 105   ② 110   ③ 115
④ 120   ⑤ 125

186

모든 항이 양수인 수열 $\{a_n\}$이

$$a_3 = a_1 + 3,$$
$$\log_2 a_{n+1} = 1 + \log_2 a_n \, (n \geq 1)$$

을 만족시킬 때, $\displaystyle\sum_{k=1}^{10} a_{2k}$의 값은?

① $\dfrac{2^{20} - 2}{3}$ ② $\dfrac{2^{20} - 1}{3}$ ③ $\dfrac{2^{21} - 2}{3}$

④ $\dfrac{2^{22} - 2}{3}$ ⑤ $\dfrac{2^{22} - 1}{3}$

187 □□□

모든 항이 양수인 수열 $\{a_n\}$은 $a_1 a_{10} = 32$이고,

$$\frac{\log_2 a_n + \log_2 a_{n+2}}{2} = \log_2 a_{n+1} \, (n \geq 1)$$

을 만족시킨다. $a_1 \times a_2 \times a_3 \times \cdots \times a_{10} = 2^k$일 때, 상수 k의 값은?

① 21   ② 23   ③ 25
④ 27   ⑤ 29

188 □□□

수열 $\{a_n\}$은 $a_1 = 7$이고, 다음 조건을 만족시킨다.

> (가) $a_{n+2} = a_n - 4 \, (n = 1, 2, 3, 4)$
> (나) 모든 자연수 n에 대하여
> $\quad a_{n+6} = a_n$이다.

$\displaystyle\sum_{k=1}^{50} a_k = 258$일 때, a_2의 값을 구하시오.

| 189 ├─□□□

모든 항이 실수인 수열 $\{a_n\}$이 다음 조건을 만족시킨다.

> (가) 모든 자연수 m, n에 대하여
>
>   점 (a_m, a_n)은 함수 $y = \dfrac{a_{m+n}}{x}$의
>
>   그래프 위에 있다.
>
> (나) $\displaystyle\sum_{k=1}^{3} a_k = 14$

a_1의 값을 구하시오.

| 190 ├─□□□

첫째항이 2인 수열 $\{a_n\}$에 대하여 직선 $x = a_n$과 직선 $y = x$가 만나는 점을 지나고 x축에 평행한 직선이 직선 $y = \dfrac{1}{2}x - 1$과 만나는 점의 x좌표가 a_{n+1}이다. a_5의 값은?

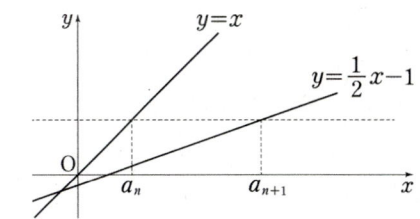

① 56   ② 58   ③ 60

④ 62   ⑤ 64

191

자연수 n에 대하여 좌표평면에 다음 규칙에 따라
점 A_n, B_n을 잡는다.

(가) 점 A_1의 좌표는 $(1, 1)$이다.

(나) 곡선 $y = x^2$ $(x > 0)$ 위의 점 A_n에서의
   접선과 수직이고 점 A_n을 지나는 직선이
   y축과 만나는 점을 B_n이라 하고,
   점 B_n을 지나고 x축과 평행한 직선이
   곡선 $y = x^2$ $(x > 0)$과 만나는 점을
   A_{n+1}이라 한다.

삼각형 $A_k B_k A_{k+1}$의 넓이가 1 이상이 되도록
하는 자연수 k의 최솟값을 구하시오.

192

등비수열 $\{a_n\}$의 첫째항부터 제 n항까지의 합을
S_n이라 하면

$$2(S_{n+4} - S_{n+1}) = S_{n+5} - S_n \ (n \geq 1)$$

이 성립한다. $a_3 = 1$일 때,
$(a_2 + a_4)(a_2 + a_4 - 1)$의 값을 구하시오.

좌표평면에서 점 A_1의 좌표가 $(1, 0)$일 때, 모든 자연수 n에 대하여 점 A_{n+1}을 다음 규칙에 따라 정한다.

(가) 점 A_n을 x축의 방향으로 n만큼 평행이동시킨 점을 B_n이라 한다.

(나) 점 A_n을 지나고 기울기가 양수인 직선이 점 B_n을 중심으로 하고, 반지름의 길이가 $\dfrac{n}{2}$인 원과 점 C_n에서 접한다.

(다) 점 C_n에서 x축에 내린 수선의 발을 A_{n+1}이라 한다.

점 A_n의 x좌표를 a_n이라 할 때, 다음은 $\displaystyle\sum_{n=1}^{5} a_n$의 값을 구하는 과정이다.

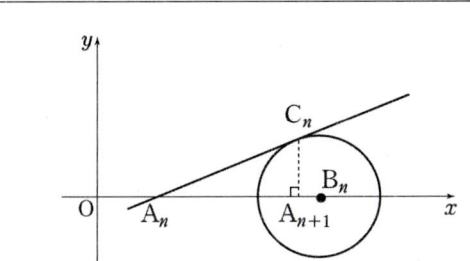

$\overline{A_nB_n} = n$, $\overline{B_nC_n} = \dfrac{1}{2}n$에서

$\overline{A_nC_n} = \boxed{(가)}$ 이고

삼각형 $A_nB_nC_n$과 삼각형 $A_nC_nA_{n+1}$은 서로 닮음이므로

$\overline{A_nA_{n+1}} : \overline{A_nC_n} = \overline{A_nC_n} : \overline{A_nB_n}$에서

$\overline{A_nA_{n+1}} = \boxed{(나)}$ 이다.

따라서 $a_{n+1} = a_n + \boxed{(나)}$ 이므로

$a_1 = 1$에서 $\displaystyle\sum_{n=1}^{5} a_n = \boxed{(다)}$ 이다.

위의 (다)에 알맞은 수를 p라 하고, (가), (나)에 알맞은 식을 각각 $f(n)$, $g(n)$이라 할 때, $g(p) - \{f(4)\}^2$의 값은?

① 1 ② 2 ③ 3
④ 4 ⑤ 5

첫째항이 a인 수열 $\{a_n\}$은 모든 자연수 n에 대하여

$$a_{n+1} = \begin{cases} a_n + (-1)^n \times 2 & (n\text{이 3의 배수가 아닌 경우}) \\ a_n + 1 & (n\text{이 3의 배수인 경우}) \end{cases}$$

을 만족시킨다. $a_{15} = 43$일 때, a의 값은?

① 35 ② 36 ③ 37
④ 38 ⑤ 39

그림과 같이 직사각형에서 세로를 각각 이등분하는 점 2개를 연결하는 선분을 그린 그림을 [그림 1]이라 하자.

[그림 1]을 $\dfrac{1}{2}$ 만큼 축소시킨 도형을 [그림 1]의 오른쪽 맨 아래 꼭짓점을 하나의 꼭짓점으로 하여 오른쪽에 이어 붙인 그림을 [그림 2]라 하자. 이와 같이 3 이상의 자연수 k에 대하여 [그림 1]을 $\dfrac{1}{2^{k-1}}$ 만큼 축소시킨 도형을 [그림 $k-1$]의 오른쪽 맨 아래 꼭짓점을 하나의 꼭짓점으로 하여 오른쪽에 이어 붙인 그림을 [그림 k]라 하자. 자연수 n에 대하여 [그림 n]에서 왼쪽 맨 위 꼭짓점을 A_n, 오른쪽 맨 아래 꼭짓점을 B_n이라 할 때, 점 A_n에서 점 B_n까지 선을 따라 최단 거리로 가는 경로의 수를 a_n이라 하자. a_7의 값을 구하시오.

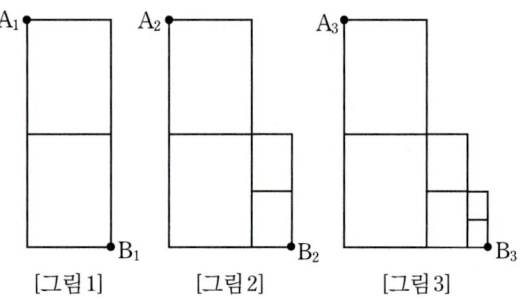

[그림 1]   [그림 2]   [그림 3]

자연수 n에 대하여 좌표평면 위의 점 $P_n(x_n, y_n)$을 다음 규칙에 따라 정한다.

> (가) $x_1 = y_1 = 1$
> (나) $\begin{cases} x_{n+1} = x_n + (n+1) \\ y_{n+1} = y_n + (-1)^n \times (n+1) \end{cases}$ $(n \geq 1)$

점 Q는 원점 O를 출발하여 $\overline{OP_1}$을 따라 점 P_1에 도착한다. 자연수 n에 대하여 점 P_n에 도착한 점 Q는 점 P_{n+1}을 향하여 $\overline{P_n P_{n+1}}$을 따라 이동한다. 점 Q는 한 번에 $\sqrt{2}$ 만큼 이동한다. 예를 들어, 원점에서 출발하여 7번 이동한 점 Q의 좌표는 $(7, 1)$이다. 원점에서 출발하여 55번 이동한 점 Q의 y좌표는?

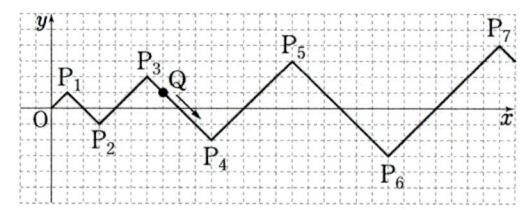

① -5 ② -6 ③ -7
④ -8 ⑤ -9

197

자연수 n에 대하여 좌표평면 위의 점 P_n을 다음 규칙에 따라 정한다.

> (가) 세 점 P_1, P_2, P_3의 좌표는 각각
> $(-1, 0)$, $(1, 0)$, $(-1, 2)$이다.
> (나) 선분 $P_n P_{n+1}$의 중점과 선분
> $P_{n+2} P_{n+3}$의 중점은 같다.

예를 들어, 점 P_4의 좌표는 $(1, -2)$이다.
점 P_{25}의 좌표가 (a, b)일 때, $a+b$의 값을 구하시오.

■ 수학적 귀납법

198

다음은 2 이상의 모든 자연수 n에 대하여 $3^n - 2n$을 4로 나눈 나머지가 1임을 수학적 귀납법으로 증명한 것이다.

> 〈증명〉
> (i) $n = 2$일 때,
> $9 - 4 = 5$이므로 4로 나눈 나머지가 1이다.
> (ii) $n = k \ (k \geq 2)$일 때,
> $3^k - 2k$을 4로 나눈 나머지가 1이라 가정하면 자연수 m에 대하여
> $3^k - 2k = 4m + 1$이다.
> $n = k+1$일 때,
> $3^{k+1} - 2(k+1)$
> $= 3(3^k - 2k) + \boxed{\text{(가)}}$
> $= 4(3m + \boxed{\text{(나)}}) + 1$
> 따라서 $n = k+1$일 때에도
> $3^{k+1} - 2(k+1)$을 4로 나눈 나머지가 1이다.
> (i), (ii)에 의하여 $n \geq 2$인 모든 자연수 n에 대하여 $3^n - 2n$을 4로 나눈 나머지가 1이다.

위의 (가), (나)에 알맞은 식을 각각 $f(k)$, $g(k)$라 할 때, $f(5) + g(7)$의 값은?

① 25   ② 27   ③ 29
④ 31   ⑤ 33

다음은 모든 자연수 n에 대하여

$$\sum_{k=1}^{2n}\left\{(-1)^{k+1}\times 2^k\times 2k\right\}$$

$$=\frac{4-(6n+1)4^{n+1}}{9} \qquad \cdots\cdots(*)$$

이 성립함을 수학적 귀납법으로 증명한 것이다.

(i) $n=1$일 때,

(좌변)=(우변)= $\boxed{\text{(가)}}$ 이므로 $(*)$이 성립한다.

(ii) $n=m$일 때 $(*)$이 성립한다고 가정하면

$$\sum_{k=1}^{2m}\left\{(-1)^{k+1}\times 2^k\times 2k\right\}$$

$$=\frac{4-(6m+1)4^{m+1}}{9}$$ 이다.

$n=m+1$일 때,

$$\sum_{k=1}^{2m+2}\left\{(-1)^{k+1}\times 2^k\times 2k\right\}$$

$$=\sum_{k=1}^{2m}\left\{(-1)^{k+1}\times 2^k\times 2k\right\}-\boxed{\text{(나)}}$$

$$=\frac{1}{9}\left\{4-(\boxed{\text{(다)}})4^{m+1}\right\}$$

$$=\frac{4-(6m+7)4^{m+2}}{9}$$

이다. 따라서 $n=m+1$일 때도 $(*)$이 성립한다.

(i), (ii)에 의하여 모든 자연수 n에 대하여

$$\sum_{k=1}^{2n}\left\{(-1)^{k+1}\times 2^k\times 2k\right\}$$

$$=\frac{4-(6n+1)4^{n+1}}{9}$$ 이다.

위의 (가)에 알맞은 수를 p라 하고 (나), (다)에 알맞은 식을 각각 $f(m)$, $g(m)$이라 할 때, $f(1)+g(2)+p$의 값은?

① 132 ② 138 ③ 144
④ 150 ⑤ 156

수열 $\{a_n\}$이 $a_1=\alpha\,(\alpha\neq 0)$이고, 모든 $n\,(n\geq 2)$에 대하여

$$(n-1)a_n+\sum_{m=1}^{n-1}ma_m=0$$

을 만족시킨다. 다음은

$$a_n=\frac{(-1)^{n-1}}{(n-1)!}\alpha\,(n\geq 1)$$

임을 수학적 귀납법을 이용하여 증명한 것이다.

〈증명〉

(1) $n=1$일 때, $a_1=\dfrac{(-1)^{1-1}}{(1-1)!}\alpha$이다.

(2) i) $n=2$일 때, $a_2+a_1=0$이므로

$$a_2=-a_1=\frac{(-1)^{2-1}}{(2-1)!}\alpha$$이다.

따라서 주어진 식이 성립한다.

ii) $n=k\,(k\geq 2)$일 때 성립한다고 가정하고, $n=k+1$일 때 성립함을 보이자.

$$0=ka_{k+1}+\sum_{m=1}^{k}ma_m$$

$$=ka_{k+1}+\sum_{m=1}^{k-1}ma_m+ka_k$$

$$=ka_{k+1}+(\boxed{\text{(가)}})\times a_k+ka_k$$

이므로

$$a_{k+1}=\boxed{\text{(나)}}\times a_k=\frac{(-1)^k}{k!}\alpha$$

이다.

따라서 모든 자연수 n에 대하여

$$a_n=\frac{(-1)^{n-1}}{(n-1)!}\alpha$$이다.

위의 (가), (나)에 알맞은 식의 곱을 $f(k)$라 할 때, $f(10)$의 값은?

① $\dfrac{1}{10}$ ② $\dfrac{3}{10}$ ③ $\dfrac{1}{2}$

④ $\dfrac{7}{10}$ ⑤ $\dfrac{9}{10}$

수능고쟁이 미니모의고사

수학 영역

| 성명 | | 수험 번호 | |

○ 문제지의 해당란에 성명과 수험 번호를 정확히 쓰시오.

○ 답안지의 해당란에 성명과 수험 번호를 쓰고, 또 수험 번호, 답을 정확히 표시하시오.

○ 단답형 답의 숫자에 '0'이 포함되면 그 '0'도 답란에 반드시 표시하시오.

○ 계산은 문제지의 여백을 활용하시오.

※ 시험이 시작되기 전까지 표지를 넘기지 마시오.

이투스교육

5지선다형

1. 구간 $(0, 3)$에서 정의되는 함수 $y = |3\cos(\pi x) + 2|$ 의
그래프와 직선 $y = m$ 의 교점의 개수가 3이 되도록 하는 정수
m 의 개수는?

① 1   ② 2   ③ 3   ④ 4   ⑤ 5

2. 등식

$$\log a + \log b = n + \log 2$$

를 만족시키는 두 자연수 a, b의 모든 순서쌍 (a, b)의 개수가
56이 되도록 하는 자연수 n의 값은?

① 2   ② 3   ③ 4   ④ 5   ⑤ 6

3. 첫째항과 공차가 모두 양수인 두 등차수열 $\{a_n\}$, $\{b_n\}$에 대하여

$$b_n \times \sum_{k=1}^{n} a_k = \sum_{k=1}^{n} k a_k \ (n \geq 1)$$

가 성립할 때, 다음은 수열 $\{b_n\}$의 공차를 구하는 과정이다.

$b_1 = $ (가) 이므로 수열 $\{b_n\}$의 공차를 $d\,(d>0)$라 하면 수열 $\{b_n\}$의 일반항은

$$b_n = \boxed{(가)} + (n-1)d \qquad \cdots\cdots \text{㉠}$$

이다.

한편, 수열 $\{a_n\}$의 공차를 $m\,(m>0)$이라 하면

$$\sum_{k=1}^{n} a_k = na_1 + \frac{n(n-1)}{2}m, \qquad \cdots\cdots \text{㉡}$$

$$\sum_{k=1}^{n} k a_k = \frac{n(n+1)}{2}a_1 + \boxed{(나)} \times m \qquad \cdots\cdots \text{㉢}$$

이다. 따라서

$$b_n \times \sum_{k=1}^{n} a_k = \sum_{k=1}^{n} k a_k$$

에 ㉠, ㉡, ㉢을 대입하면 모든 자연수 n에 대하여 이 등식은 성립해야 하므로 항등식의 성질에 의하여 n^3의 계수만 비교했을 때 $d = \boxed{(다)}$ 이다.

위의 (나)에 알맞은 식을 $f(n)$이라 하고, (가), (다)에 알맞은 수를 각각 p, q라 할 때, $f(2p+3q)$의 값은?

① 12　　② 14　　③ 16　　④ 18　　⑤ 20

4. 그림과 같이 함수 $y=2^x$의 그래프와 이차함수 $y=(x-2)^2$의 그래프가 만나는 점을 $\mathrm{A}(x_1,\ y_1)$이라 하고, 함수 $y=\log_2 x$의 그래프와 이차함수 $y=(x-2)^2$의 그래프가 만나는 두 점 중 x좌표의 값이 작은 점을 $\mathrm{B}(x_2,\ y_2)$라 하자. <보기>에서 옳은 것만을 있는 대로 고른 것은?

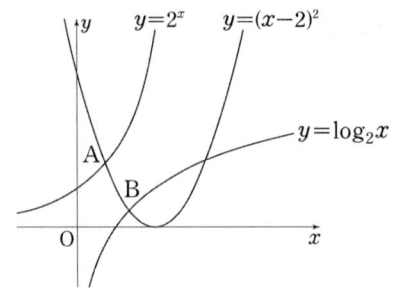

<보 기>

ㄱ. $x_1 > \dfrac{1}{2}$

ㄴ. $x_2 < \sqrt{2}$

ㄷ. $x_1 y_1 < x_2 y_2$

---

① ㄱ　　　　② ㄴ　　　　③ ㄱ, ㄴ

④ ㄱ, ㄷ　　　⑤ ㄱ, ㄴ, ㄷ

5. 수열 $\{a_n\}$에 대하여 $a_1 = 2^p$이고, 모든 자연수 n에 대하여

$$a_{n+1} = \begin{cases} 2a_n & (n \text{이 홀수일 때}) \\ \dfrac{a_n}{4} & (n \text{이 짝수일 때}) \end{cases}$$

이다. $a_n \geq 1$인 자연수 n의 최댓값이 M일 때,

$\displaystyle\sum_{n=1}^{M} a_n = \dfrac{765}{2}$이다. $M \times a_{p+1}$의 값은? (단, p는 자연수이다.)

① 8   ② 16   ③ 32   ④ 64   ⑤ 128

단답형

6. 첫째항이 1이고 공차가 0이 아닌 등차수열 $\{a_n\}$에 대하여 수열 $\{b_n\}$은 모든 자연수 n에 대하여

$$a_n = \sum_{k=1}^{n} k b_k$$

를 만족시킨다. $\displaystyle\sum_{n=1}^{10} \dfrac{1}{b_n} = 10$일 때, a_5의 값을 구하시오.

7. 그림과 같이 $\overline{BC} = \sqrt{3}$, $\overline{CA} = 2$이고 $\cos(\angle BAC) = \dfrac{5}{6}$인 삼각형 ABC가 있다. 반직선 BC 위에 $\overline{AD} = 4$를 만족시키는 점 D를 잡을 때, $\sin^2(\angle ADB) = \dfrac{q}{p}$이다. $p + q$의 값을 구하시오. (단, $\overline{AB} > \overline{CA}$이고, p와 q는 서로소인 자연수이다.)

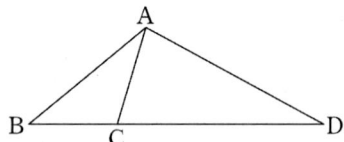

8. 1보다 큰 양수 a에 대하여 두 곡선 $y = a^x$, $y = \log_a x$는 서로 다른 두 점 A, B에서 만나고, 선분 AB를 지름으로 하는 원 C는 y축에 접한다. 원 C의 반지름의 길이를 r라 하자. $a^{\sqrt{2}\,r} = p + q\sqrt{2}$일 때, $p + q$의 값을 구하시오.

(단, p, q는 유리수이다.)

수능고쟁이 미니모의고사

수학 영역

성명		수험 번호	

- ○ 문제지의 해당란에 성명과 수험 번호를 정확히 쓰시오.

- ○ 답안지의 해당란에 성명과 수험 번호를 쓰고, 또 수험 번호, 답을 정확히 표시하시오.

- ○ 단답형 답의 숫자에 '0'이 포함되면 그 '0'도 답란에 반드시 표시하시오.

- ○ 계산은 문제지의 여백을 활용하시오.

※ 시험이 시작되기 전까지 표지를 넘기지 마시오.

이투스교육

5지선다형

1. 그림과 같이 반지름의 길이가 1이고 중심이 O인 원 위의 세 점 A, B, C에 대하여 $\angle AOB = \theta \, (0 < \theta < \frac{\pi}{2})$, $\angle BOC = \frac{\pi}{2}$ 이다. $\sin\theta = \frac{2\sqrt{2}}{3}$ 일 때, 둔각삼각형 AOC의 넓이는?

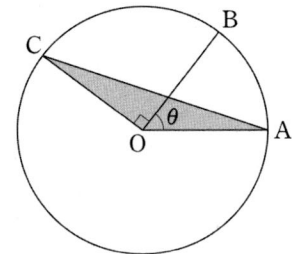

① $\frac{1}{6}$　　② $\frac{\sqrt{2}}{6}$　　③ $\frac{1}{3}$　　④ $\frac{\sqrt{2}}{3}$　　⑤ $\frac{2}{3}$

2. 3 이상의 자연수 n에 대하여 $n^2 - 10n - 11$의 n제곱근 중 실수인 것이 존재하지 않는 n의 개수는?

① 2　　② 4　　③ 6　　④ 8　　⑤ 10

3. 자연수 n에 대하여 부등식 $\log_2 n \le k$를 만족시키는 자연수 k의 최솟값을 a_n이라 할 때, $\displaystyle\sum_{n=1}^{10} a_n$의 값은?

① 20   ② 22   ③ 24   ④ 26   ⑤ 28

4. $x > 2$에서 정의된 함수 $f(x) = \dfrac{x-3}{x-2}$이 있다. $t > 2$인 모든 실수 t에 대하여 원 $(x-t)^2 + \{y - f(t)\}^2 = 1$이 두 곡선 $y = \left(\dfrac{1}{2}\right)^{x-3} + k$, $y = \log_3 (k - 4x)$와 만나지 않도록 하는 모든 정수 k의 값의 합은?

① 7   ② 8   ③ 9   ④ 10   ⑤ 11

5. $-1 \le k \le 1$인 실수 k에 대하여 방정식 $\sin x = k$의 양의 실근을 작은 것부터 차례대로 a_1, a_2, a_3, $\cdots$이라 하자. <보기>에서 옳은 것만을 있는 대로 고른 것은?

----<보 기>----

ㄱ. $k = 0$이면 모든 자연수 n에 대하여
$a_n + a_{n+1} = (2n+1)\pi$이다.

ㄴ. 모든 자연수 n에 대하여 $\cos a_n + \cos a_{n+1} = 0$이다.

ㄷ. $\tan a_1 + \tan a_2 + \tan a_3 = 1$이면 $k = \dfrac{\sqrt{2}}{2}$이다.

① ㄱ   ② ㄱ, ㄴ   ③ ㄱ, ㄷ
④ ㄴ, ㄷ   ⑤ ㄱ, ㄴ, ㄷ

단답형

6. 1보다 큰 양수 a에 대하여 $f(x) = a^x$라 하고 $g(x) = a^{-x+4}$라 하자. 직선 $y = 2$와 두 곡선 $y = f(x)$, $y = g(x)$가 만나는 두 점 사이의 거리가 2가 되도록 하는 서로 다른 두 양수 a의 값을 각각 α, β라 할 때, $\alpha^3 + \beta^3$의 값을 구하시오.

7. $a > 1$인 실수 a에 대하여 함수 $f(x) = \log_a x$의 그래프가 함수

$$g(x) = \begin{cases} 2 - 2x & (x < 2) \\ 2x - 6 & (2 \le x < 8) \\ -\dfrac{3}{4}x + 16 & (x \ge 8) \end{cases}$$

의 그래프와 서로 다른 세 점에서 만날 때, 세 점의 x좌표를 각각 x_1, x_2, x_3 $(x_1 < x_2 < x_3)$라 하자. 세 수 x_1, x_2, x_3이 이 순서대로 등비수열을 이룰 때, $a + x_1 + x_2 + x_3$의 값을 구하시오.

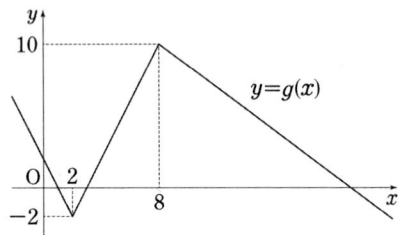

8. 수열 $\{a_n\}$이 모든 자연수 n에 대하여 다음 조건을 만족시킨다.

(가) $a_n > 0$

(나) $(a_{n+1} - 7)^2 = (a_n + 1)^2$

$a_{20} - a_1 = 99$일 때, $\displaystyle\sum_{n=1}^{20} a_n$의 값을 구하시오.

수능고쟁이 미니모의고사

수학 영역

성명		수험 번호	

○ 문제지의 해당란에 성명과 수험 번호를 정확히 쓰시오.

○ 답안지의 해당란에 성명과 수험 번호를 쓰고, 또 수험 번호, 답을
  정확히 표시하시오.

○ 단답형 답의 숫자에 '0'이 포함되면 그 '0'도 답란에 반드시 표시하시오.

○ 계산은 문제지의 여백을 활용하시오.

※ 시험이 시작되기 전까지 표지를 넘기지 마시오.

이투스교육

5지선다형

1. $0 \leq x \leq 2\pi$일 때, 방정식

$$|\cos(2x)| = \frac{1}{3}$$

의 모든 실근의 합은?

① 4π ② 5π ③ 6π ④ 7π ⑤ 8π

2. 함수 $f(x) = x(x-6)^2$에 대하여 수열 $\{a_n\}$이

$$f(n) = \sum_{k=1}^{n} a_k \ (n \geq 1)$$

을 만족시킬 때, $a_m < 0$을 만족시키는 모든 자연수 m의 값의 합은?

① 6   ② 9   ③ 12   ④ 15   ⑤ 18

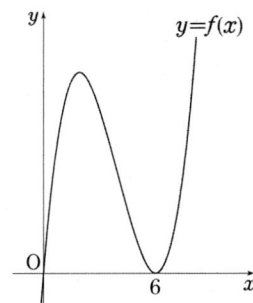

3. 어느 도시에서 A년도 자동차등록대수를 n_A(대), B년도 자동차등록대수를 n_B(대)라 할 때, 이 도시에서의 A년도를 기준으로 B년도의 자동차등록대수의 연평균증가율 $p(\%)$는 다음과 같이 계산한다.

$$p = \left\{ \left(\frac{n_B}{n_A} \right)^{\frac{1}{B-A}} - 1 \right\} \times 100$$

2015년을 기준으로 2017년과 2019년의 자동차등록대수의 연평균증가율이 각각 15%, 10%일 때, 2017년을 기준으로 2019년의 자동차등록대수의 연평균증가율(%)은?

① $\dfrac{120}{23}$　　② $\dfrac{123}{23}$　　③ $\dfrac{126}{23}$　　④ $\dfrac{129}{23}$　　⑤ $\dfrac{132}{23}$

4. 곡선 $y = 3^x$을 y축에 대하여 대칭이동한 후 x축의 방향으로 1만큼, y축의 방향으로 $m(m > 0)$만큼 평행이동한 곡선을 $y = f(x)$라 하자. 곡선 $y = 3^x$과 y축이 만나는 점을 A라 할 때, 점 A를 지나고 기울기가 m인 직선이 곡선 $y = f(x)$와 만나는 점을 B라 하자. $\overline{\mathrm{AB}} = \dfrac{5}{3}$일 때, $f(3)$의 값은?

① 1　　② $\dfrac{11}{9}$　　③ $\dfrac{13}{9}$　　④ $\dfrac{5}{3}$　　⑤ $\dfrac{17}{9}$

5. 모든 항이 양수인 수열 $\{a_n\}$이 $a_1 = 3$이고, 모든 자연수 n에 대하여

$$a_n(2 - a_{n+1}) = 1$$

을 만족시킨다. 다음은 $\sum_{n=1}^{10}(a_n - a_{n+1})$의 값을 구하는 과정이다.

$a_n(2 - a_{n+1}) = 1$에서 수열 $\{a_n\}$의 모든 항이 양수이므로

$$a_{n+1} = \boxed{(가)} - \frac{1}{a_n}$$

이 성립한다. 수열 $\{b_n\}$을

$$b_n = a_1 \times a_2 \times \cdots \times a_n$$

이라 하면 2 이상의 모든 자연수 n에 대하여

$$\begin{aligned}
b_{n+1} - b_n &= b_n \times (a_{n+1} - 1) \\
&= b_n \times \left(\boxed{(가)} - \frac{1}{a_n} - 1 \right) \\
&= b_n - b_{n-1}
\end{aligned}$$

이 성립하므로 수열 $\{b_n\}$은 등차수열이고, 일반항은

$$b_n = \boxed{(나)}$$

이다. 이때 모든 자연수 n에 대하여

$$a_{n+1} = \frac{b_{n+1}}{b_n}$$

이므로

$$\sum_{n=1}^{10}(a_n - a_{n+1}) = \boxed{(다)}$$

이다.

위의 (가), (다)에 알맞은 수를 각각 p, q라 하고, (나)에 알맞은 식을 $f(n)$이라 할 때, $p + q \times f(3)$의 값은?

① $\dfrac{46}{3}$ ② $\dfrac{108}{7}$ ③ $\dfrac{326}{21}$ ④ $\dfrac{328}{21}$ ⑤ $\dfrac{110}{7}$

6. 실수 k에 대하여 x에 대한 방정식 $\log_2(x^2 + x + 1) = k$가 오직 하나의 실근 a를 가질 때, 16^{k-4a}의 값을 구하시오.

7. 그림과 같이 $\overline{AB} = 2$이고 $\angle C = \dfrac{\pi}{2}$인 삼각형 ABC에서 선분 AB의 중점을 M이라 하자. 점 M을 지나고 직선 BC와 평행한 직선 위에 $\overline{AC} = \overline{MD}$를 만족시키며, 두 선분 AC, DM이 만나도록 점 D를 잡고, 두 선분 AC, DM이 만나는 점을 E라 하자. 점 E는 선분 DM을 $3 : 1$로 내분하는 점일 때, 삼각형 AMD의 외접원의 넓이는 $\dfrac{q}{p}\pi$이다. $p+q$의 값을 구하시오.

(단, p와 q는 서로소인 자연수이다.)

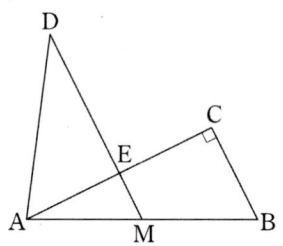

8. 첫째항과 공차가 모두 자연수인 등차수열 $\{a_n\}$에 대하여 수열 $\{b_n\}$은 다음 조건을 만족시킨다.

> 자연수 m에 대하여 $a_n = m$이면 $b_n = a_m$이다.

$\displaystyle\sum_{n=1}^{10} b_n = 280$일 때, $\displaystyle\sum_{n=1}^{10} a_n$의 값을 구하시오.

수능고쟁이 미니모의고사

수학 영역

성명		수험 번호	

○ 문제지의 해당란에 성명과 수험 번호를 정확히 쓰시오.

○ 답안지의 해당란에 성명과 수험 번호를 쓰고, 또 수험 번호, 답을
정확히 표시하시오.

○ 단답형 답의 숫자에 '0'이 포함되면 그 '0'도 답란에 반드시 표시하시오.

○ 계산은 문제지의 여백을 활용하시오.

※ 시험이 시작되기 전까지 표지를 넘기지 마시오.

이투스교육

5지선다형

1. 정의역이 $\{x \mid -1 \le x \le 2\}$인 두 함수 $y = \log_2(x+2)$, $y = -2^{x+a}+2$의 최솟값이 서로 같을 때, 실수 a의 값은?

① 2   ② 1   ③ 0   ④ -1 ⑤ -2

2. 첫째항이 $\dfrac{1}{2}$이고 공비가 2인 등비수열 $\{a_n\}$에 대하여

$\displaystyle\sum_{n=1}^{5} a_n a_{n+2}$의 값은?

① 341   ② 343   ③ 345   ④ 347   ⑤ 349

3. 두 자리 자연수 n에 대하여 $\left(\sqrt[3]{2^4 \times 3^2}\right)^{\frac{9}{8}}$이 어떤 자연수의 n제곱근이 되도록 하는 n의 개수는?

① 18   ② 19   ③ 20   ④ 21   ⑤ 22

4. 그림과 같이 $\overline{AB} = \overline{BC} = 1$인 직각이등변삼각형 ABC에 대하여 선분 BC 위에 $\overline{BD} = t\,(0 < t < 1)$이 되도록 점 D를 잡는다. $\sin(\angle DAC) = \dfrac{\sqrt{5}}{5}$일 때, t의 값은?

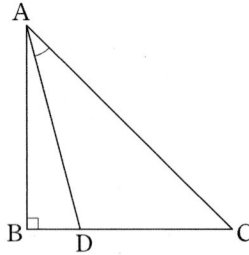

① $\dfrac{1}{12}$ ② $\dfrac{1}{6}$ ③ $\dfrac{1}{4}$ ④ $\dfrac{1}{3}$ ⑤ $\dfrac{5}{12}$

5. 다음 조건을 만족시키는 수열 $\{a_n\}$이 있다.

> (가) a_1은 자연수이다.
>
> (나) $a_{n+1} = \begin{cases} a_n - 4 & (a_n \geq 0) \\ -3a_n - 4 & (a_n < 0) \end{cases}$ $(n = 1, 2, 3, \cdots)$

<보기>에서 옳은 것만을 있는 대로 고른 것은?

> ─────〈보 기〉─────
>
> ㄱ. $a_1 = 12$이면 $a_2 = a_6$이다.
>
> ㄴ. $a_1 = 38$이면 $\displaystyle\sum_{k=1}^{n} a_k$의 최댓값은 200이다.
>
> ㄷ. $\displaystyle\sum_{k=1}^{100} a_k < 0$을 만족시키는 모든 a_1의 값의 합은 105이다.

① ㄱ   ② ㄱ, ㄴ   ③ ㄱ, ㄷ
④ ㄴ, ㄷ   ⑤ ㄱ, ㄴ, ㄷ

6. 중심각의 크기가 $\dfrac{\pi}{6}$인 부채꼴 S의 호의 길이가 2π일 때, 부채꼴 S의 넓이는 $a\pi$이다. 상수 a의 값을 구하시오.

7. 그림과 같이 두 함수 $y = \log_2 x$, $y = \log_2(x-4) - 1$의 그래프가 x축과 만나는 점을 각각 A, B, 직선 $y = t$와 만나는 점을 각각 C, D, 직선 $y = \dfrac{t}{2}$와 만나는 점을 각각 E, F라 하자. 사각형 ABFE의 넓이가 사각형 EFDC의 넓이의 $\dfrac{10}{19}$일 때, $2^t = \dfrac{q}{p}$이다. $p+q$의 값을 구하시오.

(단, $t > 0$이고, p와 q는 서로소인 자연수이다.)

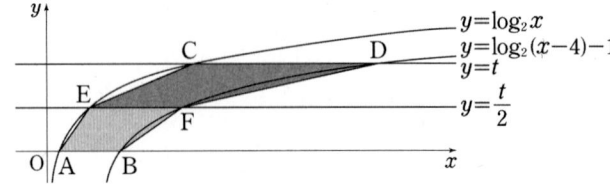

8. 수열 $\{a_n\}$이 다음 조건을 만족시키도록 하는 모든 a_3의 값의 합을 p라 할 때, $200 \times |p|$의 값을 구하시오.

(가) 모든 자연수 n에 대하여 $a_{n+3} = |a_n| + 3$이다.

(나) $\displaystyle\sum_{n=1}^{30} a_n = 490$

(다) $|a_1 + a_2| = 10$이고 $a_1 a_2 > 0$이다.

수능고쟁이 미니모의고사

수학 영역

성명		수험 번호	

○ 문제지의 해당란에 성명과 수험 번호를 정확히 쓰시오.

○ 답안지의 해당란에 성명과 수험 번호를 쓰고, 또 수험 번호, 답을 정확히 표시하시오.

○ 단답형 답의 숫자에 '0'이 포함되면 그 '0'도 답란에 반드시 표시하시오.

○ 계산은 문제지의 여백을 활용하시오.

※ 시험이 시작되기 전까지 표지를 넘기지 마시오.

이투스교육

제 5 회

5지선다형

1. 함수 $f(x) = \log_{\frac{1}{2}}(9-4x)+k$의 그래프가 제2사분면을

지나지 않도록 하는 자연수 k의 최댓값은?

① 2　　　② 3　　　③ 4　　　④ 5　　　⑤ 6

2. 공비가 양수인 등비수열 $\{a_n\}$의 첫째항부터 제n항까지의

합을 S_n이라 하자.

$$\frac{S_8 - S_5}{S_6 - S_5} = 13, \quad S_3 - S_1 = 4$$

일 때, a_4의 값은?

① 3　　　② 6　　　③ 9　　　④ 12　　　⑤ 15

3. 그림과 같이 양수 a에 대하여 구간 $[0, 2a\pi]$에서 정의된 함수 $y = \cos\dfrac{x}{a}$의 그래프와 직선 $y = \dfrac{2}{3}$가 만나는 두 점을 각각 A, B라 하고, 직선 $y = -\dfrac{2}{3}$가 만나는 두 점을 각각 C, D라 하자. 사각형 ACDB의 넓이가 3일 때, a의 값은?

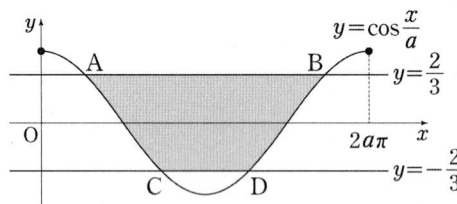

① $\dfrac{5}{2\pi}$ ② $\dfrac{9}{4\pi}$ ③ $\dfrac{2}{\pi}$ ④ $\dfrac{7}{4\pi}$ ⑤ $\dfrac{3}{2\pi}$

4. 좌표평면에서 두 곡선 $y = \log_2(a - x)$, $y = \log_{\frac{1}{2}}(bx)$가 서로 다른 두 점 A, B에서 만난다. 선분 AB의 중점의 좌표가 $\left(\dfrac{3}{2}, \dfrac{1}{2}\right)$이 되도록 하는 두 양수 a, b의 합 $a + b$의 값은?

① $\dfrac{7}{2}$ ② $\dfrac{9}{2}$ ③ $\dfrac{11}{2}$ ④ $\dfrac{13}{2}$ ⑤ $\dfrac{15}{2}$

5. 수열 $\{a_n\}$은 $a_1 = 1$이고

$$(n+1)(n+2)a_{n+1} = (n+1)^2 a_n + 1 \ (n \geq 1)$$

을 만족시킨다. 다음은

$$a_n + \sum_{k=1}^{n-1} \frac{a_k}{k+2} = \frac{3n+1}{2(n+1)} \ (n \geq 2) \qquad \cdots\cdots (*)$$

임을 수학적 귀납법을 이용하여 증명한 것이다.

(i) $n = 2$일 때,

$$(좌변) = a_2 + \boxed{(가)} = \frac{7}{6}, \ (우변) = \frac{7}{6} \ 이므로$$

$(*)$이 성립한다.

(ii) $n = m \ (m \geq 2)$일 때, $(*)$이 성립한다고 가정하면

$$a_m + \sum_{k=1}^{m-1} \frac{a_k}{k+2} = \frac{3m+1}{2(m+1)}$$

이다. $n = m+1$일 때, $(*)$이 성립함을 보이자.

$$a_{m+1} + \sum_{k=1}^{m} \frac{a_k}{k+2} = a_{m+1} + \sum_{k=1}^{m-1} \frac{a_k}{k+2} + \frac{a_m}{m+2}$$

$$= a_{m+1} + \frac{a_m}{m+2} - a_m + \boxed{(나)}$$

$$= a_{m+1} - \frac{m+1}{m+2} a_m + \boxed{(나)}$$

$$= \boxed{(다)} + \boxed{(나)}$$

그러므로 $n = m+1$일 때도 $(*)$이 성립한다.

따라서 $n \geq 2$인 모든 자연수 n에 대하여 $(*)$이 성립한다.

위의 (가)에 알맞은 수를 p라 하고, (나), (다)에 알맞은 식을 각각 $f(m)$, $g(m)$이라 할 때, $\dfrac{p \times f(2)}{g(4)}$의 값은?

① $\dfrac{55}{6}$ ② 10 ③ $\dfrac{65}{6}$ ④ $\dfrac{35}{3}$ ⑤ $\dfrac{75}{6}$

---

6. 삼각형 ABC가 다음 조건을 만족시킬 때, $\overline{AB}^2 + \overline{CA}^2$의 값을 구하시오.

(가) $\overline{BC} = 8$

(나) $\dfrac{\sin(\angle ABC)}{\sin(\angle ACB)} = \dfrac{3}{5}$

(다) $\cos(\angle BAC) = \dfrac{1}{15}$

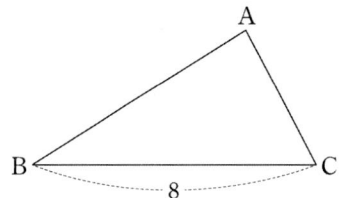

7. 두 집합

$$A = \{x \,|\, \log_2 x \text{는 음이 아닌 정수}\},$$

$$B = \{\log_m 2^p \,|\, m \text{은 2 이상의 자연수}\}$$

가 $n(A \cap B) = 4$를 만족시키도록 하는 100 이하의 모든 자연수 p의 값의 개수를 구하시오.

8. 첫째항과 공차가 모두 정수인 등차수열 $\{a_n\}$에 대하여 수열 $\{S_n\}$, $\{T_n\}$을

$$S_n = \sum_{k=1}^{n} a_k, \ T_n = \sum_{k=1}^{n} |a_k|$$

이라 하자. 두 수열 $\{S_n\}$, $\{T_n\}$이 다음 조건을 만족시킬 때, a_1의 값을 구하시오.

(가) $S_n > 0$을 만족시키는 자연수 n의 최댓값은 13이다.

(나) $T_{10} = S_{10} + 30$

수능고쟁이 미니모의고사

수학 영역

| 성명 | | 수험 번호 | |

○ 문제지의 해당란에 성명과 수험 번호를 정확히 쓰시오.

○ 답안지의 해당란에 성명과 수험 번호를 쓰고, 또 수험 번호, 답을 정확히 표시하시오.

○ 단답형 답의 숫자에 '0'이 포함되면 그 '0'도 답란에 반드시 표시하시오.

○ 계산은 문제지의 여백을 활용하시오.

※ 시험이 시작되기 전까지 표지를 넘기지 마시오.

이투스교육

제 6 회

5지선다형

1. 지수함수 $y = a^x$의 그래프를 직선 $y = x$에 대하여 대칭이동시킨 후, x축의 방향으로 3만큼 평행이동시킨 그래프가 점 $(5, 2)$를 지날 때, 양수 a의 값은? (단, $a \neq 1$이다.)

① $\sqrt{2}$　　② $\sqrt{3}$　　③ 2　　④ $\sqrt{5}$　　⑤ $\sqrt{6}$

2. 실수 t에 대하여 $0 \le x \le 8$에서 방정식 $\left| a\sin\frac{\pi}{b}x \right| = t$의 서로 다른 실근의 개수를 $f(t)$라 하자. $f(0) = 5$, $f(3) = 4$일 때, 두 자연수 a, b의 합 $a + b$의 값은?

① 3　　② 5　　③ 7　　④ 9　　⑤ 11

3. 수열 $\{a_n\}$에 대하여 $S_n = \sum\limits_{k=1}^{n} a_k$라 하자. 모든 자연수 n에

대하여

$$S_n S_{n+1} = 12$$

이고 $S_3 = 2$일 때, $\sum\limits_{n=1}^{10} (a_n)^2$의 값은?

① 148   ② 152   ③ 156   ④ 160   ⑤ 164

4. 그림과 같이 중심이 O이고 선분 AB를 지름으로 하는

반원이 있다. 선분 OB 위의 점 C와 반원 내부의 점 D가

$\overline{DA} = \dfrac{6}{\sqrt{13}}$, $\overline{DC} = \dfrac{2}{\sqrt{13}}$, $\angle ADO = \angle CDO = \dfrac{\pi}{3}$를

만족시킬 때, 반원의 호 위의 점 P에 대하여 $\angle OPC$가 최대일

때 삼각형 OCP의 넓이는?

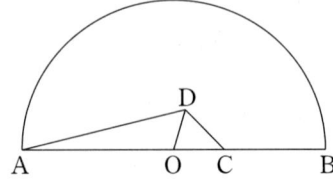

① $\dfrac{\sqrt{3}}{7}$ ② $\dfrac{\sqrt{2}}{6}$ ③ $\dfrac{\sqrt{3}}{5}$ ④ $\dfrac{\sqrt{2}}{4}$ ⑤ $\dfrac{\sqrt{3}}{3}$

5. $\frac{1}{10} < a < 1$인 실수 a에 대하여 지수함수 $y = a^x$의 그래프와 로그함수 $y = \log_a x$의 그래프가 만나는 점을 A라 하고, 점 A를 중심으로 하고 점 O를 지나는 원을 C라 하자. 원 C가 함수 $y = a^x$의 그래프와 만나는 점 중 y좌표가 큰 점을 B, 원 C가 함수 $y = \log_a x$의 그래프와 만나는 점 중 y좌표가 작은 점을 C라 할 때, <보기>에서 옳은 것만을 있는 대로 고른 것은?

(단, O는 원점이다.)

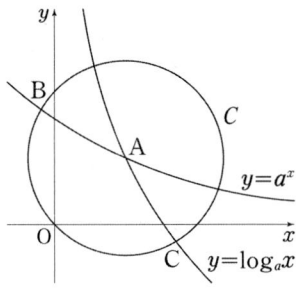

─────<보 기>─────

ㄱ. 점 B가 y축 위의 점일 때, $a = \frac{1}{4}$이다.

ㄴ. $\frac{1}{10} < a < \frac{1}{4}$일 때, 원 C의 넓이는 $\frac{\pi}{2}$보다 작다.

ㄷ. $\frac{1}{4} < a < 1$일 때, 사각형 ABOC의 넓이를 $f(a)$라 하면 $f(a) < \sqrt{2}$이다.

① ㄱ   ② ㄱ, ㄴ   ③ ㄱ, ㄷ
④ ㄴ, ㄷ   ⑤ ㄱ, ㄴ, ㄷ

단답형

6. 수열 $\{a_n\}$이 모든 자연수 n에 대하여 다음 조건을 만족시킨다.

> (가) $a_{2n} = 2a_n$
> (나) $a_{2n+1} = a_{2n-1} + 2$

$a_1 = 2$일 때, $a_8 - a_7$의 값을 구하시오.

7. 1보다 큰 양수 a에 대하여 두 곡선 $y=a^x$, $y=\log_a x$와 직선 $y=-x+6$이 만나는 점을 각각 A, B라 하고, 두 점 A, B에서 x축에 내린 수선의 발을 각각 C, D라 하자. 사각형 ACDB의 넓이가 6일 때, a의 값을 구하시오.

(단, 점 A의 x좌표는 점 B의 x좌표보다 작다.)

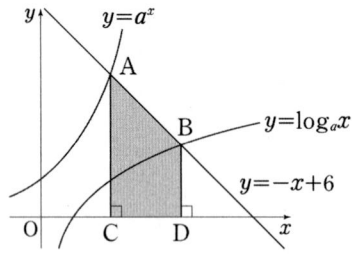

8. 2 이상의 자연수 m에 대하여 좌표평면 위의 점 P_n을 다음 규칙에 따라 정한다.

> (가) 점 P_1의 좌표는 $(m-1, m)$이다.
>
> (나) 점 P_n의 좌표가 (a, b)일 때,
> $a=b$이면 점 P_{n+1}의 좌표는 $(a+1, 2b)$이고,
> $a \neq b$이면 점 P_{n+1}의 좌표는 $(a+1, b)$이다.

점 P_{30}이 직선 $y=x$ 위에 있도록 하는 모든 m의 값의 합을 구하시오.

수능고쟁이 미니모의고사

수학 영역

성명		수험 번호	

○ 문제지의 해당란에 성명과 수험 번호를 정확히 쓰시오.

○ 답안지의 해당란에 성명과 수험 번호를 쓰고, 또 수험 번호, 답을 정확히 표시하시오.

○ 단답형 답의 숫자에 '0'이 포함되면 그 '0'도 답란에 반드시 표시하시오.

○ 계산은 문제지의 여백을 활용하시오.

※ 시험이 시작되기 전까지 표지를 넘기지 마시오.

이투스교육

5지선다형

1. 등비수열 $\{a_n\}$이

$$a_1 + a_2 + a_3 = 26,$$

$$a_2 + a_3 + a_4 = 78$$

을 만족시킬 때, a_1의 값은?

① 1   ② 2   ③ 3   ④ 4   ⑤ 5

2. 두 함수 $f(x) = 2^{x-3}$, $g(x) = -x^2 + 2x$에 대하여 정의역이 $\{x \mid 0 \le x \le 5\}$인 함수 $h(x) = (g \circ f)(x)$의 최댓값과 최솟값의 합은?

① -5 ② -6 ③ -7 ④ -8 ⑤ -9

3. 그림과 같이 양수 t에 대하여 좌표평면에서 두 직선 $y = tx$, $y = -\dfrac{2}{t}x + t$가 만나는 점을 A라 하고 직선 $y = -\dfrac{2}{t}x + t$와 x축이 만나는 점을 B라 하자. 삼각형 OAB의 외접원의 반지름의 길이가 선분 OA의 길이와 같을 때, $\sin(\angle OAB)$의 값은? (단, O는 원점이다.)

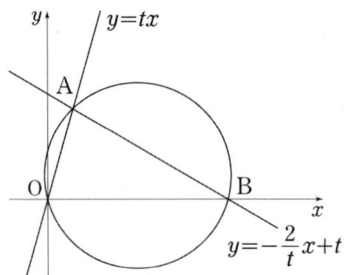

① $\dfrac{3}{26}\sqrt{13}$ ② $\dfrac{2}{13}\sqrt{13}$ ③ $\dfrac{5}{26}\sqrt{13}$

④ $\dfrac{3}{13}\sqrt{13}$ ⑤ $\dfrac{7}{26}\sqrt{13}$

4. 함수 $f(x) = \begin{cases} \log_{\frac{1}{2}} x & (0 < x < 2) \\ \log_2\left(x - \dfrac{3}{2}\right) & (x \geq 2) \end{cases}$ 에 대하여 곡선

$y = |f(x)|$와 직선 $y = k \,(0 < k < 1)$의 교점을 x좌표가 작은 것부터 순서대로 A, B, C, D라 하자. $\overline{AB} = \overline{BC} = \overline{CD}$일 때, 상수 k의 값은?

① $-3 + \log_2(3 + \sqrt{55})$ ② $-3 + \log_2(3 + \sqrt{59})$

③ $-3 + \log_2(3 + \sqrt{65})$ ④ $-3 + \log_2(3 + \sqrt{73})$

⑤ $-3 + \log_2(3 + \sqrt{83})$

5. 모든 항이 0이 아닌 수열 $\{a_n\}$은 모든 자연수 n에 대하여

$$a_n \times |a_{n+3}| = a_{n+1} \times |a_{n+4}|$$

이고, 다음 조건을 만족시킨다.

> (가) $\dfrac{a_1 \times a_7}{a_2 \times a_8} = 4$
>
> (나) $5a_1 = 2a_3 = a_4$

$a_2 - a_6 = 6$일 때, a_1의 값은?

① -5 ② -4 ③ -3 ④ -2 ⑤ -1

---

6. 이차방정식 $2x^2 - ax + 1 = 0$의 두 실근이 $\cos\theta$, $\tan\theta \,(0 < \theta < \dfrac{\pi}{2})$일 때, 상수 a에 대하여 $a^2 = \dfrac{q}{p}$이다.

$p+q$의 값을 구하시오. (단, p와 q는 서로소인 자연수이다.)

7. 최고차항의 계수가 1인 이차함수 $f(x)$에 대하여 다음 조건을 만족시키는 모든 실수 t의 값이 a, b, c $(a < b < c)$이다.

> (가) $-1 < \log_3 f(t) < 4$
>
> (나) $\dfrac{1}{2} + \log_9 f(t)$ 의 값이 자연수이다.

$b > 0$이고 $abc = a+b+c$일 때, $f(\sqrt{3})$의 값을 구하시오.

8. 다음 조건을 만족시키는 수열 $\{a_n\}$이 있다.

> (가) a_1은 자연수이다.
>
> (나) $a_{n+1} - a_n = \begin{cases} n+1 & (a_n \text{이 짝수일 때}) \\ n & (a_n \text{이 홀수일 때}) \end{cases}$
>
> $(n = 1,\ 2,\ 3,\ \cdots)$

$a_{20} = 210$일 때, a_1의 최솟값을 구하시오.

수능고쟁이 미니모의고사

수학 영역

성명		수험 번호	

○ 문제지의 해당란에 성명과 수험 번호를 정확히 쓰시오.

○ 답안지의 해당란에 성명과 수험 번호를 쓰고, 또 수험 번호, 답을
정확히 표시하시오.

○ 단답형 답의 숫자에 '0'이 포함되면 그 '0'도 답란에 반드시 표시하시오.

○ 계산은 문제지의 여백을 활용하시오.

※ 시험이 시작되기 전까지 표지를 넘기지 마시오.

이투스교육

제8회

5지선다형

1. 방정식 $4^x - 2^{x+2} + 3 = 0$의 두 실근을 α, β라 할 때, $2^{2\alpha} + 2^{2\beta}$의 값은?

① 2   ② 4   ③ 6   ④ 8   ⑤ 10

2. 첫째항이 0이고 공차가 0이 아닌 등차수열 $\{a_n\}$의 첫째항부터 제n항까지의 합을 S_n이라 하자. $\sum_{n=2}^{10} \dfrac{1}{S_n} = \dfrac{1}{5}$일 때, a_2의 값은?

① 5   ② 6   ③ 7   ④ 8   ⑤ 9

3. 그림과 같이 반지름의 길이가 2이고 중심각의 크기가 30°인 부채꼴 OAB가 있다. 점 A에서 직선 OB에 내린 수선의 발을 C라 하고, 점 C에서 직선 OA에 내린 수선의 발을 D라 하자.

$\angle BDC = \alpha$, $\angle CBD = \beta$라 할 때, $\dfrac{\sin\beta}{\sin\alpha}$의 값은?

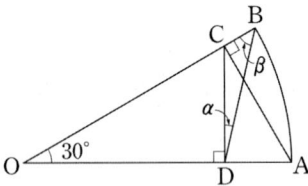

① $\dfrac{3}{2} + \sqrt{3}$ ② $\dfrac{7}{2}$ ③ $2 + \sqrt{3}$

④ 4 ⑤ $\dfrac{5}{2} + \sqrt{3}$

4. 등차수열 $\{a_n\}$이 다음 조건을 만족시킬 때, a_1의 값은?

> (가) $\displaystyle\sum_{n=11}^{20} a_n = \sum_{n=1}^{10} a_n + 20$
>
> (나) $|a_4| - |a_3| = \dfrac{1}{10}$

① $-\dfrac{1}{4}$ ② $-\dfrac{3}{10}$ ③ $-\dfrac{7}{20}$ ④ $-\dfrac{2}{5}$ ⑤ $-\dfrac{9}{20}$

5. 그림과 같이 좌표평면에서 함수 $y=|2^x-1|$의 그래프와 원 $x^2+y^2=a^2 (0<a\le\sqrt{2})$이 만나는 서로 다른 두 점을 각각 $A(x_1, y_1)$, $B(x_2, y_2)$라 할 때, <보기>에서 옳은 것만을 있는 대로 고른 것은? (단, $x_1<x_2$이다.)

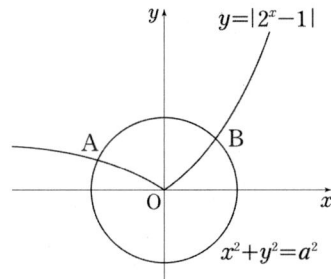

<보 기>

ㄱ. $x_2=1$이면 $y_1+y_2<2$이다.

ㄴ. 원 위의 점 B에서의 접선의 기울기를 m이라 할 때, $|m|\ge\dfrac{y_2}{x_2}$이다.

ㄷ. 원점 O에 대하여 삼각형 OAB의 넓이를 S라 할 때, $S<x_2 y_2$이다.

① ㄱ   ② ㄴ   ③ ㄱ, ㄴ
④ ㄱ, ㄷ   ⑤ ㄱ, ㄴ, ㄷ

단답형

6. 수열 $\{a_n\}$이 $a_1=\dfrac{1}{2}$이고 모든 자연수 n에 대하여

$$a_{n+1}=\begin{cases} 1-\cos a_n\pi & (a_n\le 1) \\ \dfrac{2}{3}-\sin\dfrac{a_n}{4}\pi & (a_n>1) \end{cases}$$

을 만족시킬 때, $12(a_{11}-a_{12})$의 값을 구하시오.

7. 두 함수

$$f(x) = \log_2 16x, \ g(x) = \log_2 \frac{x}{8}$$

에 대하여 두 곡선 $y = f(x)$, $y = g(x)$와 두 직선 $x = f^{-1}(5)$, $x = g^{-1}(0)$으로 둘러싸인 부분의 넓이를 구하시오.

8. $0 < k < \dfrac{1}{4}$인 상수 k에 대하여 구간 $[0, 2\pi]$에서 정의된 함수 $y = 2\sin(5(x - k\pi))$의 그래프와 직선 $y = \sqrt{2}$가 만나는 모든 점의 x좌표를 크기가 작은 수부터 크기순으로 나열하면 x_1, x_2, x_3, $\cdots$, x_m (m은 자연수)이다. $x_1 + x_m = \dfrac{9}{4}\pi$일 때, $40mk$의 값을 구하시오.

수능고쟁이 미니모의고사

수학 영역

성명		수험 번호	

○ 문제지의 해당란에 성명과 수험 번호를 정확히 쓰시오.

○ 답안지의 해당란에 성명과 수험 번호를 쓰고, 또 수험 번호, 답을
   정확히 표시하시오.

○ 단답형 답의 숫자에 '0'이 포함되면 그 '0'도 답란에 반드시 표시하시오.

○ 계산은 문제지의 여백을 활용하시오.

※ 시험이 시작되기 전까지 표지를 넘기지 마시오.

이투스교육

5지선다형

1. 1이 아닌 두 양의 실수 x, y가 $\log_x y = \dfrac{1}{3}$, $\log_{2x} y = \dfrac{1}{5}$ 을 만족시킬 때, xy의 값은?

① $\dfrac{5}{2}$ ② 3 ③ $\dfrac{7}{2}$ ④ 4 ⑤ $\dfrac{9}{2}$

2. $0 < x < 2\pi$에서 정의된 함수 $f(x) = 2\sin x + a$의 그래프와 직선 $y = t$의 교점의 개수가 1이 되도록 하는 모든 실수 t의 값의 합이 18일 때, $f\left(\dfrac{\pi}{a}\right)$의 값은?

① 5 ② 6 ③ 7 ④ 8 ⑤ 9

3. 그림과 같이 점 O를 중심으로 하는 부채꼴 OAB가 있다.

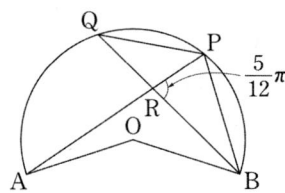

호 AB 위의 서로 다른 두 점 P, Q에 대하여 두 직선 AP, BQ가 만나는 점을 R라 할 때, 점 R는 다음 조건을 만족시킨다.

(가) $\angle \text{PRB} = \dfrac{5}{12}\pi$

(나) $\sin(\angle \text{PBR}) = \dfrac{1}{3}$

두 호 AQ, PB의 길이가 각각 6π, 4π일 때, 선분 PQ의 길이는?

① 8   ② 9   ③ 10   ④ 11   ⑤ 12

4. 수열 $\{a_n\}$의 첫째항부터 제n항까지의 합을 S_n이라 하자. 다음은 모든 자연수 n에 대하여

$$\sum_{k=1}^{n} \frac{a_k}{S_k} = \frac{1}{3}(3n + 16 - 4^{n+1})$$

이 성립할 때, a_n을 구하는 과정이다. (단, $a_1 \neq 0$이다.)

$n \geq 2$인 모든 자연수 n에 대하여

$$\frac{a_n}{S_n} = \sum_{k=1}^{n} \frac{a_k}{S_k} - \sum_{k=1}^{n-1} \frac{a_k}{S_k} = \boxed{\text{(가)}}$$

이므로

$$\frac{S_{n-1}}{S_n} = \boxed{\text{(나)}}$$

이 등식의 양변에 n 대신 2, 3, 4, $\cdots$, n을 대입하여 나온 모든 식을 곱하여 정리하면

$$S_n = S_1 \times \boxed{\text{(다)}}$$

따라서 $n \geq 2$인 모든 자연수 n에 대하여

$$a_n = a_1 \times (1 - 4^n) \times \boxed{\text{(다)}}$$

이다.

위의 (가), (나), (다)에 알맞은 식을 각각 $f(n)$, $g(n)$, $h(n)$이라 할 때, $g(4)h(2) - f(3)$의 값은?

① 77   ② 79   ③ 81   ④ 83   ⑤ 85

5. 그림과 같이 곡선 $y = \log_2 x \, (x \geq 1)$와 두 직선 $y = x - 2$, $y = x - k$ 및 x축으로 둘러싸인 부분의 넓이를 S_1, 곡선 $y = 2^{x-1} + 1 \, (x \geq 0)$과 두 직선 $y = x + 2$, $y = x + k$ 및 y축으로 둘러싸인 부분의 넓이를 S_2라 하자. $S_2 - S_1 = 5$일 때, 상수 k의 값은? (단, $k > 2$)

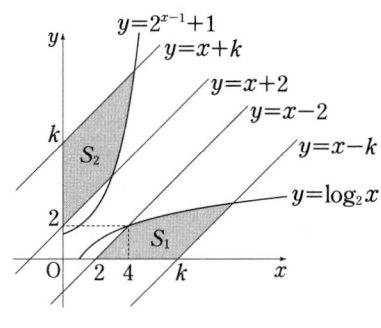

① 5   ② 6   ③ 7   ④ 8   ⑤ 9

6. 수열 $\{a_n\}$의 첫째항부터 제n항까지의 합 S_n이 모든 자연수 n에 대하여

$$S_n = 2a_n - n$$

을 만족시킬 때, a_4의 값을 구하시오.

7. 두 집합 $A = \left\{ \dfrac{1}{9}, \ \dfrac{1}{8}, \ \dfrac{1}{2}, \ 2, \ 4, \ 16 \right\}$,

$B = \left\{ -\dfrac{1}{2}, \ -\dfrac{1}{3}, \ 0, \ \dfrac{1}{3}, \ \dfrac{1}{2} \right\}$이 있다. 두 집합 C, D를

$$C = \{ x \mid x = a^b, \ a \in A, \ b \in B \},$$
$$D = \{ x \mid x \text{는 } 1 \text{ 이하의 유리수} \}$$

라 할 때, 집합 $C \cap D$의 모든 원소의 합은 $\dfrac{q}{p}$이다. $p+q$의

값을 구하시오. (단, p와 q는 서로소인 자연수이다.)

8. 수열 $\{a_n\}$이 모든 자연수 n에 대하여 다음 조건을 만족시킨다.

> (가) $a_{2n-1} = a_{2n+1}$
>
> (나) 좌표평면에서 함수 $y = \log_2 x + 1$의 그래프가
> 점 (a_n, a_{2n})을 지난다.

$a_{20} = 3$일 때, $\displaystyle\sum_{n=1}^{k} a_n < 80$을 만족시키는 자연수 k의 최댓값을

구하시오.

※ 시험이 시작되기 전까지 표지를 넘기지 마시오.

수능고쟁이 미니모의고사

수학 영역

성명		수험 번호	

○ 문제지의 해당란에 성명과 수험 번호를 정확히 쓰시오.

○ 답안지의 해당란에 성명과 수험 번호를 쓰고, 또 수험 번호, 답을
  정확히 표시하시오.

○ 단답형 답의 숫자에 '0'이 포함되면 그 '0'도 답란에 반드시 표시하시오.

○ 계산은 문제지의 여백을 활용하시오.

제 10 회

5지선다형

1. $a_1 = 3$, $a_2 = 1$인 수열 $\{a_n\}$이 모든 자연수 n에 대하여

$$\frac{a_n + a_{n+1}}{a_{n+1} + a_{n+2}} = 2$$

를 만족시킬 때, a_5의 값은?

① $-\dfrac{1}{2}$ ② $-\dfrac{1}{4}$ ③ 0 ④ $\dfrac{1}{4}$ ⑤ $\dfrac{1}{2}$

2. 함수 $f(x) = \log_2(x+1) + a$의 역함수를 $g(x)$라 하자. 곡선 $y = g(x)$가 점 $(3, 1)$을 지나고 점근선이 $y = b$일 때, $a + b$의 값은? (단, a, b는 상수이다.)

① -2 ② -1 ③ 0 ④ 1 ⑤ 2

3. 그림과 같이 $\overline{AB}=3$, $\overline{BC}=2$, $\overline{CA}=4$인 삼각형 ABC가 원 O에 내접하고 있다. 원 O 위의 한 점 D에 대하여 $\sin(\angle CAD)=\dfrac{5}{8}$일 때, 선분 CD의 길이는?

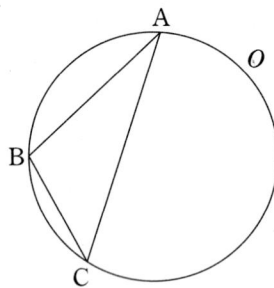

① $\dfrac{\sqrt{15}}{3}$ ② $\dfrac{4\sqrt{15}}{9}$ ③ $\dfrac{5\sqrt{15}}{9}$

④ $\dfrac{2\sqrt{15}}{3}$ ⑤ $\dfrac{7\sqrt{15}}{9}$

4. 첫째항이 10이고 공차가 정수인 등차수열 $\{a_n\}$의 첫째항부터 제n항까지의 합을 S_n이라 하고, $T_n=\displaystyle\sum_{k=1}^{n}S_k$라 하자.

$T_m<0$을 만족시키는 자연수 m의 최솟값이 6일 때, a_2의 값은?

① 7 ② 6 ③ 5 ④ 4 ⑤ 3

5. 그림과 같이 좌표평면에서 함수 $y = |\log_2(-x)|$의 그래프가

곡선 $y = \left(\dfrac{1}{2}\right)^x$과 만나는 점을 $P(x_1, y_1)$, 곡선 $y = 2^x$과

만나는 두 점을 각각 $Q(x_2, y_2)$, $R(x_3, y_3)$ $(x_2 > x_3)$이라 할

때, <보기>에서 옳은 것만을 있는 대로 고른 것은?

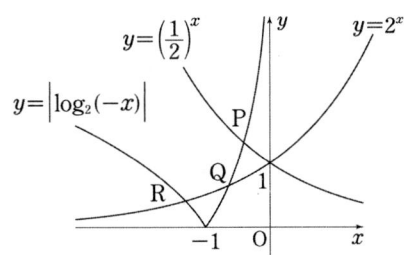

<보 기>

ㄱ. $\left(x_1 + \dfrac{1}{2}\right)\left(x_2 + \dfrac{1}{2}\right) < 0$

ㄴ. $(x_1)^2 + (y_1 - 1)^2 = (x_3 + 1)^2 + (y_3)^2$

ㄷ. $x_2 \times 2^{x_3} - x_3 \times 2^{x_2} > y_1 - y_2$

① ㄱ　　　　　② ㄷ　　　　　③ ㄱ, ㄴ

④ ㄴ, ㄷ　　　　⑤ ㄱ, ㄴ, ㄷ

6. 방정식 $\log_x \dfrac{1}{16} = \log_{\frac{1}{2}} 4x$의 두 실근을 α, β라 할 때,

$100\alpha\beta$의 값을 구하시오.

7. n이 자연수일 때, $0 \le x \le n$에서 함수

$$f(x) = (x-7)^2 + 1$$

의 최솟값을 a_n이라 하자. $\displaystyle\sum_{n=1}^{10} a_n$의 값을 구하시오.

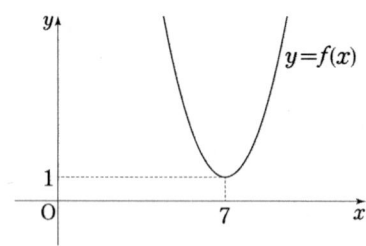

8. $-\dfrac{\pi}{2} < x < \dfrac{\pi}{2}$에서 정의된 함수 $f(x) = \tan x$에 대하여

$$|f(x) + 3| + 1 = f(-x) + 2f(a)$$

를 만족시키는 실수 x의 값의 집합은 $\left\{ x \,\middle|\, -\dfrac{\pi}{2} < x \le b \right\}$이다.

$\dfrac{120a}{\pi \times f(b)}$의 값을 구하시오.

$$\left(\text{단, } -\frac{\pi}{2} < a < \frac{\pi}{2}, \; -\frac{\pi}{2} < b < \frac{\pi}{2}\right)$$

MEMO

MEMO

실전+수능
고쟁이

실전+수능
고쟁이

너기출
평가원 기출
완전 분석

수능 수학을 책임지는
이투스북

어삼쉬사
Plus+
수능의 허리
완벽 대비

실전+수능
고쟁이
실전 대비
고난도 집중 훈련

수학 I

정답과 풀이

이투스북

ON

고등 수학의 **모든 유형**을 켜다

유형 온

#빠진 유형 無   #빠진 문항 無   #불필요한 문항 無

1권
필수 유형별 문제부터
시험 대비 **변별력 문제**까지 완벽 학습!

◦ 유형별 문제   ◦ 내신 잡는 종합 문제   ◦ 수능 녹인 변별력 문제

2권
맞힌 문제도 **다시 한번!**
틀린 문제는 **꼭 다시!**

◦ 유형별 유사문제   ◦ 기출&기출 변형 문제

Speed Check

I 지수함수와 로그함수
본문 p.6~39

1일차

001 15	002 ④	003 19
004 ③	005 ②	006 ①
007 126	008 ⑤	009 12
010 ④	011 10	012 ④
013 ⑤	014 ④	015 ⑤
016 ③	017 ⑤	018 5
019 22	020 ③	021 32
022 8	023 6	024 ④
025 ①		

2일차

026 ②	027 ⑤	028 48
029 4	030 8	031 ④
032 8	033 ②	034 ⑤
035 ⑤	036 ②	037 ⑤
038 ④	039 6	040 ①
041 ⑤	042 19	043 ④

3일차

044 ④	045 12	046 38
047 6	048 ③	049 13
050 ④	051 40	052 ③
053 ④	054 ③	055 ③
056 16	057 10	058 ⑤
059 ③	060 11	061 ①
062 3	063 ④	064 ②
065 20	066 ②	067 ⑤

II 삼각함수
본문 p.42~68

4일차

068 ②	069 ①	070 ④	071 ④	072 ①
073 3	074 ②	075 ⑤	076 ④	077 24
078 ③	079 229	080 2	081 15	082 2
083 ①	084 10	085 ④	086 ⑤	087 827
088 ②	089 12	090 80	091 ③	092 24

5일차

093 ②	094 ③	095 ④	096 ⑤	097 4
098 ⑤	099 ②	100 ③	101 30	102 ②
103 ②	104 ③	105 ②	106 ①	107 ②
108 ⑤	109 ②	110 ⑤	111 ②	112 ①
113 103	114 ①	115 ④	116 63	117 46
118 ④	119 ①	120 17		

III 수열
본문 p.70~110

6일차

121 ①	122 54	123 ⑤
124 ③	125 ③	126 18
127 ⑤	128 ②	129 21
130 20	131 44	132 30
133 61	134 ⑤	135 26
136 ②	137 5	138 ①
139 54	140 8	141 27
142 20	143 37	144 ③
145 ①	146 ②	147 ④
148 80	149 ②	150 ⑤
151 ③		

7일차

152 ②	153 ①	154 ②
155 ③	156 ②	157 86
158 ②	159 ④	160 ④
161 165	162 89	163 ③
164 ④	165 ④	166 120
167 ⑤	168 ④	169 ④
170 157	171 22	172 31
173 601	174 8	

8일차

175 ①	176 ②	177 ④
178 ④	179 818	180 408
181 93	182 ④	183 30
184 ④	185 ⑤	186 ③
187 ③	188 11	189 2
190 ④	191 30	192 3
193 ③	194 ⑤	195 255
196 ①	197 23	198 ①
199 ③	200 ⑤	

부록 수능고쟁이 미니모의고사

9일차 미니모의고사 1회

1. ④ **2.** ⑤ **3.** ⑤ **4.** ③ **5.** ⑤

6. 25 **7.** 59 **8.** 5

10일차 미니모의고사 2회

1. ① **2.** ② **3.** ④ **4.** ③ **5.** ②

6. 10 **7.** 23 **8.** 702

11일차 미니모의고사 3회

1. ⑤ **2.** ⑤ **3.** ① **4.** ③ **5.** ①

6. 81 **7.** 29 **8.** 130

12일차 미니모의고사 4회

1. ④ **2.** ① **3.** ⑤ **4.** ④ **5.** ②

6. 12 **7.** 53 **8.** 25

13일차 미니모의고사 5회

1. ② **2.** ③ **3.** ② **4.** ① **5.** ④

6. 68 **7.** 6 **8.** 19

14일차 미니모의고사 6회

1. ① **2.** ② **3.** ① **4.** ④ **5.** ⑤

6. 8 **7.** 2 **8.** 32

15일차 미니모의고사 7회

1. ② **2.** ③ **3.** ⑤ **4.** ④ **5.** ②

6. 28 **7.** 15 **8.** 10

16일차 미니모의고사 8회

1. ⑤ **2.** ⑤ **3.** ① **4.** ⑤ **5.** ⑤

6. 28 **7.** 42 **8.** 90

17일차 미니모의고사 9회

1. ④ **2.** ③ **3.** ① **4.** ② **5.** ③

6. 15 **7.** 37 **8.** 13

18일차 미니모의고사 10회

1. ⑤ **2.** ④ **3.** ④ **4.** ⑤ **5.** ③

6. 25 **7.** 101 **8.** 10

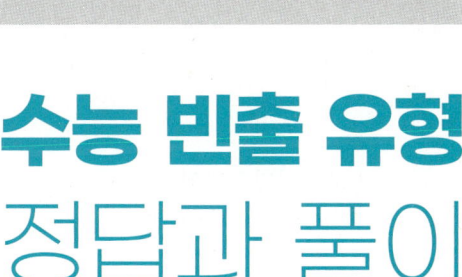

실전 + 수능
고쟁이

수능 빈출 유형
정답과 풀이

수학 I

I

지수함수와
로그함수

| SPEED CHECK |

001 15	**002** ④	**003** 19	**004** ③
005 ②	**006** ①	**007** 126	**008** ⑤
009 12	**010** ④	**011** 10	**012** ④
013 ⑤	**014** ④	**015** ⑤	**016** ③
017 ⑤	**018** 5	**019** 22	**020** ③
021 32	**022** 8	**023** 6	**024** ④
025 ①			

| 001 | 정답 15

$2^a = \sqrt{3}$, $3^b = \sqrt{2}$ 이므로

$(2^a)^{2b} = \sqrt{3}^{2b}$, $2^{2ab} = 3^b$, $2^{2ab} = \sqrt{2}$, $2^{2ab} = 2^{\frac{1}{2}}$

따라서 $2ab = \frac{1}{2}$ 이므로 $60ab = 15$ 이다.

다른 풀이

$2^a = \sqrt{3}$ 에서 $a = \log_2 \sqrt{3} = \frac{1}{2}\log_2 3$ 이고

$3^b = \sqrt{2}$ 에서 $b = \log_3 \sqrt{2} = \frac{1}{2}\log_3 2$ 이므로

$\therefore 60ab = 60 \times \frac{1}{2}\log_2 3 \times \frac{1}{2}\log_3 2 = 15$

| 002 | 정답 ④

$\sqrt{a} = 32$ 에서 $a = 32^2 = (2^5)^2 = 2^{10}$

$\sqrt[3]{b} = 9$ 에서 $b = 9^3 = (3^2)^3 = 3^6$

$\sqrt[4]{c} = 3$ 에서 $c = 3^4$

따라서 구하는 값은

$\sqrt[5]{abc} = \sqrt[5]{2^{10} \times 3^6 \times 3^4}$

$\qquad = \sqrt[5]{2^{10} \times 3^{10}} = \sqrt[5]{(2^2 \times 3^2)^5}$

$\qquad = 2^2 \times 3^2 = 36$

| 003 | 정답 19

$\sqrt{\dfrac{n}{3}}$, $\sqrt[4]{\dfrac{n}{12}}$, $\sqrt[6]{\dfrac{4n}{27}}$ 에서

$12 = 2^2 \times 3$, $27 = 3^3$ 이므로 세 수가 모두 자연수가 되기 위해서는 n이 반드시 2와 3을 인수로 가지고 있어야 한다.

이때 n이 최소가 되기 위해서는 2와 3 이외의 인수는
가지지 않아야 한다.

즉, $n = 2^p \times 3^q$ (단, p, q는 자연수)이라 하면

$$\sqrt{\dfrac{2^p \times 3^q}{3}} = 2^{\frac{p}{2}} \times 3^{\frac{q-1}{2}} \qquad \cdots\cdots \text{㉠}$$

$$\sqrt[4]{\dfrac{2^p \times 3^q}{12}} = 2^{\frac{p-2}{4}} \times 3^{\frac{q-1}{4}} \qquad \cdots\cdots \text{㉡}$$

$$\sqrt[6]{\dfrac{2^2 \times 2^p \times 3^q}{27}} = 2^{\frac{p+2}{6}} \times 3^{\frac{q-3}{6}} \qquad \cdots\cdots \text{㉢}$$

㉠, ㉡, ㉢에서 2의 지수 $\dfrac{p}{2}$, $\dfrac{p-2}{4}$, $\dfrac{p+2}{6}$ 가 모두
음이 아닌 정수가 되어야 하므로
이를 만족시키는 자연수 p의 최솟값은 10이다.

마찬가지로 3의 지수 $\dfrac{q-1}{2}$, $\dfrac{q-1}{4}$, $\dfrac{q-3}{6}$ 이 모두
음이 아닌 정수가 되도록 하는 자연수 q의 최솟값은 9이다.
따라서 n의 최솟값은 $2^{10} \times 3^9$이다.

$$\therefore \ p + q = 19$$

| 004 | 정답 ③

조건 (가)에서
a^2이 b의 세제곱근이므로 $(a^2)^3 = b$

$b = a^6$이므로 $a = b^{\frac{1}{6}}$ ($\because \ a > 0$)

조건 (나)에서
b^3이 $\dfrac{1}{c^2}$의 다섯제곱근이므로 $(b^3)^5 = \dfrac{1}{c^2}$

$c^{-2} = b^{15}$이므로 $c = b^{-\frac{15}{2}}$ ($\because \ c > 0$)

$$\therefore \ ac = b^{\frac{1}{6}} \times b^{-\frac{15}{2}} = b^{\frac{1}{6} - \frac{15}{2}} = b^{-\frac{22}{3}}$$

따라서 실수 k의 값은 $-\dfrac{22}{3}$이다.

| 005 | 정답 ②

$2^x = 5^z$에서 $(2^x)^{\frac{1}{x}} = (5^z)^{\frac{1}{x}}$ ($\because \ x \neq 0$)

$$\therefore \ 5^{\frac{z}{x}} = 2 \qquad \cdots\cdots \text{㉠}$$

$3^y = 5^z$에서 $(3^y)^{\frac{1}{y}} = (5^z)^{\frac{1}{y}}$ ($\because \ y \neq 0$)

$$\therefore \ 5^{\frac{z}{y}} = 3 \qquad \cdots\cdots \text{㉡}$$

따라서 ㉠×㉡을 하면

$$5^{\frac{z}{x}} \times 5^{\frac{z}{y}} = 5^{\frac{z}{x} + \frac{z}{y}} = 6$$

| 006 | 정답 ①

$2^x = 2 \times 2^{x-1}$으로 2^x을 바꾸면

$$2^x - 2^{x-1} = 2 \times 2^{x-1} - 2^{x-1}$$
$$= (2-1) \times 2^{x-1} = 2^{x-1}$$

$$\Rightarrow 2^{x-1} = 27\sqrt{2} = 3^3 \times \sqrt{2}$$

양변에 2를 곱하면

$$2^x = 3^3 \times 2\sqrt{2} = 3^3 \times (\sqrt{2})^3 = (3\sqrt{2})^3 \qquad \cdots\cdots \text{㉠}$$

$$\therefore \ \sqrt[3]{4^x} = (2^{2x})^{\frac{1}{3}} = (2^x)^{\frac{2}{3}}$$
$$= \{(3\sqrt{2})^3\}^{\frac{2}{3}} \ (\because \ \text{㉠})$$
$$= (3\sqrt{2})^2 = 18$$

다른 풀이

$2^x = X$로 치환하면,

$$2^x - 2^{x-1} = X - \dfrac{1}{2}X = \dfrac{1}{2}X = 27\sqrt{2}$$

$$\Rightarrow X = 54\sqrt{2} = 2^{\frac{3}{2}} \times 3^3$$

$$\therefore \ \sqrt[3]{4^x} = 2^{\frac{2x}{3}} = X^{\frac{2}{3}} = (2^{\frac{3}{2}} \times 3^3)^{\frac{2}{3}} = 2 \times 3^2 = 18$$

| 007 | 정답 126

$3^a + 3^{-a} = 4$의 양변을 제곱하면

$(3^a + 3^{-a})^2 = 9^a + 9^{-a} + 2 = 16$이므로

$9^a + 9^{-a} = 14$

따라서

$$9^{a+1} + 9^{-a+1} = 9(9^a + 9^{-a}) = 9 \times 14 = 126$$

| 008 | 정답 ⑤

$36^x = 3$에서 $3^{\frac{1}{x}} = 36$이고 $4^y = \dfrac{1}{9}$에서 $3^{-\frac{2}{y}} = 4$이다.

따라서

$$3^{\frac{1}{x} + \frac{2}{y}} = 3^{\frac{1}{x}} \div 3^{-\frac{2}{y}} = 36 \div 4 = 9 = 3^2$$

$$\therefore \ \dfrac{1}{x} + \dfrac{2}{y} = 2$$

| 009 | 정답 12

$\alpha + \beta + \gamma = 9$이므로 $\alpha + \beta = 9 - \gamma$이다.

실수 k에 대하여 $x^{\frac{2}{\alpha}} = y^{\frac{3}{\beta}} = z^{\frac{1}{\gamma-9}} = k$라 하면

$x^2 = k^\alpha$, $y^3 = k^\beta$, $z = k^{\gamma-9}$이므로

$4x^2y^3 + 9z = 4k^\alpha \times k^\beta + 9k^{\gamma-9} = 4k^{\alpha+\beta} + 9k^{-(\alpha+\beta)}$

$\geq 2\sqrt{36 \times k^{(\alpha+\beta)-(\alpha+\beta)}}$

(단, 등호는 $4k^{\alpha+\beta} = 9k^{-(\alpha+\beta)}$일 때 성립한다.)

$= 12$

$\therefore 4x^2y^3 + 9z$의 최솟값은 12

| 010 | 정답 ④

$\log_3 7 \times \log_2 x \times \log_{\sqrt{7}} 8$

$= \dfrac{\log_{10} 7}{\log_{10} 3} \times \dfrac{\log_{10} x}{\log_{10} 2} \times \dfrac{\log_{10} 8}{\log_{10} \sqrt{7}}$

$= \dfrac{\log_{10} 7}{\log_{10} 3} \times \dfrac{\log_{10} x}{\log_{10} 2} \times \dfrac{3\log_{10} 2}{\frac{1}{2}\log_{10} 7}$

$= 6 \times \dfrac{\log_{10} x}{\log_{10} 3} = 12$

$\log_{10} x = 2\log_{10} 3 = \log_{10} 9$

$\therefore x = 9$

다른 풀이

$\log_3 7 \times \log_2 x \times \log_{\sqrt{7}} 8 = \log_3 7 \times \log_{7^{\frac{1}{2}}} 2^3 \times \log_2 x$

$= 6 \times \log_3 7 \times \log_7 2 \times \log_2 x$

$= 6 \times \log_3 2 \times \log_2 x$

$= 6\log_3 x = 12$

$\log_3 x = 2$이므로 $x = 9$

| 011 | 정답 10

$\log_2 ab = 4$에서 $ab = 2^4$

$\log_2 \dfrac{a}{b} = 2$에서 $\dfrac{a}{b} = 2^2$

$ab \times \dfrac{a}{b} = a^2 = 2^6$에서 $a = 8$이고 $8b = 2^4$에서 $b = 2$이다.

$\therefore a + b = 10$

다른 풀이

$\log_2 ab = 4$, $\log_2 \dfrac{a}{b} = 2$이므로

$\log_2 ab + \log_2 \dfrac{a}{b} = \log_2 \left(ab \times \dfrac{a}{b} \right) = \log_2 a^2 = 6$이다.

따라서 $\log_2 a = 3$이므로 $a = 8$

a의 값을 $\log_2 ab = 4$에 대입하면 $8b = 16$, $b = 2$이다.

$\therefore a + b = 10$

| 012 | 정답 ④

$\log_4 30 = \log_{2^2} (2 \times 3 \times 5)$

$= \dfrac{1}{2}(\log_2 2 + \log_2 3 + \log_2 5)$

$= \dfrac{1 + a + b}{2}$

| 013 | 정답 ⑤

$a^4 b^3 = 1 \Leftrightarrow b^3 = a^{-4}$

즉, $b = a^{-\frac{4}{3}}$

$\therefore \log_a a^3 b^4 = \log_a \left\{ a^3 (a^{-\frac{4}{3}})^4 \right\}$

$= \log_a \left\{ a^3 a^{-\frac{16}{3}} \right\} = \log_a a^{3 - \frac{16}{3}}$

$= 3 - \dfrac{16}{3} = -\dfrac{7}{3}$

| 014 | 정답 ④

$\log \dfrac{Y}{X} = \log Y - \log X$

$= \log 4 \times \log 40 - \log 2 \times \log 16$

$= 2\log 2 \times \log 40 - \log 2 \times \log 16$

$= (\log 2) \times (2\log 40 - \log 16)$

$= (\log 2) \times \left(\log \dfrac{40^2}{16} \right)$

$= \log 2 \times \log 100$

$= 2\log 2 = \log 4$

$\therefore \dfrac{Y}{X} = 4$

| 015 | 정답 ⑤

$\log_a b : \log_c b = 1 : 3$에서 $\log_c b = 3\log_a b$

즉, $\dfrac{1}{\log_b c} = \dfrac{3}{\log_b a}$이므로 $3\log_b c = \log_b a$

$\therefore \dfrac{\log_b a}{\log_b c} = \log_c a = 3$

다른 풀이

$\log_c b = 3\log_a b$에서 $\log_b a = 3\log_b c = \log_b c^3$

$\therefore a = c^3$

$\log_c a = \log_c c^3 = 3$

016 정답 ③

$X = \log_b a = \log_b b^2 = 2$

$Y = \log_a c = \log_{c^3} c = \dfrac{1}{3}$

$Z = \log_c b = \log_c c^{\frac{3}{2}} = \dfrac{3}{2}$

$\therefore \ Y < Z < X$

017 정답 ⑤

$a^2 = b$, $b^2 = c$에서 $b^2 = (a^2)^2 = a^4 = c$이므로

ㄱ. $\log_a c = \log_a a^4 = 4$ (참)

ㄴ. $\log_b ac = \log_{a^2} a^5 = \dfrac{5}{2}$ (거짓)

ㄷ. $c^{\log_b a} = a^{\log_b c} = a^2 = b$ (참)

따라서 옳은 것은 ㄱ, ㄷ이다.

018 정답 5

$\log_x(4-x)$에서 로그의 밑 조건에 의해 $x > 0$, $x \neq 1$

로그의 진수 조건에 의해 $4 - x > 0$

즉, $0 < x < 4$이고 $x \neq 1$인 정수 x는 2, 3으로 2개이다.

$\Rightarrow S = 2$

$\log_5(2-y^2)$에서 로그의 진수 조건에 의해 $2 - y^2 > 0$

즉, $-\sqrt{2} < y < \sqrt{2}$인 정수 y는 -1, 0, 1로 3개이다.

$\Rightarrow T = 3$

$\therefore \ S + T = 5$

019 정답 22

이차방정식 $x^2 - 3x + a = 0$의 두 근이

$\log_2 \alpha$, $\log_2 \beta$이므로

근과 계수의 관계에 의해

$\log_2 \alpha + \log_2 \beta = \log_2 \alpha\beta = 3 \Rightarrow \alpha\beta = 8$ ⋯⋯㉠

이차방정식 $x^2 + bx + 64 = 0$의 두 근이 2^α, 2^β이므로

근과 계수의 관계에 의해

$2^\alpha \times 2^\beta = 2^{\alpha+\beta} = 64 \Rightarrow \alpha + \beta = 6$ ⋯⋯㉡

㉠, ㉡을 연립하면

$\alpha = 4$, $\beta = 2$ 또는 $\alpha = 2$, $\beta = 4$이다.

따라서 이차방정식 $x^2 - 3x + a = 0$의 두 근은 2, 1이므로

$a = 2$이다.

또한 이차방정식 $x^2 + bx + 64 = 0$의 두 근은 16, 4이므로

$b = -20$이다.

$\therefore \ a - b = 22$

020 정답 ③

$\log xy = \log x + \log y = \dfrac{5}{2}$이고

$\log x \times \log y = 1$이므로

$\log x$, $\log y$는 t에 대한 이차방정식

$t^2 - \dfrac{5}{2}t + 1 = 0$의 두 근이다.

$2t^2 - 5t + 2 = 0$, $(2t-1)(t-2) = 0$

$\Rightarrow t = \dfrac{1}{2}$, 2

$x > y$이므로 $\log x = 2$, $\log y = \dfrac{1}{2}$

$\Rightarrow x = 100$, $y = \sqrt{10}$

$\therefore \ \dfrac{x}{y} = \dfrac{100}{\sqrt{10}} = 10\sqrt{10}$

다른 풀이

$\log x = X$, $\log y = Y$라 하면

$(X-Y)^2 = (X+Y)^2 - 4XY = \left(\dfrac{5}{2}\right)^2 - 4 \times 1 = \dfrac{9}{4}$

$\Rightarrow X - Y = \dfrac{3}{2}$ $(\because X > Y)$이므로

$\log x - \log y = \dfrac{3}{2}$, $\log \dfrac{x}{y} = \dfrac{3}{2}$

$\therefore \ \dfrac{x}{y} = 10\sqrt{10}$

TIP

양수 a, b에 대하여 $\log a < \log b \Leftrightarrow a < b$

021 정답 32

$\log_2(-x^2 + kx)$에서

$-x^2 + kx = -\left\{x^2 - kx + \left(\dfrac{k}{2}\right)^2\right\} + \left(\dfrac{k}{2}\right)^2$

$\qquad\qquad = -\left(x - \dfrac{k}{2}\right)^2 + \dfrac{k^2}{4}$

이고

$\log_2(-x^2 + kx)$의 값이 자연수가 되도록 하는

실수 x의 개수는 15로 홀수이다.

$x = \dfrac{k}{2}$일 때 $\log_2(-x^2 + kx)$의 값은 $\log_2 \dfrac{k^2}{4}$이며

8이 되어야 한다.

따라서 $\log_2 \dfrac{k^2}{4} = 8$에서 $\dfrac{k^2}{4} = 2^8$

$\therefore k^2 = 2^{10}$, $k = 32$ $(\because k > 0)$

> **참고**
>
> 이 문제의 핵심은 $f(x) = -x^2 + kx$라 할 때, 자연수 n에 대하여 $f(x) = 2^n$꼴로 표현할 수 있는 x의 값의 개수가 15가 되도록 하는 것이다. 이때 $f(x)$는 이차함수이므로 '대칭성'을 갖고, 15가 '홀수'임을 이용하여 함수 $f(x)$의 최댓값이 2^n꼴로 나타내어짐을 파악하는 것이다.

022 ｜ 정답 8

조건 (가)에서 $b = 2\sqrt{a}$이므로 $b^2 = 4a$ ……㉠

조건 (나)에서

$\log_a b = \dfrac{1}{2} \log_a b^2$

$\quad\quad = \dfrac{1}{2} \log_a 4a$ $(\because ㉠)$

$\quad\quad = \dfrac{1}{2} \log_a 4 + \dfrac{1}{2} \log_a a$

$\quad\quad = \log_a 2 + \dfrac{1}{2}$

이므로 $\log_a b$가 자연수가 되기 위해서는

자연수 n에 대하여 $\log_a 2 = \dfrac{2n-1}{2}$이어야 한다.

$\log_a 2 = \dfrac{2n-1}{2}$에서 $\log_2 a = \dfrac{2}{2n-1}$이므로

$a = 2^{\frac{2}{2n-1}}$

이때, a는 자연수이므로 $n = 1$이어야 한다.

$\therefore a = 4$, $b = 4$

$\therefore a + b = 8$

023 ｜ 정답 6

주어진 조건에 의하여

$\log_2 \dfrac{n}{k} = p$ (단, p는 음이 아닌 정수)라고 두면

로그의 정의에 의하여

$\dfrac{n}{k} = 2^p \Rightarrow k = \dfrac{n}{2^p}$이다.

(i) $n = 1$일 때,

$\quad k = \dfrac{1}{2^p}$이므로 $p = 0$일 때 $k = 1$

따라서 가능한 k의 값의 개수는 1이므로 $f(1) = 1$

(ii) $n = 2$일 때,

$\quad k = \dfrac{2}{2^p}$이므로 $p = 0$일 때 $k = 2$, $p = 1$일 때 $k = 1$

따라서 가능한 k의 값의 개수는 2이므로 $f(2) = 2$

(iii) $n = 3$일 때,

$\quad k = \dfrac{3}{2^p}$이므로 $p = 0$일 때 $k = 3$

따라서 가능한 k의 값의 개수는 1이므로 $f(3) = 1$

(iv) $n = 4$일 때,

$\quad k = \dfrac{4}{2^p}$이므로 $p = 0$일 때 $k = 4$, $p = 1$일 때

$\quad k = 2$, $p = 2$일 때 $k = 1$

따라서 가능한 k의 값의 개수는 3이므로 $f(4) = 3$

$\quad\quad\quad\quad\quad\quad \vdots$

이와 같은 방식으로 구해 보면

$n = 16$일 때 처음으로 $f(16) \geq 5$를 만족시킨다.

즉, n이 2^4을 약수로 가져야 $f(n) \geq 5$를 만족시키므로

$f(m) \geq 5$를 만족시키는 m의 값은

2^4, 2^5, 2^6, 3×2^4, 3×2^5, 5×2^4으로 6개이다.

024 ｜ 정답 ④

ㄱ. $f(2) = 2^2 - \log_2 2 = 4 - 1 = 3$ (참)

ㄴ. 좌변은

$\quad f(8) = 2^8 - \log_2 8$

$\quad\quad\quad = 256 - \log_2 2^3$

$\quad\quad\quad = 256 - 3 = 253$

우변은

$\quad -f(\log_2 8) = -f(\log_2 2^3) = -f(3)$

$\quad\quad\quad\quad\quad\quad\quad = -(2^3 - \log_2 3)$

$\quad\quad\quad\quad\quad\quad\quad = \log_2 3 - 8$

$\quad \therefore f(8) \neq -f(\log_2 8)$ (거짓)

ㄷ. 좌변은

$\quad f(2^n) + n = 2^{2^n} - \log_2 2^n + n$

$\quad\quad\quad\quad\quad = 2^{2^n} - n + n = 2^{2^n}$

우변은

$\quad \{f(2^{n-1}) + n - 1\}^2 = \{2^{2^{n-1}} - \log_2 2^{n-1} + n - 1\}^2$

$\quad\quad\quad\quad\quad\quad\quad = \{2^{2^{n-1}} - (n-1) + n - 1\}^2$

$\quad\quad\quad\quad\quad\quad\quad = (2^{2^{n-1}})^2$

$\quad\quad\quad\quad\quad\quad\quad = 2^{2 \times 2^{n-1}} = 2^{2^n}$

$\quad \therefore f(2^n) + n = \{f(2^{n-1}) + n - 1\}^2$ (참)

따라서 옳은 것은 ㄱ, ㄷ이다.

025 정답 ①

20 이하의 두 자연수 m, n에 대하여
$$\log_3 mn = \log_3 m + \log_3 n$$
또는
$$\log_2 mn = \log_2 m + \log_2 n$$
이 성립한다.
따라서 $f(mn) = f(m) + f(n)$을 만족시키려면
$f(m)$과 $f(n)$의 로그의 밑이 서로 같거나
즉, 두 자연수 m, n이 모두 홀수이거나 모두 짝수인
경우에서만 성립한다고 생각할 수 있다.
하지만 $f(1) = \log_3 1 = 0$이므로
$f(mn) = f(m) + f(n)$은 $m = 1$ 또는 $n = 1$일 때에도,
$$f(n) = 0 + f(n)$$
또는
$$f(m) = f(m) + 0$$
으로 항상 성립하는 등식이 된다는 것에 유의하자.
(ⅰ) $m = 1$ 또는 $n = 1$일 때
　　순서쌍 $(1, n)$과 $(m, 1)$의 개수는 각각 20이며
　　순서쌍 $(1, 1)$은 각각에서 중복되어 두 번
　　세어졌으므로
　　한 번은 빼주어야 한다.
　　따라서 만족시키는 순서쌍 (m, n)의 개수는
　　$20 \times 2 - 1 = 39$
(ⅱ) m, n이 모두 1이 아닌 홀수일 때
　　20 이하의 1이 아닌 홀수는 9개이므로
　　만족시키는 순서쌍 (m, n)의 개수는
　　$9 \times 9 = 81$
(ⅲ) m, n이 모두 짝수일 때
　　20 이하의 짝수는 10개이므로
　　만족시키는 순서쌍 (m, n)의 개수는
　　$10 \times 10 = 100$
(ⅰ)~(ⅲ)에서 구하는 20 이하의 두 자연수 m, n의
순서쌍 (m, n)의 개수는
$39 + 81 + 100 = 220$

2 일차

본문 p.19~27

| SPEED CHECK |

026 ②	**027** ⑤	**028** 48	**029** 4
030 8	**031** ④	**032** 8	**033** ②
034 ⑤	**035** ⑤	**036** ②	**037** ⑤
038 ④	**039** 6	**040** ①	**041** ⑤
042 21	**043** ④		

026 정답 ②

함수 $y = 2^{2x+a} + b$의 그래프에서 점근선의 방정식이
$y = -1$이므로 $b = -1$이다.
함수 $y = 2^{2x+a} - 1$의 그래프를 y축에 대하여
대칭 이동시킨 함수 $y = 2^{-2x+a} - 1$의 그래프가
점 $(-1, 15)$를 지난다고 하였으므로
$$2^{2+a} - 1 = 15$$
$$\Rightarrow a = 2$$
$$\therefore ab = -2$$

027 정답 ⑤

$0 < a < 1$이므로 함수 $f(x) = a^x$은 x의 값이 커질수록
$f(x)$의 값이 작아진다.
따라서 닫힌구간 $[-2, 1]$에서 함수 $f(x)$는
$x = 1$일 때 최솟값 $a^1 = \dfrac{5}{6}$을 갖고,
$x = -2$일 때 최댓값 $a^{-2} = M$을 가지므로
$a = \dfrac{5}{6}$, $M = \left(\dfrac{5}{6}\right)^{-2} = \dfrac{36}{25}$
$$\therefore a \times M = \dfrac{6}{5}$$

028 정답 48

$$
\begin{aligned}
f(x) &= 4^{x+1} - 2^{x+3} + 10 \\
&= 4 \times (2^x)^2 - 8 \times 2^x + 10 \\
&= 4(2^x - 1)^2 + 6
\end{aligned}
$$
이때 $0 \le x \le 2$이므로 $1 \le 2^x \le 4$이다.
따라서 $f(x)$는 $2^x = 1$, 즉 $x = 0$일 때 최솟값 6을 갖고,
$2^x = 4$, 즉 $x = 2$일 때, 최댓값 42를 갖는다.
따라서 $0 \le x \le 2$인 모든 실수 x에 대하여 $f(x) \ge a$이
성립하도록 하는 실수 a의 최댓값 $M = 6$, $f(x) \le b$이
성립하도록 하는 실수 b의 최솟값 $m = 42$이다.
$$\therefore M + m = 48$$

029 정답 4

함수 $y = f(x)$의 그래프는 함수 $y = 2^x$의 그래프를
x축의 방향으로 2만큼 평행이동한 것이므로
$$f(x) = 2^{x-2} \ (\because f(0) < 1)$$
$x = a$일 때 곡선 $y = 2^x$ 위의 점의 y좌표는 2^a이고,
$x = a$일 때 곡선 $y = 2^{x-2}$ 위의 점의 y좌표는 2^{a-2}이다.

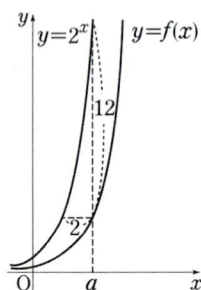

두 곡선이 직선 $x = a$와 만나는 두 점 사이의 거리가 12이므로

$$|2^a - 2^{a-2}| = 12$$

이때, 모든 실수 a에 대하여

$$2^a > 2^{a-2}$$

$$2^a - 2^{a-2} = 2^a - \frac{1}{4} \times 2^a = \frac{3}{4} \times 2^a = 12$$

$$2^a = 12 \times \frac{4}{3} = 16 = 2^4$$

$$\therefore a = 4$$

030 정답 8

직선 $y = -x + 1$과 곡선 $y = 2^x$은 모두 점 $(0, 1)$을 지나므로

A$(0, 1)$

함수 $y = 2^{x+p} + p$의 그래프는 함수 $y = 2^x$의 그래프를 x축의 방향으로 $-p$만큼, y축의 방향으로 p만큼 평행이동한 것이고, 점 A를 x축의 방향으로 $-p$만큼, y축의 방향으로 p만큼 평행이동한 점은 직선 $y = -x + 1$ 위에 있으므로

B$(-p, 1+p)$

$$\overline{AB} = \sqrt{(-p)^2 + p^2} = \sqrt{2p^2} = 4$$

$$\therefore p^2 = 8$$

031 정답 ④

두 삼각형 ABC와 삼각형 ABD의 넓이의 비가 $3 : 1$이므로 $\overline{BC} : \overline{BD} = 3 : 1$이다.

두 점 C, D의 x좌표를 각각 $-3p$, $p\,(p > 0)$라 하면 $f(-3p) = g(p) = k$이므로

$$a^{-3p} = 2^p = k$$

$$\Rightarrow a = 2^{-\frac{1}{3}}$$

따라서 $f(x) = (2^{-\frac{1}{3}})^x = 2^{-\frac{x}{3}}$이므로

$$\therefore f(-12) = 2^4 = 16$$

032 정답 8

점 A의 x좌표를 k라 하면

점 B의 x좌표는 $k+2$, 점 C의 x좌표는 $k+4$이다.

$a^k + 2 = 6$에서 $a^k = 4$ ……㉠

$a^{k+4} + 2 = 11$에서 $a^{k+4} = 9$ ……㉡

㉠, ㉡에 의해 $a^4 = \dfrac{9}{4}$이므로 $a^2 = \dfrac{3}{2}$

$$h = a^{k+2} + 2 = 4 \times \frac{3}{2} + 2 = 8$$

$$\therefore h = 8$$

033 정답 ②

양수 a에 대하여 A$(a, 4^a)$라 하면 직선 AB는 y축과 수직이고 $\overline{AB} = 2$이므로

점 B의 x좌표는 $a+2$이고, y좌표는 $2^{a+2} = 4^a$이다.

$a = 2$이므로 A$(2, 16)$, B$(4, 16)$

또한, $\overline{AC} = \overline{BC}$이므로

점 C의 x좌표는 선분 AB의 중점의 x좌표인 3과 같다.

따라서 C$(3, 8)$이므로 구하는 답은

$$\overline{OC}^2 = 3^2 + 8^2 = 73$$

034 정답 ⑤

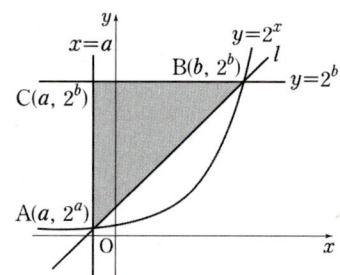

두 점 A$(a, 2^a)$, B$(b, 2^b)$가 기울기가 1인 직선 위에 있으므로 $\dfrac{2^b - 2^a}{b - a} = 1$이다.

즉, $2^b - 2^a = b - a$ ……㉠

두 직선 $x = a$, $y = 2^b$의 교점을 C라 하면 점 C의 좌표는 C$(a, 2^b)$이다.

따라서 삼각형 ABC의 넓이는

$$\frac{1}{2}(b-a)(2^b - 2^a) = 2$$ ……㉡

㉠을 ㉡에 대입하면

$$\frac{1}{2}(b-a)^2 = 2, \ (b-a)^2 = 4$$

즉, $b - a = 2 \ (\because b > a)$ ……㉢

또, $2^b - 2^a = 2$에 ©을 대입하면 $2^{a+2} - 2^a = 3 \times 2^a = 2$

따라서 $a = \log_2 \frac{2}{3}$, $b = \log_2 \frac{8}{3}$ 이다.

$\therefore a + b = \log_2 \frac{16}{9}$ 에서 $2^{a+b} = \frac{16}{9}$

035 정답 ⑤

곡선 $y = 2^x$ 위의 점 A를 x축의 방향으로 n만큼
평행 이동하면 곡선 $y = 2^{x-n}$ 위의 점 B가 되므로
$\overline{AB} = n$이다.

점 D의 x좌표가 6이므로 점 A의 x좌표는 $6 - n$이다.

따라서 $\overline{AC} = 2^{6-n} = \frac{64}{2^n}$ 이므로 정사각형 ABDC의

한 변의 길이 $n = \frac{64}{2^n}$ 에서 $n = 4$이다. ($\because n$은 자연수)

따라서 $A(2, 4)$, $B(6, 4)$, $E\left(0, \frac{1}{16}\right)$ 에 대하여

삼각형 ABE의 넓이는 $\frac{1}{2} \times 4 \times \left(4 - \frac{1}{16}\right) = \frac{63}{8}$ 이다.

036 정답 ②

직선 $y = 3x$의 기울기는 3이므로
점 A에서 직선 BD에 내린 수선의 발을 E라 하면
$\overline{AB} = 2\sqrt{10}$ 에서 $\overline{AE} = 2$, $\overline{BE} = 6$
이때 점 A의 x좌표를 a라 하면
$2^a + k + 6 = 2^{a+2} + k$에서
$2^a + 6 = 4 \times 2^a$, $3 \times 2^a = 6$
$\therefore a = 1$
이때 점 A는 직선 $y = 3x$ 위의 점이므로 $2^1 + k = 3$에서
$k = 1$이다.
따라서 $\overline{AC} = 3$, $\overline{BD} = 9$이므로
사각형 ACDB의 넓이는 $\frac{1}{2} \times 2 \times (3 + 9) = 12$

037 정답 ⑤

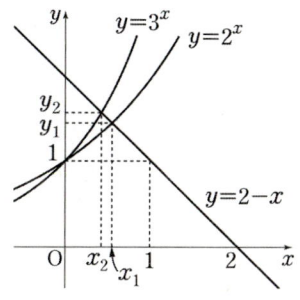

두 지수함수 $y = 2^x$, $y = 3^x$의 그래프는 위의 그림과 같다.

ㄱ. $0 < x_2 < 1$, $1 < y_1 < 2$이므로 $y_1 > x_2$ (참)

ㄴ. 두 점 (x_1, y_1), (x_2, y_2)이 직선 $y = 2 - x$ 위의
점이므로
$y_1 = 2 - x_1$, $y_2 = 2 - x_2$
$$\begin{aligned} x_1 y_1 - x_2 y_2 &= x_1(2 - x_1) - x_2(2 - x_2) \\ &= x_2{}^2 - x_1{}^2 + 2(x_1 - x_2) \\ &= (x_1 - x_2)(2 - x_2 - x_1) \\ &= (x_1 - x_2)(y_1 - x_2) \ (\because y_1 = 2 - x_1) \end{aligned}$$
$x_1 - x_2 > 0$이고 ㄱ에서 $y_1 > x_2$이므로
$x_1 y_1 - x_2 y_2 > 0$, $x_1 y_1 > x_2 y_2$ (참)

ㄷ. $\dfrac{1}{x_1} - \dfrac{1}{y_1} = \dfrac{y_1 - x_1}{x_1 y_1} = \dfrac{2 - 2x_1}{x_1 y_1}$ $(\because y_1 = 2 - x_1)$

$\dfrac{1}{x_2} - \dfrac{1}{y_2} = \dfrac{y_2 - x_2}{x_2 y_2} = \dfrac{2 - 2x_2}{x_2 y_2}$ $(\because y_2 = 2 - x_2)$

ㄴ에서 $x_1 y_1 > x_2 y_2$이고,
$x_1 > x_2$이므로 $2 - 2x_1 < 2 - 2x_2$이다.
따라서
$\dfrac{2 - 2x_1}{x_1 y_1} < \dfrac{2 - 2x_2}{x_2 y_2}$ $(\because x_1 y_1 > 0, x_2 y_2 > 0)$

$\dfrac{1}{x_1} - \dfrac{1}{y_1} < \dfrac{1}{x_2} - \dfrac{1}{y_2}$ (참)

따라서 옳은 것은 ㄱ, ㄴ, ㄷ이다.

다른 풀이

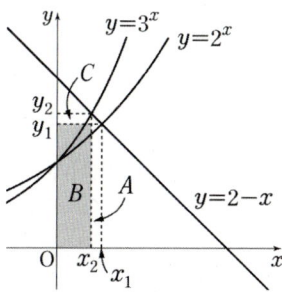

ㄴ. 위의 그림에서 $x_1 y_1$은 가로의 길이가 x_1,
세로의 길이가 y_1인 직사각형의 넓이 $(A + B)$이고,
$x_2 y_2$는 가로의 길이가 x_2, 세로의 길이가 y_2인
직사각형의 넓이 $(B + C)$이다.
$A = (x_1 - x_2)y_1$, $C = (y_2 - y_1)x_2$이고
$x_1 + y_1 = x_2 + y_2$에서 $x_1 - x_2 = y_2 - y_1$
ㄱ에서 $y_1 > x_2$이므로 $A > C$이다.
따라서 $x_1 y_1 > x_2 y_2$ (참)

038 　정답 ④

$\left(\dfrac{1}{4}\right)^{|x|}=2^{-x^2+3}$에서

$2^{-2|x|}=2^{-x^2+3}$이므로

$-2|x|=-x^2+3$

$x^2-2|x|-3=0$

$(|x|-3)(|x|+1)=0$ $(\because x^2=|x|^2)$

$|x|=3$ $(\because |x|\geq 0)$

$\Rightarrow x=-3,\ 3$

$\therefore \alpha^2+\beta^2=(-3)^2+3^2=18$

039 　정답 6

$\left(\dfrac{1}{3}\right)^{x+1}<27<\left(\dfrac{1}{27}\right)^x$에서

$3^{-(x+1)}<3^3<3^{-3x}$

$-x-1<3<-3x$

$\Rightarrow -4<x<-1$

따라서 부등식을 만족시키는 정수 x는 -3, -2이므로
모든 정수 x의 곱은 $(-3)\times(-2)=6$

040 　정답 ①

$(5-5^x)(5^x+a)>0$

즉, $(5^x-5)(5^x+a)<0$에서

$-a<5^x<5$ 또는 $5<5^x<-a$이어야 한다.

그런데 이 부등식의 해가 $0<x<1$이므로

$1<5^x<5$

따라서 a의 값은 -1이다.

041 　정답 ⑤

$x^2-2x=1$이거나 $x^2-2x=-1$일 때,
x^2+6x+5가 $2k(k$는 정수)꼴 이거나
$x^2-2x\neq 0$이고 $x^2+6x+5=0$이면 된다.

(ⅰ) $x^2-2x=1$에서 $x^2-2x-1=0$

　　$\therefore x=1\pm\sqrt{2}$

(ⅱ) $x^2-2x=-1$일 때, $(x-1)^2=0$에서 $x=1$

　　$x=1$일 때, $x^2+6x+5=12$(짝수)이므로

　　$x=1$은 주어진 식을 만족한다.

(ⅲ) $x^2+6x+5=0$ 즉, $(x+1)(x+5)=0$에서

　　$x=-1$, $x=-5$

　　위의 값은 밑 x^2-2x를 0으로 하지 않으므로 주어진
　　식을 만족한다.

(ⅰ), (ⅱ), (ⅲ)에서 구하는 실수 x의 개수는 5(개)

042 　정답 19

$3^x=t$라 할 때, 주어진 방정식은

$t^2-2(a+4)t-3a^2+24a=0$　　　　……㉠

x가 양수일 때, $t>1$이므로 방정식 ㉠의 모든 실근은
1보다 커야한다.

따라서 방정식 ㉠의 판별식을 D라 할 때 $D>0$이고,

$f(t)=t^2-2(a+4)t-3a^2+24a$라 할 때

$f(1)>0$, 이차함수 $f(t)$의 축 $x=a+4>1$이어야 한다.

(ⅰ) $D=(a+4)^2-(-3a^2+24a)>0$에서

　　$4a^2-16a+16>0$

　　$4(a-2)^2>0$

　　따라서 $a\neq 2$인 모든 실수 a에 대하여 위 부등식이
　　성립한다.

(ⅱ) $f(1)=1-2(a+4)-3a^2+24a>0$에서

　　$3a^2-22a+7<0$

　　$(3a-1)(a-1)<0$

　　$\therefore \dfrac{1}{3}<a<7$

(ⅲ) $a+4>1$에서 $a>-3$

(ⅰ), (ⅱ), (ⅲ)에서 $\dfrac{1}{3}<a<7$이다.

따라서 정수 a는 1, 3, 4, 5, 6이다.

따라서 구하는 합은

$1+3+4+5+6=19$

043 　정답 ④

이차함수 $f(x)$의 최고차항의 계수를 $k\ (k>0)$라 하면
$f(1)=f(5)=0$이므로 $f(x)=k(x-1)(x-5)$이다.

부등식 $8^{f(x)}\leq\left(\dfrac{1}{2}\right)^{f(x-4)}$에서 $2^{3f(x)}\leq 2^{-f(x-4)}$

함수 $y=2^x$은 x의 값이 커질 때 함숫값이 커지는
함수이므로

$3f(x)\leq -f(x-4)$

$3k(x-1)(x-5)\leq -k(x-5)(x-9)$,

$(x-5)(4x-12)\leq 0$, $3\leq x\leq 5$

이 부등식을 만족시키는 자연수 x의 값은 3, 4, 5이다.

따라서 모든 자연수 x의 값의 합은

$3+4+5=12$

| SPEED CHECK |

044 ④	**045** 12	**046** 38	**047** 6
048 ③	**049** 13	**050** ④	**051** 40
052 ③	**053** ④	**054** ③	**055** ③
056 16	**057** 10	**058** ⑤	**059** ③
060 11	**061** ①	**062** 3	**063** ④
064 ②	**065** 20	**066** ②	**067** ⑤

044 ── 정답 ④

함수 $y=\log_2(x+1)+3$의 그래프를 x축의 방향으로
m만큼, y축의 방향으로 n만큼 평행이동하면
$y-n=\log_2\{(x-m)+1\}+3$
$y=\log_2(x-m+1)+3+n$ 　　　　　……㉠
㉠의 그래프는 직선 $x=m-1$이 점근선이므로
$m-1=4$
$\therefore\ m=5$
㉠의 그래프는 점 $(5,6)$을 지나므로
$6=\log_2(5-m+1)+3+n$
$6=\log_2 1+3+n\ (\because\ m=5)$
$\therefore\ n=3$
$\therefore\ m+n=8$

045 ── 정답 12

$y=\log_2(3-x)$는 감소하는 함수이므로
정의역 범위의 양 끝에서 최솟값과 최댓값을 가진다.
이때 x의 값이 커질수록 y의 값은 작아지므로
$x=\dfrac{1}{2}$에서 최소이다.
$\therefore\ m=\log_2\left(3-\dfrac{1}{2}\right)=\log_2\dfrac{5}{2}$
따라서 $a^m=\left(\dfrac{1}{2}\right)^{\log_2\frac{5}{2}}=\dfrac{2}{5}$이므로 $p=5$, $q=2$
즉, $2p+q=12$

> **TIP**
>
> $y=\log_2(3-x)=\log_2\{-(x-3)\}$
> 이므로 이 그래프는 $y=\log_2(-x)$의 그래프를
> x축의 방향으로 3만큼 평행이동한 그래프이다.

046 ── 정답 38

$y=\log_{\frac{1}{3}}(x+a)$는 밑이 1보다 작으므로
$x=-1$에서 최댓값을 갖는다.
따라서 $\log_{\frac{1}{3}}(a-1)=-1$,
$a-1=\left(\dfrac{1}{3}\right)^{-1}=3$에서 $a=4$이다.
그러므로 최솟값은 $x=5$일 때
$\log_{\frac{1}{3}}(5+4)=-\log_3 9=-2$이므로 $p=-2$이다.
$\therefore\ 10a+p=40-2=38$

047 ── 정답 6

$y=\log_2(x+2)-1$
$\Rightarrow x=\log_2(y+2)-1$
$\Rightarrow \log_2(y+2)=x+1$
$\Rightarrow y+2=2^{x+1}$
$\Rightarrow y=2^{x+1}-2$
즉, $g(x)=2^{x+1}-2$이다.
$\therefore\ (g\circ g)(1)=g(g(1))=g(2)=6$

다른 풀이

$f(x)=\log_2(x+2)-1$의 역함수가 $g(x)$이므로
$g(1)=p$라 하면 $f(p)=1$이다.
즉, $\log_2(p+2)-1=1$에서
$\log_2(p+2)=2$이므로 $p=2$이다.
또한 $g(g(1))=g(p)=g(2)=q$라 하면 $f(q)=2$이다.
즉, $\log_2(q+2)-1=2$에서
$\log_2(q+2)=3$이므로 $q=6$이다.
$\therefore\ (g\circ g)(1)=g(g(1))=g(2)=6$

048 ── 정답 ③

함수 $y=2^{x-a}$의 역함수는 $y=\log_2 x+a$이므로
두 곡선 $y=2^{x-a}$, $y=\log_2 x+a$가 만나는 두 점 A, B는
직선 $y=x$ 위에 있다.
점 A가 선분 OB를 $1:3$으로 내분하므로
양수 k에 대하여 A(k, k), B$(4k, 4k)$라 하면
$k=2^{k-a}$ 　　　　　　　　　　　……㉠
$4k=2^{4k-a}$ 　　　　　　　　　　……㉡
㉡÷㉠에서 $4=2^{3k}$이므로 $k=\dfrac{2}{3}$이다.
$\therefore\ \overline{AB}=3k\sqrt2=2\sqrt2$

049 정답 13

$$y=(\log_3 x)(\log_{\frac{1}{3}} x)+2\log_3 x+10$$

$$=-(\log_3 x)^2+2\log_3 x+10$$

에서 $\log_3 x=t$ 라 하면

$$y=-t^2+2t+10$$

$$=-(t-1)^2+11$$

이때 $1\leq x\leq 81$이므로 $\log_3 1\leq\log_3 x\leq\log_3 81$에서
$0\leq t\leq 4$ 이다.

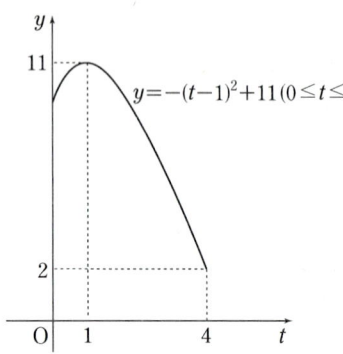

따라서 y는 $t=1$일 때 최댓값 11을 갖고,
$t=4$일 때 최솟값 2를 갖는다.

∴ $M+m=11+2=13$

050 정답 ④

함수 $y=\log_2 mx$에서 $y=\log_2 x+\log_2 m$이므로
함수 $y=\log_2 mx$의 그래프는 함수 $y=\log_2 x$의 그래프를
y축의 방향으로 $\log_2 m$만큼 평행이동시킨 그래프이다.

따라서 $\overline{\mathrm{AB}}=\log_2 m$이고 점 M이 점 A와 점 B의
중점이므로

$$\overline{\mathrm{AM}}=\overline{\mathrm{BM}}=\frac{\log_2 m}{2}$$

점 C의 y좌표는 $\log_2 m$이고 점 B의 y좌표는 2이므로

$$\log_2 m-2=\frac{\log_2 m}{2},\ \log_2 m=4$$

따라서 $\overline{\mathrm{AM}}=\overline{\mathrm{BM}}=2$이다.

⇒ $m=2^4=16$

삼각형 ABC는 선분 AB를 밑변으로, 선분 CM을
높이로 하는 삼각형이므로 삼각형 ABC의 넓이는

$$a=\frac{1}{2}\times\overline{\mathrm{AB}}\times\overline{\mathrm{CM}}=\frac{1}{2}\times 2\overline{\mathrm{AM}}\times 3$$

$$=\frac{1}{2}\times 4\times 3=6$$

따라서 $m=16$, $a=6$이므로
$m+a=22$

051 정답 40

두 점 P, Q의 y좌표의 차가 4이므로 점 P의 좌표를
$(k,\log_2 k)$라 하면 점 Q의 좌표는 $(16k,\log_2 k+4)$이다.

점 M의 좌표는 $\left(\frac{17}{2}k,\log_2 k+2\right)$이고 점 N의 좌표는
$(4k,\log_2 k+2)$이다.

$$\overline{\mathrm{MN}}=\frac{17}{2}k-4k=\frac{9}{2}k=3\Rightarrow k=\frac{2}{3}$$

따라서 직선 PQ의 기울기는

$$a=\frac{(\log_2 k+4)-\log_2 k}{16k-k}=\frac{4}{15k}=\frac{2}{5}$$

∴ $100a=40$

052 정답 ③

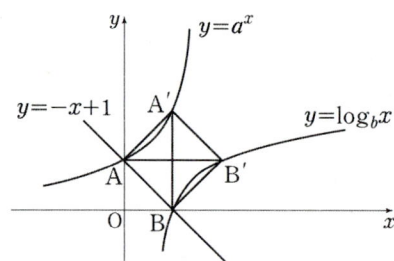

점 A는 두 함수 $y=-x+1$과 $y=a^x$의 교점이므로
$\mathrm{A}(0,1)$이고 점 B는 두 함수 $y=-x+1$과 $y=\log_b x$의
교점이므로 $\mathrm{B}(1,0)$이다.

직선 $y=-x+1$과 x축이 이루는 예각의 크기는
$45°$이므로 두 점 A'과 점 B'은 직선 $y=x$에 대하여
대칭이다.

⇒ 점 A'의 y좌표와 점 B'의 x좌표가 같으므로
$a=b$이다.

한편, 사각형 ABB'A'이 정사각형이므로
삼각형 BAA'은 직각이등변삼각형이다.

즉, 선분 A'B는 y축에 평행하고 $\overline{\mathrm{AB}}=\overline{\mathrm{AA'}}=\sqrt{2}$이므로
$\overline{\mathrm{A'B}}=2$이다.

점 A'$(1,2)$는 함수 $y=a^x$의 그래프 위의 점이므로
$a=2=b$

∴ $ab=4$

053 정답 ④

점 P의 x좌표는 $\alpha=-\log_2(-x)$에서 $x=-2^{-\alpha}$
점 Q의 x좌표는 $\beta=\log_2 x$에서 $x=2^\beta$
직사각형의 넓이를 S라 하면
$$S=|\alpha-\beta|\times|2^\beta-(-2^{-\alpha})|=2(2^\beta+2^{-\alpha})$$

$2^{\beta}>0$, $2^{-\alpha}>0$이므로
산술평균과 기하평균의 관계에 의해
$2^{\beta}+2^{-\alpha}\geq 2\sqrt{2^{\beta}\times 2^{-\alpha}}=2\sqrt{2^{\beta-\alpha}}$
이때, 등호는 $2^{\beta}=2^{-\alpha}$, 즉 $\alpha+\beta=0$일 때 성립한다.
한편, 문제에서 $\alpha-\beta=2$이므로
$\beta=-1$, $\alpha=1$일 때, $2^{\beta}+2^{-\alpha}$은 최솟값 1을 갖는다.
$\therefore\ S=2(2^{\beta}+2^{-\alpha})\geq 2$
따라서 S의 최솟값은 2이다.

054 ┤ 정답 ③

곡선 $y=\log_2 x$와 직선 $y=2$가 만나는 점 A의 x좌표는
$2=\log_2 x$에서 $x=2^2=4$
$\Rightarrow$ A$(4,2)$
곡선 $y=\log_2 x$가 x축과 만나는 점 B의 x좌표는
$0=\log_2 x$에서 $x=1$
$\Rightarrow$ B$(1,0)$
한편, 점 A$(4,2)$는 곡선 $y=\log_3(x+k)$ 위의 점이므로
$2=\log_3(4+k)$에서 $4+k=9$, $k=5$
곡선 $y=\log_3(x+5)$가 x축과 만나는 점 C의 x좌표는
$0=\log_3(x+5)$에서 $x+5=1$, $x=-4$
$\Rightarrow$ C$(-4,0)$
따라서 삼각형 ABC의 넓이는 $\dfrac{1}{2}\times 5\times 2=5$이다.

055 ┤ 정답 ③

두 점 A, C의 x좌표는 각각 2^{-a}, 2^{-2a}이므로
$m=\dfrac{-a}{2^{-a}-2^{-2a}}=\dfrac{-a\times 2^{3a}}{2^{2a}-2^a}$이다.
두 점 B, D의 x좌표는 각각 2^a, 2^{2a}이므로
$n=\dfrac{a}{2^{2a}-2^a}$이다.
$m+4n=0$에서 $2^{3a}=4$, $3a=2$, $a=\dfrac{2}{3}$이다.

056 ┤ 정답 16

곡선 $y=\log_2 4x=2+\log_2 x$는 곡선 $y=\log_2 x$를
y축 방향으로 2만큼 평행이동한 것이므로 $\overline{AB}=2$
선분 BC를 $1:2$로 내분하는 점이 A이면 $\overline{AC}=2\overline{AB}=4$
따라서 곡선 $y=\log_2 x$ 위의 점 A의 y좌표가 4이므로
점 A의 x좌표는 16이다.

구하는 삼각형 OAB의 넓이는
$\dfrac{1}{2}\times\overline{AB}\times\overline{OC}=\dfrac{1}{2}\times 2\times 16=16$

057 ┤ 정답 10

$\overline{PQ}:\overline{QR}=n:1$이므로 $\overline{PQ}:\overline{PR}=n:n+1$
즉, $\log_{a_n}k:\log_4 k=n:n+1$
$n\log_4 k=(n+1)\log_{a_n}k$
$n\log_4 k=(n+1)\dfrac{\log_4 k}{\log_4 a_n}$
$\log_4 a_n=\dfrac{n+1}{n}$
$\therefore\ a_n=4^{\frac{n+1}{n}}$
$\log_2 a_n=\log_2 4^{\frac{n+1}{n}}=\dfrac{2(n+1)}{n}$이므로
$(\log_2 a_1)(\log_2 a_2)(\log_2 a_3)\cdots(\log_2 a_7)$
$=2^7\times\dfrac{2}{1}\times\dfrac{3}{2}\times\dfrac{4}{3}\times\cdots\times\dfrac{8}{7}=2^{10}$
$\therefore\ m=10$

058 ┤ 정답 ⑤

문제에서 주어진 그래프에서
$\log_{\frac{1}{2}}b=-3\Rightarrow b=\left(\dfrac{1}{2}\right)^{-3}=8$
$2^a=b=8\Rightarrow a=3$

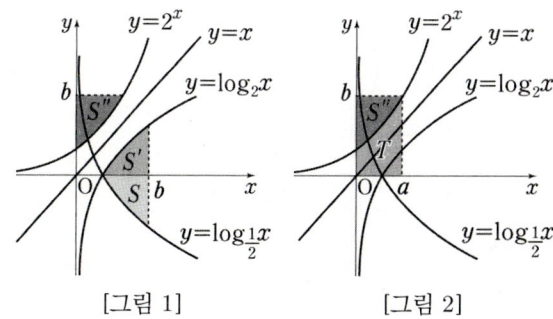

[그림 1]　　　　　[그림 2]

한편, 두 곡선 $y=\log_{\frac{1}{2}}x$와 $y=\log_2 x$는 x축에 대하여
대칭이므로 곡선 $y=\log_2 x$, x축, 그리고 직선 $x=b$로
둘러싸인 부분의 넓이를 S'라 하면
[그림 1]에서 $S=S'$
또, 두 곡선 $y=\log_2 x$와 $y=2^x$은 직선 $y=x$에 대하여
대칭이므로 곡선 $y=2^x$, y축, 그리고 직선 $y=b$로
둘러싸인 부분의 넓이를 S''라 하면
[그림 1]에서 $S'=S''$

따라서 구하는 답은
$S + T = S'' + T = ab = 3 \times 8 = 24$ (∵ [그림 2])

059 정답 ③

점 B에서 y축에 내린 수선의 발을 H,
점 B의 좌표를 B$(a, 4^a)$라 하면 A$(0, 1)$이므로
삼각형 OAB의 넓이는

$$\frac{1}{2} \times \overline{OA} \times \overline{BH} = \frac{a}{2} \qquad \cdots\cdots \text{㉠}$$

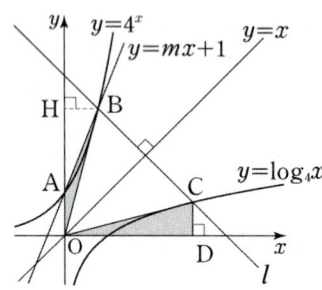

또한, 두 함수 $y = 4^x$과 $y = \log_4 x$는 서로 역함수 관계이고,
직선 l과 직선 $y = x$는 수직이므로
점 B와 점 C는 $y = x$에 대하여 대칭이다.
즉, C$(4^a, a)$이므로 삼각형 OCD의 넓이는

$$\frac{1}{2} \times \overline{OD} \times \overline{CD} = \frac{4^a \times a}{2} \qquad \cdots\cdots \text{㉡}$$

이때,
(삼각형 OAB의 넓이) : (삼각형 OCD의 넓이)$= 1 : 8$
이므로
㉠, ㉡에서 $\dfrac{a}{2} : \dfrac{4^a \times a}{2} = 1 : 8$

$4^a = 8$, $2^{2a} = 2^3$에서 $a = \dfrac{3}{2}$

따라서 A$(0, 1)$, B$\left(\dfrac{3}{2}, 8\right)$이므로

직선 AB의 기울기 m은 $m = \dfrac{8-1}{\dfrac{3}{2} - 0} = \dfrac{14}{3}$

다른 풀이

점 B에서 y축에 내린 수선의 발을 H라 하자.
두 함수 $y = 4^x$과 $y = \log_4 x$는 서로 역함수 관계이고,
직선 l과 직선 $y = x$는 수직이므로
삼각형 OBH와 OCD는 직선 $y = x$에 대해 서로 대칭이다.
문제의 조건에서 두 삼각형 OAB, OCD의 넓이의 비가
$1 : 8$이므로 두 삼각형 OAB, OBH의 넓이의 비도
$1 : 8$이다.
이때, 두 삼각형의 높이의 길이는 $\overline{BH}$로 동일하므로
$\overline{OA} : \overline{OH} = 1 : 8$
점 A의 좌표는 $(0, 1)$이므로 점 H의 좌표는 $(0, 8)$이다.

따라서 점 B의 y좌표도 8이므로 B$\left(\dfrac{3}{2}, 8\right)$이고,

직선 AB의 기울기 m은 $m = \dfrac{8-1}{\dfrac{3}{2} - 0} = \dfrac{14}{3}$

060 정답 11

두 함수 $y = a^x$, $y = \log_a x$는 역함수 관계에 있고,
점 A, B, C, D는 직선 $y = -x + 3a$ 위에 있으므로
두 삼각형 OAB와 ODC는 합동이다.
이때, 삼각형 OAD의 넓이는 삼각형 OAB의 넓이의
3배이므로 세 삼각형 OBC와 OAB, ODC의 넓이가
서로 같음을 알 수 있다.
따라서 $\overline{AB} = \overline{BC} = \overline{CD}$이고 점 B는 선분 AD를 $1 : 2$로
내분한다.
A$(0, 3a)$, D$(3a, 0)$이므로 점 B의 좌표는
$$\left(\frac{2 \times 0 + 1 \times 3a}{1 + 2}, \frac{2 \times 3a + 1 \times 0}{1 + 2}\right) = (a, 2a)$$
점 B는 곡선 $y = \log_a x$ 위에 있으므로 $2a = \log_a a$

$\Rightarrow a = \dfrac{1}{2}$

따라서
(삼각형 OBC의 넓이)$= \dfrac{1}{3}$(삼각형 OAD의 넓이)

$$= \frac{1}{3}\left(\frac{1}{2} \times 9a^2\right) = \frac{3}{8}$$

∴ $p + q = 11$

061 정답 ①

$n + 9 = \log_{\frac{1}{2}}(x - n) + 9$에서 $x = n + \left(\dfrac{1}{2}\right)^n$이므로

점 A의 좌표는 $\left(n + \left(\dfrac{1}{2}\right)^n, n + 9\right)$이고

$n + 9 = \log_{\frac{1}{2}}(x - 9) + n$에서 $x = 9 + \left(\dfrac{1}{2}\right)^9$이므로

점 B의 좌표는 $\left(9 + \left(\dfrac{1}{2}\right)^9, n + 9\right)$이다.

∴ $\overline{AB} = \left| n - 9 + \left(\dfrac{1}{2}\right)^n - \left(\dfrac{1}{2}\right)^9 \right|$

이때, 9가 아닌 모든 자연수 n에 대하여
$\left| \left(\dfrac{1}{2}\right)^n - \left(\dfrac{1}{2}\right)^9 \right| < 1$임을 고려한다.

(i) $n > 9$일 때

$\overline{AB} = n - 9 + \left(\dfrac{1}{2}\right)^n - \left(\dfrac{1}{2}\right)^9 < 5$를 만족시키는

자연수 n은 $n = 10, 11, 12, 13, 14$로 5개이다.

(ii) $n < 9$일 때

$$\overline{\mathrm{AB}} = 9 - n + \left(\frac{1}{2}\right)^9 - \left(\frac{1}{2}\right)^n < 5$$를 만족시키는

자연수 n은 $n = 4$, 5, 6, 7, 8로 5개이다.

따라서 구하는 자연수 n의 개수는 10이다.

062   정답 3

$\log_2(x+1) = \log_4(3x+7)$에서 진수의 조건에 의해

$x+1 > 0$, $3x+7 > 0$

$\Rightarrow x > -1$ ……㉠

주어진 방정식의 좌변을 밑이 4인 로그로 바꿔주면

$\log_4(x+1)^2 = \log_4(3x+7)$ 밑이 4로 같으므로

진수끼리 비교하면

$(x+1)^2 = 3x+7$

$x^2 - x - 6 = 0$, $(x-3)(x+2) = 0$에서

$x = -2$ 또는 $x = 3$

이때, ㉠을 만족시키는 해는 $x = 3$이다.

> **TIP**
>
> 로그의 밑이나 진수에 미지수를 포함한 방정식, 부등식에서 가장 먼저 고려해야 하는 것이 밑과 진수의 조건(범위)이다. 따라서 로그의 밑과 진수에 미지수가 있으면 미리 이 조건을 따져주어 실수하지 않도록 유의해야 한다.

063   정답 ④

$\log_{\frac{1}{9}}(6 \times 3^x + 7) < \log_{\frac{1}{3}}(3^x + 2)$에서

$\log_{\frac{1}{9}}(6 \times 3^x + 7) < \log_{\frac{1}{9}}(3^x + 2)^2$

밑이 1보다 작으므로 $6 \times 3^x + 7 > (3^x + 2)^2$

$3^x = t$ $(t > 0)$로 놓으면

$6t + 7 > (t+2)^2$, $t^2 - 2t - 3 < 0$

$(t+1)(t-3) < 0$

$\Rightarrow 0 < t < 3$ $(\because t > 0)$, $0 < 3^x < 3$

이때, 모든 실수 x에 대하여 $3^x > 0$이므로

$3^x < 3$인 x의 값의 범위를 구하면 $x < 1$

064   정답 ②

로그의 진수는 양수이므로 $|x-1| > 0$에서

$x \neq 1$ ……㉠

$\log_2 \frac{1}{2} = -1$이므로 부등식

$2\log_2|x-1| \leq 1 - \log_2 \frac{1}{2}$에서

$2\log_2|x-1| \leq 2$, $\log_2|x-1| \leq 1$

$|x-1| \leq 2$, $-2 \leq x-1 \leq 2$

$\therefore -1 \leq x \leq 3$ ……㉡

㉠, ㉡에서 $-1 \leq x < 1$ 또는 $1 < x \leq 3$이므로

부등식을 만족시키는 정수 x의 개수는 4이다.

065   정답 20

진수 조건에 의해 $x > \frac{1}{2}$이다.   ……㉠

$\log_a x + \log_a(2x-1) > -1$에서 $\log_a ax(2x-1) > 0$

(i) $a > 1$일 때

     $ax(2x-1) > 1$, $2ax^2 - ax - 1 > 0$

     해가 $\frac{1}{2} < x < \frac{3}{2}$과 같이 될 수 없으므로

     $a > 1$를 만족하는 a의 값은 존재하지 않는다.

(ii) $0 < a < 1$일 때

     $ax(2x-1) < 1$, $2ax^2 - ax - 1 < 0$

     $f(x) = 2ax^2 - ax - 1$이라 하면,

     $f\left(\frac{1}{2}\right) = \frac{1}{2}a - \frac{1}{2}a - 1 \neq 0$

     $f\left(\frac{3}{2}\right) = \frac{9}{2}a - \frac{3}{2}a - 1 = 0$

     $\Rightarrow a = \frac{1}{3}$

부등식 $\frac{2}{3}x^2 - \frac{1}{3}x - 1 < 0$의 해는

$-1 < x < \frac{3}{2}$이므로

$\log_{\frac{1}{3}} x + \log_{\frac{1}{3}}(2x-1) > -1$의 해는

$\frac{1}{2} < x < \frac{3}{2}$이다. $(\because ㉠)$

따라서 양수 a의 값은 $\frac{1}{3}$이다.

$\therefore 60a = 60 \times \frac{1}{3} = 20$

066   정답 ②

진수의 조건에서 $f(x) > 0$, $g(x) > 0$ ……㉠

$0 < a < 1$이므로 $\log_a f(x) > \log_a g(x)$에서

$f(x) < g(x)$ ……㉡

㉠, ㉡에서 $0 < f(x) < g(x)$

$\therefore \beta < x < \gamma$

067 정답 ⑤

최대 진폭이 A인 지진의 릭터 규모를 M_A라 하면 E_1은

$$\log E_1 = 11.8 + 1.5 \times M_A \qquad \cdots\cdots \text{㉠}$$

이고, 최대 진폭이 $100A$인 지진의 릭터 규모를 $M_A + 2$라 하면 E_2는

$$\log E_2 = 11.8 + 1.5 \times (M_A + 2) \qquad \cdots\cdots \text{㉡}$$

이다.

㉡ㅡ㉠을 하면

$$\log E_2 - \log E_1 = 1.5(M_A + 2) - 1.5M_A = 3$$

$$\log \frac{E_2}{E_1} = 3, \quad \frac{E_2}{E_1} = 10^3$$

따라서 $E_2 = 10^3 \times E_1$이므로

$$k = 1000$$

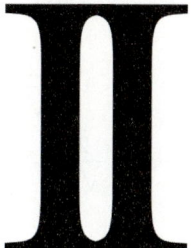

Ⅱ

삼각함수

| SPEED CHECK |

068 ②	**069** ①	**070** ④	**071** ④
072 ①	**073** 3	**074** ②	**075** ⑤
076 ④	**077** 24	**078** ③	**079** 229
080 2	**081** 15	**082** 2	**083** ①
084 10	**085** ④	**086** ⑤	**087** 827
088 ②	**089** 12	**090** 80	**091** ③
092 24			

| 068 | 정답 ②

반지름의 길이를 r, 중심각의 크기를 θ, 호의 길이를
l이라 하면 $l = r\theta$, 부채꼴의 둘레의 길이는 $2r+l$이므로
$9\pi = 2r+l = 2r+r\theta = r(2+\theta)$
따라서 $9\pi = 9(2+\theta)$ $(\because \ r=9)$이므로
$\theta = \pi - 2$

| 069 | 정답 ①

$\sin\theta\cos\theta < 0$, $\cos\theta\tan\theta > 0$에서
(ⅰ) $\sin\theta > 0$, $\cos\theta < 0$, $\tan\theta < 0$
    $\sin\theta > 0$에서 각 θ는 제 1, 2사분면의 각
    $\cos\theta < 0$에서 각 θ는 제 2, 3사분면의 각
    $\tan\theta < 0$에서 각 θ는 제 2, 4사분면의 각
    따라서 각 θ는 제 2사분면의 각이다.
(ⅱ) $\sin\theta < 0$, $\cos\theta > 0$, $\tan\theta > 0$
    $\sin\theta < 0$에서 각 θ는 제 3, 4사분면의 각
    $\cos\theta > 0$에서 각 θ는 제 1, 4사분면의 각
    $\tan\theta > 0$에서 각 θ는 제 1, 3사분면의 각
    따라서 각 θ는 존재하지 않는다.
(ⅰ), (ⅱ)에 의하여 각 θ는 제 2사분면의 각이다.

| 070 | 정답 ④

$\sin\theta - \cos\theta = \sqrt{2}$에서
양변을 제곱하면 $(\sin\theta - \cos\theta)^2 = 2$
$\sin^2\theta - 2\sin\theta\cos\theta + \cos^2\theta = 2$
$-2\sin\theta\cos\theta = 1$ $(\because \ \sin^2\theta + \cos^2\theta = 1)$
$\Rightarrow \sin\theta\cos\theta = -\dfrac{1}{2}$

$\therefore \sin^3\theta - \cos^3\theta$
$= (\sin\theta - \cos\theta)^3 + 3\sin\theta\cos\theta(\sin\theta - \cos\theta)$
$= (\sqrt{2})^3 + 3\left(-\dfrac{1}{2}\right)(\sqrt{2})$
$= 2\sqrt{2} - \dfrac{3}{2}\sqrt{2} = \dfrac{\sqrt{2}}{2}$

| **071** ├─ 정답 ④

$\dfrac{\sin(\pi+\theta)\tan^2(\pi-\theta)}{\cos\left(\dfrac{3}{2}\pi-\theta\right)} + \dfrac{\sin\left(\dfrac{3}{2}\pi+\theta\right)}{\sin\left(\dfrac{\pi}{2}+\theta\right)\cos^2(2\pi-\theta)}$

$= \dfrac{-\sin\theta\tan^2\theta}{-\sin\theta} + \dfrac{-\cos\theta}{\cos\theta\cos^2\theta}$

$= \tan^2\theta - \dfrac{1}{\cos^2\theta} = \dfrac{\sin^2\theta}{\cos^2\theta} - \dfrac{1}{\cos^2\theta}$

$= \dfrac{\sin^2\theta - 1}{\cos^2\theta} = -\dfrac{\cos^2\theta}{\cos^2\theta} = -1$

| **072** ├─ 정답 ①

원뿔의 밑면의 반지름의 길이가 2이므로 밑면의 둘레의 길이는 4π이다. 즉, 다음 그림의 부채꼴에서 호의 길이가 4π이므로

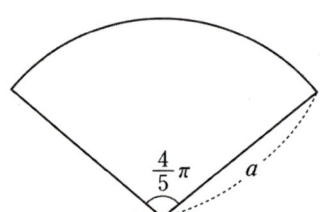

$4\pi = a \times \dfrac{4}{5}\pi$

$\therefore a = 5$

| **073** ├─ 정답 3

$-160° = 360° \times (-1) + 200°$이므로 동경 OP가 나타내는 일반각 θ는
$\theta = 360° \times n + 200°$ (n은 정수)
$-\dfrac{8}{9}\pi \le \theta < \dfrac{7}{2}\pi$에서 $-160° \le \theta < 630°$이므로
n은 $-1, 0, 1$에서
θ는 각각 $-160°, 200°, 560°$로 모두 3개이다.

| **074** ├─ 정답 ②

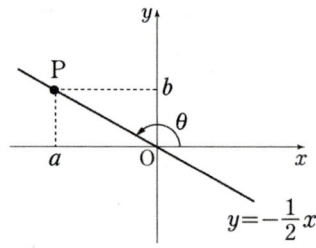

점 $P(a, b)$는 직선 $y = -\dfrac{1}{2}x$ 위의 점이므로 대입하면

$b = -\dfrac{1}{2}a$ 즉, $a = -2b$

$\overline{OP} = \sqrt{a^2 + b^2} = \sqrt{(-2b)^2 + b^2}$
$= \sqrt{5b^2} = \sqrt{5}\,b$ ($\because a < 0$이므로 $b > 0$)
따라서
$\sin\theta = \dfrac{b}{\sqrt{5}\,b} = \dfrac{1}{\sqrt{5}}$, $\cos\theta = \dfrac{a}{\sqrt{5}\,b} = -\dfrac{2}{\sqrt{5}}$이므로
$\sin\theta + \cos\theta = \dfrac{1}{\sqrt{5}} + \left(-\dfrac{2}{\sqrt{5}}\right) = -\dfrac{1}{\sqrt{5}} = -\dfrac{\sqrt{5}}{5}$

다른 풀이

직선 $y = -\dfrac{1}{2}x$와 x축의 양의 방향이 이루는 각의 크기가

θ이므로 $\tan\theta$는 직선의 기울기 $-\dfrac{1}{2}$과 같다.

따라서 $\sin\theta = \dfrac{1}{\sqrt{5}}$, $\cos\theta = -\dfrac{2}{\sqrt{5}}$ 이다.

$\therefore \sin\theta + \cos\theta = -\dfrac{\sqrt{5}}{5}$

| **075** ├─ 정답 ⑤

$\dfrac{\sin\theta}{1-\cos\theta} + \dfrac{1-\cos\theta}{\sin\theta}$

$= \dfrac{\sin^2\theta + 1 - 2\cos\theta + \cos^2\theta}{(1-\cos\theta)\sin\theta}$

$= \dfrac{2(1-\cos\theta)}{(1-\cos\theta)\sin\theta}$ ($\because \sin^2\theta + \cos^2\theta = 1$)

$= \dfrac{2}{\sin\theta} = 4$

따라서 $\sin\theta = \dfrac{1}{2}$

$\dfrac{\pi}{2} < \theta < \pi$이므로 $\theta = \dfrac{5}{6}\pi$

$\therefore \cos\dfrac{5}{6}\pi = -\dfrac{\sqrt{3}}{2}$

076 정답 ④

이차방정식 $x^2 - 3x + 4a\sin\theta = 0$의 두 근이
$\cos\theta$, $\tan\theta$이므로 근과 계수의 관계에 의하여
$\cos\theta + \tan\theta = 3$
$\cos\theta \times \tan\theta = \sin\theta = 4a\sin\theta$ ······㉠

㉠에서 $a = \dfrac{1}{4}$ ($\because \sin\theta \neq 0$)

$\therefore$ (준식) $= \dfrac{1}{a}\left(\dfrac{\cos^2\theta + \sin\theta}{\cos\theta}\right) = 4(\cos\theta + \tan\theta) = 12$

077 정답 24

이차방정식의 근과 계수의 관계에 의해
$\sin^2\theta + \tan^2\theta = \dfrac{a}{5}$ ······㉠
$\sin^2\theta \times \tan^2\theta = \dfrac{16}{5}$, $\dfrac{\sin^4\theta}{\cos^2\theta} = \dfrac{16}{5}$ ······㉡

한편, $\cos^2\theta = 1 - \sin^2\theta$이므로
$\sin^2\theta = X$ $(0 < X < 1)$라 하면 ㉡에서
$\dfrac{X^2}{1 - X} = \dfrac{16}{5}$, $5X^2 + 16X - 16 = 0$,
$(5X - 4)(X + 4) = 0$
따라서
$X = \sin^2\theta = \dfrac{4}{5}$, $\cos^2\theta = \dfrac{1}{5}$이므로

㉠에서 $\sin^2\theta + \tan^2\theta = \dfrac{4}{5} + 4 = \dfrac{24}{5} = \dfrac{a}{5}$

$\therefore a = 24$

078 정답 ③

$\angle CAH = \beta$라 했을 때, $\cos\beta = \dfrac{5}{13}$이다.

$\therefore \cos\alpha = \cos(\pi - \beta) = -\cos\beta = -\dfrac{5}{13}$

다른 풀이

점 A가 원점이 되도록 좌표평면을 놓으면

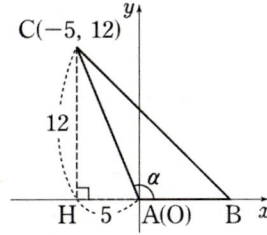

점 C의 좌표는 $(-5, 12)$이고

$\overline{AC} = \sqrt{5^2 + 12^2} = 13$

$\therefore \cos\alpha = -\dfrac{5}{13}$

079 정답 229

$\overline{AB} + \overline{AC} = \dfrac{17}{13}$

$\sin\theta = \dfrac{\overline{AB}}{1} = \overline{AB}$

$\cos\theta = \dfrac{\overline{AC}}{1} = \overline{AC}$

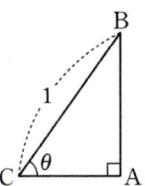

$\overline{AB} + \overline{AC} = \sin\theta + \cos\theta = \dfrac{17}{13}$

$(\sin\theta + \cos\theta)^2 = 1 + 2\sin\theta\cos\theta$

$2\sin\theta\cos\theta = \left(\dfrac{17}{13}\right)^2 - 1$

$= \left(\dfrac{17}{13} + 1\right)\left(\dfrac{17}{13} - 1\right)$

$= \dfrac{30}{13} \times \dfrac{4}{13}$

따라서 $\sin\theta\cos\theta = \dfrac{1}{2} \times \dfrac{30}{13} \times \dfrac{4}{13} = \dfrac{60}{169}$이므로
$p + q = 229$

080 정답 2

$a \times \left(-\dfrac{1}{a}\right) = -1$

따라서 두 직선이 수직이므로 두 직선이 이루는 각의
크기는 $90°$이다.
즉, $\beta - \alpha = 90°$이므로 $\beta = 90° + \alpha$

$\therefore -\dfrac{2\sin\beta\cos\beta}{\sin\alpha\cos\alpha} = -\dfrac{2\sin(90° + \alpha)\cos(90° + \alpha)}{\sin\alpha\cos\alpha}$

$= -\dfrac{2\cos\alpha \times (-\sin\alpha)}{\sin\alpha\cos\alpha} = 2$

다른 풀이

$x^2 + y^2 = 1$과 $y = ax$를 연립하여 풀면

$x^2 + (ax)^2 = 1$, $x^2 = \dfrac{1}{1 + a^2}$

$\Rightarrow x = \dfrac{1}{\sqrt{1 + a^2}}$, $y = \dfrac{a}{\sqrt{1 + a^2}}$ ($\because x \geq 0$)

⇒ 점 A의 좌표는

$$\left(\frac{1}{\sqrt{1+a^2}}, \frac{a}{\sqrt{1+a^2}}\right) = (\cos\alpha, \sin\alpha)$$

또, $x^2+y^2=1$과 $y=-\dfrac{1}{a}x$를 연립하여 풀면

$$x^2+\left(-\frac{x}{a}\right)^2=1, \ x^2=\frac{a^2}{1+a^2}$$

$$\Rightarrow x=-\frac{a}{\sqrt{1+a^2}}, \ y=\frac{1}{\sqrt{1+a^2}} \ (\because \ x<0)$$

$$\Rightarrow B\left(-\frac{a}{\sqrt{1+a^2}}, \frac{1}{\sqrt{1+a^2}}\right)=(\cos\beta, \sin\beta)$$

$$\therefore \ -\frac{2\sin\beta\cos\beta}{\sin\alpha\cos\alpha}$$

$$=-\frac{2\times\dfrac{1}{\sqrt{1+a^2}}\times\left(-\dfrac{a}{\sqrt{1+a^2}}\right)}{\dfrac{a}{\sqrt{1+a^2}}\times\dfrac{1}{\sqrt{1+a^2}}}=2$$

| 081 | 정답 15

두 양수 a, c에 대하여
함수 $y=a\sin(x-b\pi)+c$의 최댓값과 최솟값은
각각 $a+c=6$, $-a+c=0$이므로 $a=c=3$이다.
함수 $y=3\sin(x-b\pi)+3$의 그래프가
점 $\left(\dfrac{7}{6}\pi, 0\right)$을 지나므로

$$0=3\sin\left(\frac{7}{6}-b\right)\pi+3, \ \ \text{즉} \ \sin\left(\frac{7}{6}-b\right)\pi=-1$$

이때 $0<b<2$에서 $-\dfrac{5}{6}<\dfrac{7}{6}-b<\dfrac{7}{6}$이므로

$$\frac{7}{6}-b=-\frac{1}{2} \ \Rightarrow \ b=\frac{5}{3}$$

$$\therefore \ abc=3\times\frac{5}{3}\times3=15$$

다른 풀이

두 양수 a, c에 대하여
함수 $y=a\sin(x-b\pi)+c$의 최댓값과 최솟값은
각각 $a+c=6$, $-a+c=0$이므로 $a=c=3$이다.
함수 $y=3\sin(x-b\pi)+3$의 그래프가
점 $\left(\dfrac{7}{6}\pi, 0\right)$을 지나므로

함수 $y=3\sin x$의 그래프는 점 $\left(\dfrac{7}{6}\pi-b\pi, -3\right)$을
지난다.

$$\sin\left(\frac{7}{6}\pi-b\pi\right)=-1$$

$$\frac{7}{6}\pi-b\pi=2n\pi-\frac{\pi}{2} \ \text{에서} \ b=\frac{5}{3}-2n \ (\text{단, } n\text{은 정수})$$

이때 $0<b<2$이므로 $n=0$, $b=\dfrac{5}{3}$이다.

$$\therefore \ abc=3\times\frac{5}{3}\times3=15$$

| 082 | 정답 2

$\cos x=t \ (-1 \le t \le 1)$이라 하면 $y=2-|t-3|$이므로

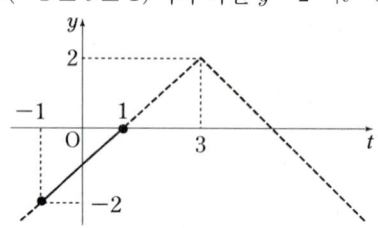

$t=1$일 때, 최댓값 $M=0$
$t=-1$일 때, 최솟값 $m=-2$
$\therefore \ M-m=2$

다른 풀이

$-1 \le \cos x \le 1$이고, $-4 \le \cos x-3 \le -2$
$2 \le |\cos x-3| \le 4$, $-4 \le -|\cos x-3| \le -2$
$-2 \le 2-|\cos x-3| \le 0$
따라서 함수 $y=2-|\cos x-3|$의
최댓값 $M=0$, 최솟값 $m=-2$
$\therefore \ M-m=2$

| 083 | 정답 ①

(ⅰ) $y=\sin 2x$의 주기는 $\dfrac{2\pi}{2}=\pi$이므로

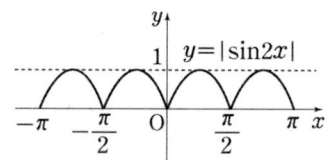

위의 그림에서 $y=|\sin 2x|$의 주기는 $\dfrac{\pi}{2}$이다.

$$\therefore \ a=\frac{\pi}{2}$$

(ⅱ) $y=\tan x$의 주기는 π이므로

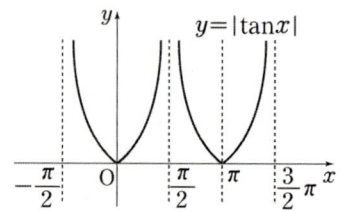

위의 그림에서 $y=|\tan x|$의 주기는 π이다.
$$\therefore \ b=\pi$$

(iii) $y = \cos x$는 우함수이므로

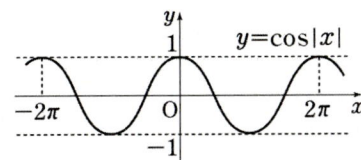

위의 그림에서 $y = \cos|x|$의 주기는 2π이다.

∴ $c = 2\pi$

(i), (ii), (iii)에 의하여 $a < b < c$이다.

084 정답 10

$y = 2\sin^2 x + 4\cos x + 5$
   $= 2(1 - \cos^2 x) + 4\cos x + 5$
   $= -2\cos^2 x + 4\cos x + 7$

이때 $\cos x = t \, (-1 \le t \le 1)$라 하면 주어진 식은

$y = -2t^2 + 4t + 7 = -2(t-1)^2 + 9$

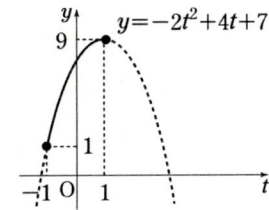

$t = 1$일 때, 최댓값 $M = 9$

$t = -1$일 때, 최솟값 $N = 1$

∴ $M + N = 9 + 1 = 10$

085 정답 ④

$y = 4\cos\left(\dfrac{\pi}{4}x\right)$의 주기는 $\dfrac{2\pi}{\dfrac{\pi}{4}} = 8$이다.

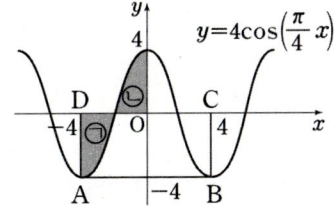

위의 그림과 같이 ㉠과 ㉡의 넓이는 같고

$y = 4\cos\left(\dfrac{\pi}{4}x\right)$의 그래프는 y축에 대하여 대칭이다.

두 점 A, B에서 x축에 내린 수선의 발을
각각 D, C라 하면 문제에서 주어진 그림의 어두운 부분의
넓이는 사각형 ABCD의 넓이와 같다.

따라서 구하는 넓이는 $4 \times 8 = 32$

참고

$y = 4\cos\left(\dfrac{\pi}{4}x\right)$는 점 $(4n+2, 0)$에 대하여

대칭이므로 ㉠과 ㉡의 넓이는 같다. (단, n은 정수)

086 정답 ⑤

조건 (나), (다)에서
두 함수 $y = \sin(4x)$, $y = -\sin(4x)$의 주기가 모두

$\dfrac{2\pi}{4} = \dfrac{\pi}{2}$이므로

$0 \le x \le \pi$에서 함수 $f(x)$의 그래프는 다음과 같다.

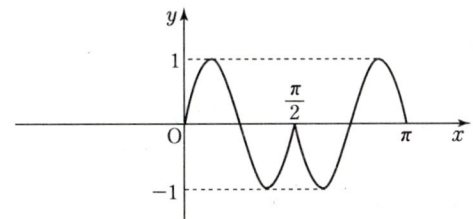

조건 (가)에서 함수 $f(x)$의 주기는 π이므로
함수 $f(x)$의 그래프와 두 점 $(-\pi, -1)$, $(\pi, 1)$을 지나는

직선 $y = \dfrac{x}{\pi}$를 좌표평면에 함께 나타내면 다음 그림과

같다.

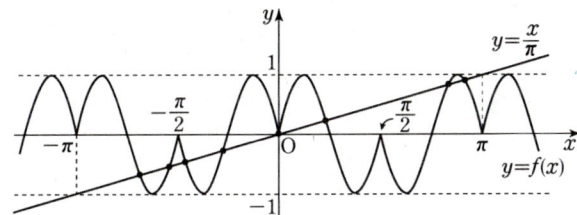

따라서 함수 $f(x)$의 그래프와 직선 $y = \dfrac{x}{\pi}$가 만나는 점의

개수는 8이다.

087 정답 827

함수 $f(x) = a\cos bx$의 주기는 $\dfrac{2\pi}{b}$이다. $(\because b > 0)$

함수 $y = a\cos x$의 그래프는 직선 $x = n\pi$ (n은 정수)에
대하여 대칭이므로 함수 $y = f(x)$의 그래프는 직선

$x = \dfrac{n\pi}{b}$에 대하여 대칭이다.

따라서 주어진 그림의 두 점 A, B는 직선 $x = \dfrac{\pi}{b}$에

대하여 대칭이므로

$\dfrac{1+5}{2} = \dfrac{\pi}{b} \Rightarrow b = \dfrac{\pi}{3}$

즉, 직선 $x=3$에 대하여 대칭이므로
삼각형 ABP의 넓이가 최대가 되는 경우들 중 하나는
점 P의 좌표가 $(3, -a)$일 때이다.

$\overline{AB}=4$이고 $c=f(1)=a\cos\dfrac{\pi}{3}=\dfrac{a}{2}$이므로

삼각형 ABP의 넓이의 최댓값은

$\dfrac{1}{2}\times4\times\left(\dfrac{a}{2}+a\right)=3a=40$

$\Rightarrow a=\dfrac{40}{3},\ c=\dfrac{20}{3}$

따라서 $abc=\dfrac{40}{3}\times\dfrac{\pi}{3}\times\dfrac{20}{3}=\dfrac{800}{27}\pi$

$\therefore\ p+q=27+800=827$

088 정답 ②

점 P의 좌표는 $(\cos\theta, \sin\theta)$이므로
$|\cos\theta|$, $|\sin\theta|$의 값 중 크지 않은 값이 $f(\theta)$이다.
$y=|\cos\theta|$, $y=|\sin\theta|$의 그래프에 의해
$y=f(\theta)$의 그래프가 다음과 같다.

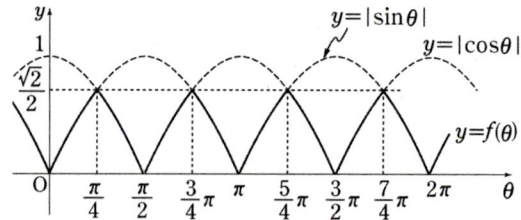

따라서 함수 $f(\theta)$의 주기는 $\dfrac{\pi}{2}$이고 최댓값은 $\dfrac{\sqrt{2}}{2}$이다.

$\therefore\ ab=\dfrac{\pi}{2}\times\dfrac{\sqrt{2}}{2}=\dfrac{\sqrt{2}}{4}\pi$

089 정답 12

자연수 n에 대하여 함수 $y=\dfrac{1}{n}\sin nx$는 주기가 $\dfrac{2\pi}{n}$이고

최댓값이 $\dfrac{1}{n}$이므로 구간 $[0, \infty)$에서 정의된 함수 $f(x)$의
그래프는 다음 그림과 같다.

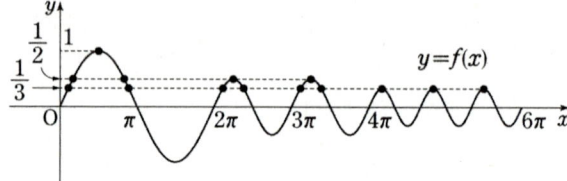

$a_1=1$

$a_2=1\times2+2=4$

$a_3=1\times2+2\times2+3=9$

$a_4=1\times2+2\times2+3\times2+4=16$

$\vdots$

$a_m=1\times2+2\times2+3\times2+\cdots+(m-1)\times2+m$

$\quad=2\times\dfrac{(m-1)m}{2}+m=m^2$

따라서 $a_k=k^2$에서 $k^2=144$이므로
구하는 k의 값은 12이다.

090 정답 80

곡선 $y=\tan x\ \left(-\dfrac{\pi}{2}<x<\dfrac{3}{2}\pi\right)$와

직선 $y=m\left(x-\dfrac{\pi}{2}\right)$가 모두 점 $\left(\dfrac{\pi}{2}, 0\right)$에 대하여

대칭이므로 아래 그림에서 두 선분 OM, BM과 곡선
$y=\tan x$로 둘러싸인 부분의 넓이와 두 선분 AM, CM과
곡선 $y=\tan x$로 둘러싸인 부분의 넓이가 서로 같다.

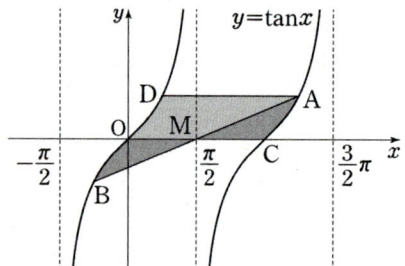

따라서 구하는 넓이는 평행사변형 OCAD의 넓이와
같으므로 점 D의 x좌표를 α라고 하면 평행사변형
OCAD의 넓이는 $\pi\times\tan\alpha$이다.
$\pi\times\tan\alpha=\pi$에서 $\tan\alpha=1$

$\alpha=\dfrac{\pi}{4}$이므로 점 $A\left(\dfrac{5}{4}\pi, 1\right)$이고 m은 직선 AM의

기울기이므로

$m=\dfrac{1}{\dfrac{5}{4}\pi-\dfrac{\pi}{2}}=\dfrac{4}{3\pi}$

$\therefore\ 60\pi\times m=60\pi\times\dfrac{4}{3\pi}=80$

091 정답 ③

주어진 조건을 만족시키는 자연수 k의 개수는 24에서
$X\cap Y^C=\varnothing$을 만족시키는 자연수 k의 개수를
제외해주면 된다.
$X\cap Y^C=\varnothing$, 즉 $X\subset Y$이려면
두 곡선 $y=f(x)$, $y=g(x)$의 교점의 y좌표 a에 대하여
$f(x)=a$인 모든 x가 $g(x)=a$이어야 한다.
즉, 곡선 $y=f(x)$와 직선 $y=a$가 만나는 모든 점은
두 곡선 $y=f(x)$, $y=g(x)$의 교점이어야 한다.

따라서 함수 $y = \sin kx + 2$의 그래프의 모든 대칭축은
함수 $y = 3\cos 24x$의 대칭축도 되어야 한다.

함수 $\sin kx + 2$는 주기가 $\dfrac{2\pi}{k}$이므로

함수 $y = \sin kx + 2$의 그래프는 직선 $x = \dfrac{(2m-1)\pi}{2k}$에
대하여 대칭이고, (단, m은 모든 정수)

함수 $3\cos 24x$는 주기가 $\dfrac{2\pi}{24} = \dfrac{\pi}{12}$이므로

함수 $y = 3\cos 24x$의 그래프는 직선 $x = \dfrac{n\pi}{24}$에 대하여
대칭이다. (단, n은 모든 정수)

$\dfrac{(2m-1)\pi}{2k} = \dfrac{n\pi}{24}$인 정수 m, n이 존재하는 k의 값은
12의 양의 약수 1, 2, 3, 4, 6, 12이므로
주어진 조건을 만족시키는 자연수 k의 개수는
$24 - 6 = 18$이다.

| 092 | 정답 24

곡선 $y = 4\sin\dfrac{x-\pi}{4}$ $(0 \le x \le 10\pi)$는

곡선 $y = 4\sin\dfrac{x}{4}$ $(-\pi \le x \le 9\pi)$를

x축의 방향으로 π만큼 평행이동시킨 것이다.
x축의 방향으로의 평행이동에 의해
곡선 위의 y좌표가 같은 점들 사이의 거리 또는 함수의
최댓값, 최솟값은 달라지지 않으므로

세 점 A, B, P를 곡선 $y = 4\sin\dfrac{x}{4}$ $(-\pi \le x \le 9\pi)$와

직선 $y = 2$가 만나는 상황에서 정의되는 것으로 풀어도
답에는 영향이 없다.

방정식 $4\sin\dfrac{x}{4} = 2$, 즉 $\sin\dfrac{x}{4} = \dfrac{1}{2}$에서

$-\dfrac{\pi}{4} \le \dfrac{x}{4} \le \dfrac{9\pi}{4}$이므로

$\dfrac{x}{4} = \dfrac{\pi}{6}$ 또는 $\dfrac{x}{4} = \dfrac{5\pi}{6}$ 또는 $\dfrac{x}{4} = \dfrac{13\pi}{6}$이다.

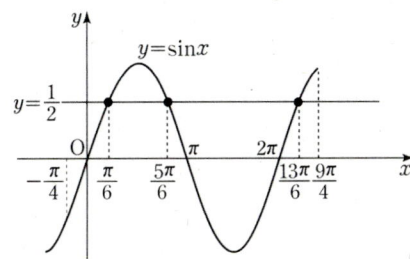

따라서 방정식의 해는

$x = \dfrac{2\pi}{3}$ 또는 $x = \dfrac{10\pi}{3}$ 또는 $x = \dfrac{26\pi}{3}$이므로

곡선 $y = 4\sin\dfrac{x}{4}$ $(-\pi \le x \le 9\pi)$와 직선 $y = 2$가
만나는 점들의 좌표는
$\left(\dfrac{2\pi}{3}, 2\right)$, $\left(\dfrac{10\pi}{3}, 2\right)$, $\left(\dfrac{26\pi}{3}, 2\right)$이다.

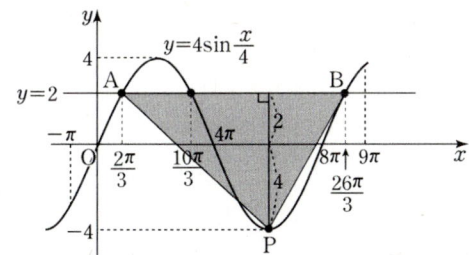

삼각형 PAB의 밑변을 선분 AB라 하면
$A\left(\dfrac{2\pi}{3}, 2\right)$, $B\left(\dfrac{26\pi}{3}, 2\right)$일 때

선분 AB의 길이가 $\dfrac{26\pi}{3} - \dfrac{2\pi}{3} = 8\pi$로 최대이고

함수 $y = 4\sin\dfrac{x}{4}$의 최솟값이 -4이므로

삼각형 PAB의 높이의 최댓값은 $2 - (-4) = 6$이다.
따라서 구하는 삼각형 PAB의 넓이의 최댓값은

$\dfrac{1}{2} \times 8\pi \times 6 = 24\pi$

$\therefore k = 24$

5일차

본문 p.55~68

| SPEED CHECK |

093 ②	094 ③	095 ④	096 ⑤
097 4	098 ⑤	099 ②	100 ③
101 30	102 ②	103 ②	104 ③
105 ②	106 ①	107 ②	108 ⑤
109 ②	110 ⑤	111 ②	112 ①
113 103	114 ①	115 ④	116 63
117 46	118 ④	119 ①	120 17

| 093 | 정답 ②

$2\sin^2 x - 3\sqrt{2}\cos x - 4 = 0$
$2(1 - \cos^2 x) - 3\sqrt{2}\cos x - 4 = 0$
$2\cos^2 x + 3\sqrt{2}\cos x + 2 = 0$
$(2\cos x + \sqrt{2})(\cos x + \sqrt{2}) = 0$
따라서 $\cos x = -\dfrac{\sqrt{2}}{2}$ $(\because -1 \le \cos x \le 1)$

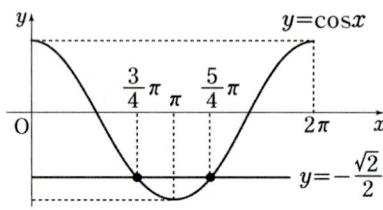

$\Rightarrow x = \dfrac{3}{4}\pi$ 또는 $x = \dfrac{5}{4}\pi$

따라서 구하는 실수 x의 값의 합은

$\dfrac{3}{4}\pi + \dfrac{5}{4}\pi = 2\pi$

다른 풀이

$\cos x = -\dfrac{\sqrt{2}}{2}$ 의 두 근은 $x = \pi$ 에 대하여 대칭이므로

(서로 다른 실근의 합) = (근의 개수) × (대칭축)

$\qquad\qquad\qquad\quad = 2 \times \pi = 2\pi$

094 정답 ③

$x + \dfrac{\pi}{6} = t$ 로 놓으면 $0 \le x < 2\pi$ 에서

$\dfrac{\pi}{6} \le t < \dfrac{13}{6}\pi$ 이므로

주어진 식은 $\cos t \le \dfrac{1}{2}$ $\left(\dfrac{\pi}{6} \le t < \dfrac{13}{6}\pi\right)$ 이다.

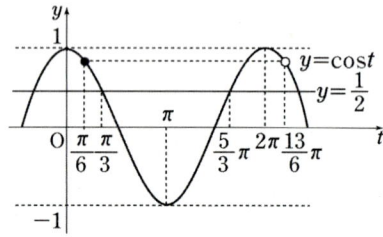

위 그래프에서 t의 값의 범위는

$\dfrac{\pi}{3} \le t \le \dfrac{5}{3}\pi \Rightarrow \dfrac{\pi}{3} \le x + \dfrac{\pi}{6} \le \dfrac{5}{3}\pi \Rightarrow \dfrac{\pi}{6} \le x \le \dfrac{3}{2}\pi$

따라서 $a = \dfrac{\pi}{6}$, $b = \dfrac{3}{2}\pi$

$\therefore b - a = \dfrac{3}{2}\pi - \dfrac{\pi}{6} = \dfrac{4}{3}\pi$

095 정답 ④

$\pi \sin x = t$ 라 놓으면

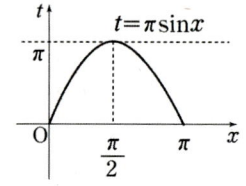

$0 \le x \le \pi$ 이므로

$0 \le t \le \pi$

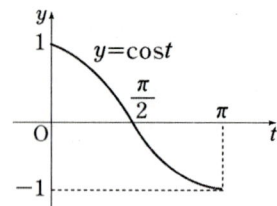

$\cos t = 0$ 에서 $t = \dfrac{\pi}{2}$

$\pi \sin x = \dfrac{\pi}{2} \Rightarrow \sin x = \dfrac{1}{2}$

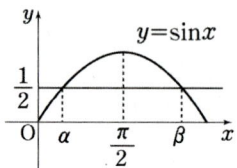

$\therefore$ (서로 다른 두 실근의 합) $= \dfrac{\pi}{2} \times 2 = \pi$

TIP

$\alpha = \dfrac{\pi}{6}$, $\beta = \dfrac{5}{6}\pi$ 이므로 $\dfrac{\pi}{6} + \dfrac{5}{6}\pi = \pi$ 로 구해도 된다.

096 정답 ⑤

$y = x^2 - 2x\sin\theta + 1 = (x - \sin\theta)^2 + 1 - \sin^2\theta$

위의 함수의 그래프의 꼭짓점의 좌표는

$(\sin\theta, 1 - \sin^2\theta)$ 이다.

꼭짓점이 직선 $y = \sqrt{2}x - \dfrac{1}{2}$ 의 아래쪽에 있으므로

$y < \sqrt{2}x - \dfrac{1}{2}$ 에 대입하면

$1 - \sin^2\theta < \sqrt{2}\sin\theta - \dfrac{1}{2}$

$2\sin^2\theta + 2\sqrt{2}\sin\theta - 3 > 0$

$(\sqrt{2}\sin\theta - 1)(\sqrt{2}\sin\theta + 3) > 0$

이때, $\sqrt{2}\sin\theta + 3 > 0$ 이므로

$\sqrt{2}\sin\theta - 1 > 0$

$\Rightarrow \sin\theta > \dfrac{1}{\sqrt{2}}$

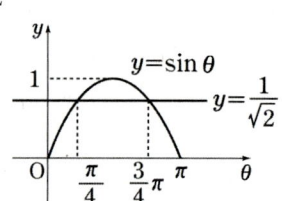

$0 \leq \theta \leq \pi$이므로

$$\frac{\pi}{4} < \theta < \frac{3}{4}\pi$$

따라서 $a = \frac{\pi}{4}$, $b = \frac{3}{4}\pi$이므로

$$a+b = \pi$$

097 정답 4

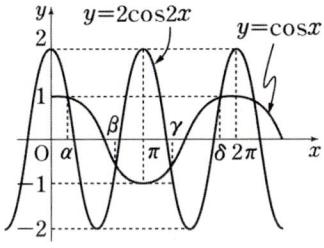

방정식 $2\cos 2x = \cos x$의 실근은
두 함수 $y = 2\cos 2x$, $y = \cos x$의 그래프의 교점의
x좌표와 같다.
이때 두 그래프의 교점은 $0 \leq x \leq 2\pi$에서 네 개 존재
하고, 두 함수 $y = 2\cos 2x$, $y = \cos x$의 그래프는 각각
직선 $x = \pi$에 대하여 대칭이므로
방정식 $2\cos 2x = \cos x$의 네 실근을
α, β, γ, δ $(\alpha < \beta < \gamma < \delta)$라 하면

$$\frac{\alpha+\delta}{2} = \pi, \quad \frac{\beta+\gamma}{2} = \pi$$

따라서 모든 실근의 합은
$\alpha+\beta+\gamma+\delta = 2\pi+2\pi = 4\pi$이므로 $k = 4$

> **TIP**
>
> 방정식의 해의 합을 구하는 문제에서 각각의 해를
> 모르더라도 이처럼 삼각함수의 그래프의 대칭성을
> 이용하여 풀 수 있는 것도 있다.

098 정답 ⑤

x에 대한 이차방정식
$x^2 + (2\cos\theta)x + \sin^2\theta - \sin\theta = 0$이 서로 다른 두 양의
실근을 갖기 위해서는
두 실근의 합과 곱이 모두 양수이어야 하므로
$-2\cos\theta > 0$에서 $\cos\theta < 0$ ······㉠
$\sin^2\theta - \sin\theta > 0$에서 $\sin\theta(\sin\theta - 1) > 0$,
$\sin\theta - 1 \leq 0$이므로 $\sin\theta < 0$ ······㉡
또한 이차방정식의 판별식을 D라 하면

$$\frac{D}{4} = \cos^2\theta - (\sin^2\theta - \sin\theta) > 0$$이어야 한다.

$1 - 2\sin^2\theta + \sin\theta > 0$,
$2\sin^2\theta - \sin\theta - 1 = (2\sin\theta + 1)(\sin\theta - 1) < 0$
에서 $-\frac{1}{2} < \sin\theta < 1$ ······㉢
㉠, ㉡, ㉢을 모두 만족시키는 θ의 값의 범위는
$\pi < \theta < \frac{7}{6}\pi$이다.

$$\therefore 2\alpha + 3\beta = 2\pi + \frac{7}{2}\pi = \frac{11}{2}\pi$$

099 정답 ②

그림에서 $y = \sin x$ $(0 \leq x \leq \pi)$의 그래프는
직선 $x = \frac{\pi}{2}$에 대하여 대칭이므로

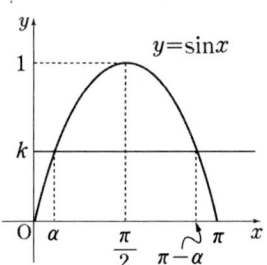

$\beta = \pi - \alpha$, 즉 $\alpha + \beta = \pi$

$$\begin{aligned}
\therefore \ &\sin(\alpha+\beta) + \cos(\alpha+\beta) + \tan(\alpha+\beta) \\
&= \sin\pi + \cos\pi + \tan\pi \\
&= 0 + (-1) + 0 = -1
\end{aligned}$$

100 정답 ③

함수 $f(x)$의 정의역이 $\left\{ x \mid -\frac{\pi}{2} < x < \frac{\pi}{2} \right\}$,
치역이 실수 전체의 집합이므로
함수 $f(x)$의 역함수 $f^{-1}(x)$의 정의역은 실수 전체의
집합이고 치역은 $\left\{ y \mid -\frac{\pi}{2} < y < \frac{\pi}{2} \right\}$이다.
$t = f^{-1}(x)$라 하면 $-\frac{\pi}{2} < t < \frac{\pi}{2}$이고,
$g(t) = \frac{1}{2}$에서 $\cos t = \frac{1}{2}$

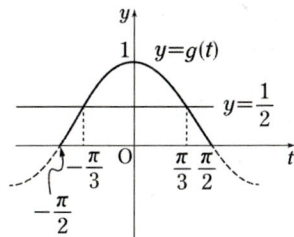

$\Rightarrow t = -\frac{\pi}{3}$ 또는 $t = \frac{\pi}{3}$

(i) $t = -\dfrac{\pi}{3}$ 일 때, $f^{-1}(x) = -\dfrac{\pi}{3}$ 에서

$$x = f\left(-\dfrac{\pi}{3}\right) = \tan\left(-\dfrac{\pi}{3}\right) = -\sqrt{3}$$

(ii) $t = \dfrac{\pi}{3}$ 일 때, $f^{-1}(x) = \dfrac{\pi}{3}$ 에서

$$x = f\left(\dfrac{\pi}{3}\right) = \tan\dfrac{\pi}{3} = \sqrt{3}$$

(i), (ii)에서

$$\alpha^2 + \beta^2 = (-\sqrt{3})^2 + (\sqrt{3})^2$$
$$= 3 + 3 = 6$$

| 101 | 정답 30

방정식 $\left|\cos x + \dfrac{1}{4}\right| = k\,(0 \le x < 2\pi)$ 의

서로 다른 실근의 개수는

$0 \le x < 2\pi$ 에서 함수 $y = \left|\cos x + \dfrac{1}{4}\right|$ 의 그래프와

직선 $y = k$ 의 서로 다른 교점의 개수와 같다.

함수 $y = \left|\cos x + \dfrac{1}{4}\right|$ 의 그래프는

함수 $y = \cos x$ 의 그래프를

y축의 방향으로 $\dfrac{1}{4}$ 만큼 평행이동시킨

함수 $y = \cos x + \dfrac{1}{4}$ 의 그래프에서 x축의 아래쪽에

그려진 부분을 x축을 기준으로 위쪽으로 접어 올린 것과
같다.

함수 $y = \cos x + \dfrac{1}{4}$ 의 최댓값은 $1 + \dfrac{1}{4} = \dfrac{5}{4}$,

최솟값은 $-1 + \dfrac{1}{4} = -\dfrac{3}{4}$ 이므로

다음 그림과 같이 $0 \le x < 2\pi$ 에서

함수 $y = \left|\cos x + \dfrac{1}{4}\right|$ 의 그래프는

직선 $y = \dfrac{3}{4}$ 과 서로 다른 3개의 점에서 만난다.

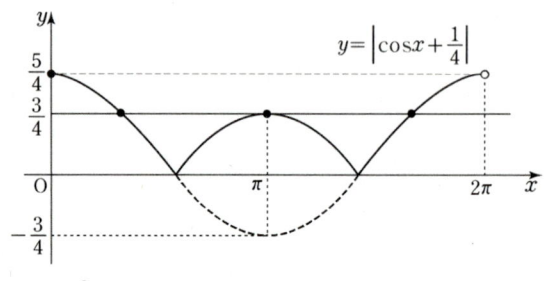

$$\therefore \alpha = \dfrac{3}{4}$$

$$\therefore 40\alpha = 30$$

| 102 | 정답 ②

$C = 180° - (40° + 80°) = 60°$ 이고 외접원의 반지름의
길이를 R라 하면

삼각형 ABC에서 사인법칙에 의하여

$$2R = \dfrac{\overline{AB}}{\sin C} = \dfrac{6}{\dfrac{\sqrt{3}}{2}} = 4\sqrt{3}$$

$$\therefore R = 2\sqrt{3}$$

| 103 | 정답 ②

두 삼각형의 외접원이 같으므로 외접원의 반지름의
길이를 R라 하면 사인법칙에 의하여

$$\dfrac{\overline{BC}}{\sin\beta} = 2R, \quad \dfrac{\overline{DE}}{\sin\alpha} = 2R$$

$$\dfrac{\overline{BC}}{\dfrac{1}{3}} = \dfrac{2\overline{BC}}{\sin\alpha} \;\left(\because \overline{BC} = \dfrac{1}{2}\overline{DE}\right)$$

$$\therefore \sin\alpha = \dfrac{2}{3}$$

| 104 | 정답 ③

삼각형 ABC에서 사인법칙을 이용하면 외접원의
반지름의 길이가 10이므로

$$\dfrac{a}{\sin A} = \dfrac{b}{\sin B} = \dfrac{c}{\sin C} = 2 \times 10 = 20$$ 이고

$a = 20\sin A$, $b = 20\sin B$, $c = 20\sin C$ 이므로

$$a + b + c = 20(\sin A + \sin B + \sin C)$$

$$\therefore \sin A + \sin B + \sin C = \dfrac{3}{2}$$

| 105 | 정답 ②

세 점 A, B, D를 지나는 원의 반지름의 길이를 R_1이라
하고, 세 점 B, C, D를 지나는 원의 반지름의 길이를
R_2라 하면

삼각형 ABD에서 사인법칙에 의하여

$$\dfrac{\overline{BD}}{\sin 120°} = 2R_1 \Rightarrow R_1 = \dfrac{\overline{BD}}{\sqrt{3}}$$

삼각형 BCD에서 사인법칙에 의하여

$$\dfrac{\overline{BD}}{\sin 45°} = 2R_2 \Rightarrow R_2 = \dfrac{\overline{BD}}{\sqrt{2}}$$

$$\therefore S_1 : S_2 = \pi(R_1)^2 : \pi(R_2)^2 = \dfrac{\pi}{3}\overline{BD}^2 : \dfrac{\pi}{2}\overline{BD}^2 = 2 : 3$$

106 정답 ①

다음 그림과 같이 삼각형 ABC에 내접하는 원이 세 선분 CA, AB, BC와 만나는 점을 각각 P, Q, R라 하자.

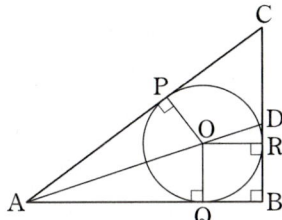

$\overline{OQ}=\overline{OR}=3$이므로
$\overline{DR}=\overline{DB}-\overline{RB}=4-3=1$
삼각형 DOR와 삼각형 OAQ는 닮음비가 $1:3$이므로
$\overline{AQ}=3\times\overline{OR}=9$
이때 점 O가 삼각형 ABC의 내심이므로
$\overline{AP}=\overline{AQ}=9,\ \overline{BQ}=\overline{BR}=3,\ \overline{CP}=\overline{CR}$
$\overline{CP}=\overline{CR}=a$라 하면
직각삼각형 ABC에서 피타고라스 정리에 의하여
$(a+9)^2=12^2+(a+3)^2$
$a^2+18a+81=144+a^2+6a+9$
$12a=72$
$\therefore \overline{CP}=\overline{CR}=a=6$
$\therefore \sin C=\dfrac{\overline{AB}}{\overline{AC}}=\dfrac{\overline{AQ}+\overline{BQ}}{\overline{AP}+\overline{CP}}=\dfrac{9+3}{9+6}=\dfrac{4}{5}$
또한 직각삼각형 ABD에서 피타고라스 정리에 의하여
$\overline{AD}=\sqrt{12^2+4^2}=4\sqrt{10}$
따라서 삼각형 ADC의 외접원의 반지름의 길이를 R라 하면 사인법칙에 의하여
$2R=\dfrac{\overline{AD}}{\sin C}=\dfrac{4\sqrt{10}}{\frac{4}{5}}=5\sqrt{10}$
$\therefore R=\dfrac{5\sqrt{10}}{2}$
따라서 삼각형 ADC의 외접원의 넓이는
$\pi\times\left(\dfrac{5\sqrt{10}}{2}\right)^2=\dfrac{125}{2}\pi$

다른 풀이

다음 그림과 같이 삼각형 ABC에 내접하는 원이 세 선분 CA, AB, BC와 만나는 점을 각각 P, Q, R라 하자.

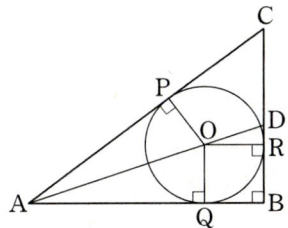

$\overline{OQ}=\overline{OR}=3$이므로
$\overline{DR}=\overline{DB}-\overline{RB}=4-3=1$
직각삼각형 DOR에서 피타고라스 정리에 의하여
$\overline{DO}=\sqrt{3^2+1^2}=\sqrt{10}$이므로
$\sin(\angle DOR)=\dfrac{1}{\sqrt{10}}=\dfrac{\sqrt{10}}{10}$
한편 삼각형 DOR와 삼각형 OAQ는 닮음비가 $1:3$이므로
$\overline{AQ}=3\times\overline{OR}=9$
이때 점 O가 삼각형 ABC의 내심이므로
$\overline{AP}=\overline{AQ}=9,\ \overline{BQ}=\overline{BR}=3,\ \overline{CP}=\overline{CR}$,
$\angle CAD=\angle DAB$
따라서 각의 이등분선의 성질에 의하여
$\overline{AB}:\overline{AC}=\overline{BD}:\overline{DC}$이므로
$9+3:(9+\overline{CP})=4:(\overline{CR}-1)$
$9+\overline{CP}=3(\overline{CR}-1)$
$9+\overline{CR}=3(\overline{CR}-1)\ (\because \overline{CP}=\overline{CR})$
$2\overline{CR}=12$
즉, $\overline{CR}=6$이므로
$\overline{CD}=\overline{CR}-1=5$
이때 직선 OR와 직선 AB가 평행하므로
$\angle DAB=\angle DOR$, 즉 $\angle CAD=\angle DOR$
따라서 삼각형 ADC의 외접원의 반지름의 길이를 R라 하면 사인법칙에 의하여
$2R=\dfrac{\overline{CD}}{\sin(\angle CAD)}=\dfrac{5}{\frac{\sqrt{10}}{10}}=5\sqrt{10}$
$\therefore R=\dfrac{5\sqrt{10}}{2}$
따라서 삼각형 ADC의 외접원의 넓이는
$\pi\times\left(\dfrac{5\sqrt{10}}{2}\right)^2=\dfrac{125}{2}\pi$

107 정답 ②

$\angle B+\angle D=180°$이므로 $\angle B=150°$이고
$\overline{AB}:\overline{BC}=1:\sqrt{3}$이므로
$\overline{AB}=a,\ \overline{BC}=\sqrt{3}a$라 하면 (단, $a>0$)

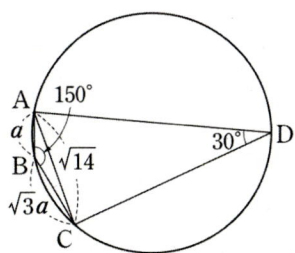

삼각형 ABC에서 코사인법칙에 의하여

$$14 = a^2 + 3a^2 - 2 \times a \times \sqrt{3}\,a \times \left(-\frac{\sqrt{3}}{2}\right)$$
$$7a^2 = 14$$
$$\therefore\ a = \sqrt{2}$$

| 108 | 정답 ⑤

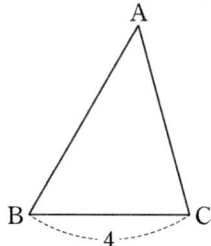

$\angle A : \angle B : \angle C = 3 : 4 : 5$이므로
$\angle A = 3\theta$, $\angle B = 4\theta$, $\angle C = 5\theta$라 하면
내각의 합은 $180°$이므로
$\angle A + \angle B + \angle C = 12\theta = 180°$
$\theta = 15°$이므로
$\angle A = 45°$, $\angle B = 60°$, $\angle C = 75°$
사인법칙에 의하여
$$\frac{4}{\sin 45°} = \frac{\overline{AC}}{\sin 60°}, \quad \overline{AC} = 2\sqrt{6}$$
$\overline{AB} = x$라 하면 코사인법칙에 의하여
$$24 = x^2 + 16 - 2 \times x \times 4 \times \cos 60°,$$
$$x^2 - 4x - 8 = 0$$
$x > 0$에서 $x = 2 + 2\sqrt{3}$이므로
선분 AB의 길이는 $2\sqrt{3} + 2$이다.

| 109 | 정답 ②

삼각형 ABD에서 코사인법칙에 의하여
$$\cos(\angle BAD) = \frac{4^2 + 6^2 - (2\sqrt{17})^2}{2 \times 4 \times 6} = -\frac{1}{3}$$
이때, $\sin^2(\angle BAD) + \cos^2(\angle BAD) = 1$이므로
$$\sin^2(\angle BAD) = 1 - \cos^2(\angle BAD)$$
$$= 1 - \left(-\frac{1}{3}\right)^2 = \frac{8}{9}$$
사각형 $ABCD$는 원에 내접하고 있으므로
$\angle BAD + \theta = \pi$에서 $\theta = \pi - \angle BAD$이고,
$$\sin^2\theta = \sin^2(\pi - \angle BAD)$$
$$= \sin^2(\angle BAD)$$
$$\therefore\ 18\sin^2\theta = 18 \times \frac{8}{9} = 16$$

| 110 | 정답 ⑤

$\overline{BC} = 5x$, $\angle ACB = \theta$라 하면
삼각형 ABC에서 코사인법칙에 의하여
$$\overline{AB}^2 = 15 + 25x^2 - 10\sqrt{15}\,x\cos\theta,$$
또한 점 D는 변 BC를 $2 : 3$으로 내분하는 점이므로
삼각형 ADC에서 코사인법칙에 의하여
$$\overline{DA}^2 = 15 + 9x^2 - 6\sqrt{15}\,x\cos\theta$$
이때 $\overline{AB} : \overline{DA} = \sqrt{5} : \sqrt{3}$에서 $\overline{AB}^2 : \overline{DA}^2 = 5 : 3$이므로
$$45 + 75x^2 = 75 + 45x^2, \quad 30x^2 = 30$$
$$\therefore\ x = 1\ (\because\ x > 0)$$
따라서 선분 BC의 길이는 5이다.

| 111 | 정답 ②

삼각형 ABC의 외접원의 반지름의 길이가 $3\sqrt{5}$이므로
사인법칙에 의하여
$$\frac{10}{\sin C} = 2 \times 3\sqrt{5}$$
$$\therefore\ \sin C = \frac{\sqrt{5}}{3}$$
삼각형 ABC는 예각삼각형이므로
$$\cos C = \sqrt{1 - \left(\frac{\sqrt{5}}{3}\right)^2} = \frac{2}{3} \qquad \cdots\cdots\ \text{㉠}$$
주어진 조건에서 $\dfrac{a^2 + b^2 - ab\cos C}{ab} = \dfrac{4}{3}$이므로
$$\frac{a^2 + b^2 - \frac{2}{3}ab}{ab} = \frac{4}{3}, \quad 3a^2 + 3b^2 - 2ab = 4ab$$
$$3(a - b)^2 = 0$$
$$\therefore\ a = b \qquad \cdots\cdots\ \text{㉡}$$
따라서 코사인법칙에 의하여
$$10^2 = a^2 + b^2 - 2ab\cos C$$
이므로 ㉠, ㉡을 대입하면
$$100 = a^2 + a^2 - 2a^2 \times \frac{2}{3}$$
$$100 = \frac{2}{3}a^2, \quad a^2 = 150$$
$$\therefore\ ab = a^2 = 150$$

| 112 | 정답 ①

$\angle BDC = \angle BAC = \dfrac{\pi}{3}$ ($\because$ 호 BC에 대한 원주각)이고,
주어진 원이 삼각형 DBC의 외접원이고 반지름의 길이가 r이므로

삼각형 DBC에서 사인법칙에 의하여

$$\overline{CD} = 2r\sin\theta = \frac{2\sqrt{3}}{3}r,$$

$$\overline{BC} = 2r\sin\frac{\pi}{3} = \sqrt{3}\,r$$

이때 삼각형 DBC에서 코사인법칙에 의하여

$$\overline{BC}^2 = \overline{BD}^2 + \overline{CD}^2 - 2\times\overline{BD}\times\overline{CD}\times\cos\frac{\pi}{3}$$

$$(\sqrt{3}\,r)^2 = (\sqrt{2})^2 + \left(\frac{2\sqrt{3}}{3}r\right)^2 - 2\times\sqrt{2}\times\left(\frac{2\sqrt{3}}{3}r\right)\times\frac{1}{2}$$

$$5r^2 + 2\sqrt{6}\,r - 6 = 0$$

$$\therefore r = \frac{-\sqrt{6}\pm\sqrt{(\sqrt{6})^2 - 5\times(-6)}}{5} = \frac{-\sqrt{6}\pm 6}{5}$$

$$\therefore r = \frac{6-\sqrt{6}}{5}\ (\because r>0)$$

| 113 | 정답 103

삼각형 ABC에서 코사인법칙에 의하여
$4^2 = 3^2 + 4^2 - 2\times 3\times 4\times\cos(\angle\text{ACB})$이므로

$$\cos(\angle\text{ACB}) = \frac{3}{8}$$

삼각형 ACD에서 코사인법칙에 의하여

$$\overline{AD}^2 = 3^2 + 3^2 - 2\times 3\times 3\times\cos(\angle\text{ACD})$$
$$= 18 - 18\times\cos(\pi - \angle\text{ACB})$$
$$= 18 - 18\times\{-\cos(\angle\text{ACB})\}$$
$$= 18 - 18\times\left(-\frac{3}{8}\right) = \frac{99}{4}$$

$$\therefore p+q = 4+99 = 103$$

다른 풀이

삼각형 ABC는 이등변삼각형이므로
점 B에서 변 AC에 내린 수선의 발을 M이라 하면

$$\overline{AM} = \overline{CM} = \frac{3}{2}$$

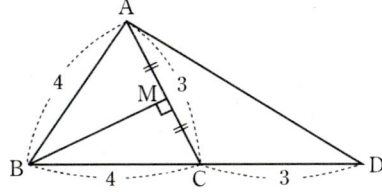

직각삼각형 BMC에서

$$\cos(\angle\text{BCM}) = \frac{\overline{CM}}{\overline{BC}} = \frac{\frac{3}{2}}{4} = \frac{3}{8}$$

삼각형 ACD에서 코사인법칙에 의하여

$$\overline{AD}^2 = 3^2 + 3^2 - 2\times 3\times 3\times\cos(\angle\text{ACD})$$
$$= 18 - 18\times\cos(\pi - \angle\text{BCM})$$

$$= 18 - 18\times\{-\cos(\angle\text{BCM})\}$$
$$= 18 - 18\times\left(-\frac{3}{8}\right) = \frac{99}{4}$$

$$\therefore p+q = 4+99 = 103$$

| 114 | 정답 ①

원 C의 반지름의 길이를 R라 하면 원 C의 넓이가
$\frac{49}{3}\pi$이므로 $R^2\pi = \frac{49}{3}\pi$

$$\therefore R = \frac{7}{3}\sqrt{3}$$

삼각형 ABC에서 사인법칙에 의하여

$$\frac{\overline{BC}}{\sin\frac{\pi}{3}} = 2R$$

$$\therefore \overline{BC} = 2\times\frac{7}{3}\sqrt{3}\times\frac{\sqrt{3}}{2} = 7$$

삼각형 ABC에서 $\overline{AC} = a$라 하면 코사인법칙에 의하여

$$7^2 = a^2 + 3^2 - 2\times a\times 3\times\cos\frac{\pi}{3}$$

$$a^2 - 3a - 40 = 0,\ (a-8)(a+5) = 0$$

$a>0$이므로 $a=8$

$$\therefore \overline{AC} = a = 8$$

삼각형 ABC에서 코사인법칙에 의하여

$$\cos(\angle\text{CBA}) = \frac{3^2 + 7^2 - 8^2}{2\times 3\times 7} = -\frac{1}{7}$$이므로

$\frac{\pi}{2} < \angle\text{CBA} < \pi$가 되어 삼각형 ABC는 둔각삼각형이다.

즉, 삼각형 PAC의 넓이가 최대가 되도록 하는 점을 Q라
하면 점 Q는 선분 AC의 수직이등분선과 원 C의 두 교점
중 직선 AC로부터 멀리 떨어져 있는 점이고, 그림과 같이
점 Q에서 선분 AC에 내린 수선의 발을 H라 하면 원
C의 중심 O는 선분 QH 위에 있다.

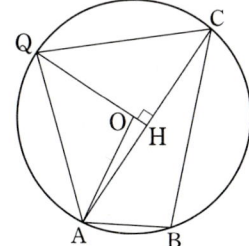

따라서 직각삼각형 AHO에서

$$\overline{OH} = \sqrt{\left(\frac{7}{3}\sqrt{3}\right)^2 - 4^2} = \frac{\sqrt{3}}{3},$$

$$\overline{QH} = \overline{OQ} + \overline{OH} = \frac{7}{3}\sqrt{3} + \frac{\sqrt{3}}{3} = \frac{8}{3}\sqrt{3}$$

이므로 삼각형 PAC의 넓이의 최댓값은

$$\frac{1}{2}\times 8\times\frac{8}{3}\sqrt{3} = \frac{32}{3}\sqrt{3}$$

| 115 | 정답 ④

$\overline{BC}=a$, $\overline{CA}=b$, $\overline{AB}=c$라 하고
삼각형 ABC의 넓이를 S라 하면
$S=\dfrac{1}{2}\times a\times\overline{AD}=\dfrac{1}{2}\times b\times\overline{BE}=\dfrac{1}{2}\times c\times\overline{CF}$이므로
$a=\dfrac{2S}{\overline{AD}}$, $b=\dfrac{2S}{\overline{BE}}$, $c=\dfrac{2S}{\overline{CF}}$이다.

따라서

$$\begin{aligned}a:b:c&=\frac{2S}{\overline{AD}}:\frac{2S}{\overline{BE}}:\frac{2S}{\overline{CF}}\\&=\frac{1}{\overline{AD}}:\frac{1}{\overline{BE}}:\frac{1}{\overline{CF}}\\&=\frac{1}{2}:\frac{1}{3}:\frac{1}{4}\\&=6:4:3\end{aligned}$$

이때 $a=6k$, $b=4k$, $c=3k$(단, $k>0$)라 하면
코사인법칙에 의하여

$$\begin{aligned}\therefore \cos C&=\frac{a^2+b^2-c^2}{2ab}\\&=\frac{(6k)^2+(4k)^2-(3k)^2}{2\times 6k\times 4k}=\frac{43}{48}\end{aligned}$$

| 116 | 정답 63

$\angle BAD=\angle BCD$ ($\because$ 호 BD에 대한 원주각)이므로
$\angle BAD=\angle BCD=\theta$라 하고
$\overline{AD}=a$, $\overline{CB}=b$라 하면
삼각형 ABD의 넓이 S_1은

$$\begin{aligned}S_1&=\frac{1}{2}\times\overline{AB}\times\overline{AD}\times\sin\theta\\&=\frac{1}{2}\times 6\times a\times\sin\theta=3a\sin\theta\end{aligned}$$

삼각형 CBD의 넓이 S_2는

$$\begin{aligned}S_2&=\frac{1}{2}\times\overline{CB}\times\overline{CD}\times\sin\theta\\&=\frac{1}{2}\times b\times 4\times\sin\theta=2b\sin\theta\end{aligned}$$

이때 $S_1:S_2=9:5$이므로
$3a:2b=9:5$
$\therefore a:b=6:5$
한편 $a=6k$, $b=5k(k>0)$라 하면
삼각형 ABC에서 코사인법칙에 의하여

$$\begin{aligned}\overline{AC}^2&=6^2+(5k)^2-2\times 6\times 5k\times\cos\alpha\\&=6^2+(5k)^2-2\times 6\times 5k\times\frac{3}{4}\\&=36+25k^2-45k\qquad\cdots\cdots\ \text{㉠}\end{aligned}$$

이고,

$\angle ABC=\angle ADC=\alpha$ ($\because$ 호 AC에 대한 원주각)이므로
삼각형 ADC에서 코사인법칙에 의하여

$$\begin{aligned}\overline{AC}^2&=(6k)^2+4^2-2\times 6k\times 4\times\cos\alpha\\&=(6k)^2+4^2-2\times 6k\times 4\times\frac{3}{4}\\&=36k^2+16-36k\qquad\cdots\cdots\ \text{㉡}\end{aligned}$$

㉠, ㉡을 연립하여 풀면
$11k^2+9k-20=0$, $(11k+20)(k-1)=0$
$k>0$이므로 $k=1$
$\therefore a=6k=6$
또한
$$\sin\alpha=\sqrt{1-\left(\frac{3}{4}\right)^2}=\frac{\sqrt{7}}{4}$$
따라서 삼각형 ADC의 넓이 S는
$$\begin{aligned}S&=\frac{1}{2}\times\overline{AD}\times\overline{CD}\times\sin\alpha\\&=\frac{1}{2}\times 6\times 4\times\frac{\sqrt{7}}{4}\\&=3\sqrt{7}\end{aligned}$$
$\therefore S^2=(3\sqrt{7})^2=63$

| 117 | 정답 46

삼각형 FGD에서 피타고라스 정리에 의하여 $\overline{GD}=4$

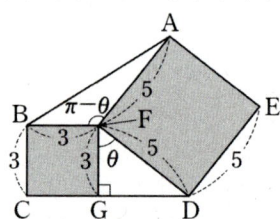

$\angle GFD=\theta$라 하면 $\angle AFB=\pi-\theta$이고,
$\sin\theta=\dfrac{4}{5}$이므로

(삼각형 FGD의 넓이)$=\dfrac{1}{2}\times 3\times 5\times\sin\theta=6$

$$\begin{aligned}(\text{삼각형 BFA의 넓이})&=\frac{1}{2}\times 3\times 5\times\sin(\pi-\theta)\\&=\frac{15}{2}\sin\theta=6\end{aligned}$$

(사각형 BCGF의 넓이)
(사각형 AFDE의 넓이)
따라서
(오각형 ABCDE의 넓이)
$=$(삼각형 FGD의 넓이)$+$(삼각형 BFA의 넓이)
$\quad+$(사각형 BCGF의 넓이)$+$(사각형 AFDE의 넓이)
$=6+6+9+25=46$

118 | 정답 ④

삼각형 ABC의 넓이는 삼각형 ABD의 넓이와 삼각형 ACD의 넓이의 합과 같으므로 $\overline{AD}=x$라 하면

$\dfrac{1}{2}\times 3\times 2\times \sin 60°=\dfrac{1}{2}\times 3\times x\times \sin 30°$
$\qquad\qquad\qquad\qquad +\dfrac{1}{2}\times 2\times x\times \sin 30°$

$\dfrac{3\sqrt{3}}{2}=\dfrac{5}{4}x$

$\therefore\ x=\dfrac{6\sqrt{3}}{5}$

119 | 정답 ①

$\angle APQ=\alpha$라 하면 $\theta=\pi-\alpha$이다.
$\tan\theta=\tan(\pi-\alpha)=-\tan\alpha=-2$
$\Rightarrow \tan\alpha=2$
$\overline{AP}=10$이고 $\tan\alpha=\dfrac{\overline{AQ}}{\overline{PQ}}=2$이므로
$\overline{PQ}=x,\ \overline{AQ}=2x\ (x>0)$라 하면
$10^2=x^2+(2x)^2=5x^2$
$\Rightarrow x=2\sqrt{5}$
즉, $\overline{PQ}=2\sqrt{5},\ \overline{AQ}=4\sqrt{5}$이다.
삼각형 APQ의 넓이는
$\dfrac{1}{2}\times 2\sqrt{5}\times 4\sqrt{5}=20$
두 삼각형 APQ, ABC의 넓이비가 $4:9$이므로
삼각형 ABC의 넓이는 $20\times\dfrac{9}{4}=45$이다.
따라서 사각형 BCQP의 넓이는
$45-20=25$

다른 풀이

$\angle PAQ=\beta$라 하면 $\theta=\dfrac{\pi}{2}+\beta$이다.

$\tan\theta=\tan\left(\dfrac{\pi}{2}+\beta\right)=-\dfrac{1}{\tan\beta}=-2$

$\Rightarrow \tan\beta=\dfrac{1}{2}$

$\overline{AP}=10$이고 $\tan\beta=\dfrac{\overline{PQ}}{\overline{AQ}}=\dfrac{1}{2}$이므로

$\overline{PQ}=x,\ \overline{AQ}=2x\ (x>0)$라 하면
$10^2=x^2+(2x)^2=5x^2$
$\Rightarrow x=2\sqrt{5}$
즉, $\overline{PQ}=2\sqrt{5},\ \overline{AQ}=4\sqrt{5}$이다.

120 | 정답 17

$\overline{AB}=a$라 하면 삼각형 ABC에서 코사인법칙에 의하여
$4=16+a^2-2\times 4\times a\times \cos(\angle ABC)$
$4=16+a^2-2\times 4\times a\times\dfrac{7}{8}$
$a^2-7a+12=(a-3)(a-4)=0$
$\therefore\ a=3$ 또는 $a=4$
$a=4$이면 $\overline{AB}=4,\ \overline{BC}=4,\ \overline{AC}=2$에 대하여
$\overline{BC}^2<\overline{AB}^2+\overline{AC}^2$이므로 삼각형 ABC는
예각삼각형이다.
$a=3$이면 $\overline{AB}=3,\ \overline{BC}=4,\ \overline{AC}=2$에 대하여
$\overline{BC}^2>\overline{AB}^2+\overline{AC}^2$이므로
삼각형 ABC는 둔각삼각형이다.
$\therefore\ a=3$
한편,
$\sin(\angle ABC)=\sqrt{1-\cos^2(\angle ABC)}$
$\qquad\qquad\quad =\sqrt{1-\dfrac{49}{64}}$
$\qquad\qquad\quad =\dfrac{\sqrt{15}}{8}$
이므로 삼각형 ABC의 넓이를 S라 하면
$S=\dfrac{1}{2}\times\overline{AB}\times\overline{BC}\times\sin(\angle ABC)$
$\quad =\dfrac{1}{2}\times 3\times 4\times\dfrac{\sqrt{15}}{8}$
$\quad =\dfrac{3\sqrt{15}}{4}$ $\qquad\qquad\qquad\qquad$ ……㉠
삼각형 ABC의 내접원의 반지름의 길이를 r라 하면
$S=\dfrac{r}{2}\times\overline{AB}+\dfrac{r}{2}\times\overline{BC}+\dfrac{r}{2}\times\overline{CA}$
$\quad =\dfrac{r}{2}\times(3+4+2)$
$\quad =\dfrac{9}{2}r$ $\qquad\qquad\qquad\qquad\qquad$ ……㉡
㉠, ㉡에서 $\dfrac{3\sqrt{15}}{4}=\dfrac{9}{2}r$이므로 $r=\dfrac{\sqrt{15}}{6}$
따라서 내접원의 넓이는 $\pi r^2=\dfrac{5}{12}\pi$이므로
$p+q=12+5=17$

수열

121 ①	**122** 54	**123** ⑤	**124** ③
125 ③	**126** 18	**127** ⑤	**128** ②
129 21	**130** 20	**131** 44	**132** 30
133 61	**134** ⑤	**135** 26	**136** ②
137 5	**138** ①	**139** 54	**140** 8
141 27	**142** 20	**143** 37	**144** ③
145 ①	**146** ②	**147** ④	**148** 80
149 ②	**150** ⑤	**151** ③	

| 121 | 정답 ①

a_7은 a_6과 a_8의 등차중항이므로
조건 (가)에서
$a_6 + a_8 = 2a_7 = 0$
$\therefore a_7 = 0$
이때 등차수열 $\{a_n\}$의 공차를 d라 하면 $d > 0$이므로
$a_n < 0 \, (n < 7)$이다.
따라서 조건 (나)에서
$-a_6 = 0 + 3$, $a_6 = -3$이므로
$d = a_7 - a_6 = 3$
$\therefore a_2 = a_7 - 5d = 0 - 5 \times 3 = -15$

기본 개념

등차중항
세 수 a, b, c가 이 순서로 등차수열을 이룰 때
b를 a, c의 등차중항이라 한다.
b가 a, c의 등차중항이면 $b = \dfrac{a+c}{2}$이다.
이때, 등차수열 a, b, c에서 등차중항 b는
두 수 a와 c의 산술평균과 같다.

| 122 | 정답 54

첫째항이 90이고 공차가 d인 등차수열 $\{a_n\}$의
일반항은 $a_n = 90 + (n-1)d$
$n(A) = 10$이므로 $a_{10} > 0$이고 $a_{11} \le 0$이다.
따라서 $a_{10} = 90 + 9d > 0$에서 $d > -10$ ……㉠
$a_{11} = 90 + 10d \le 0$에서 $d \le -9$ ……㉡
㉠, ㉡에 의하여 $-10 < d \le -9$이므로 정수 $d = -9$이다.
따라서 $a_5 = 90 + 4d = 90 - 36 = 54$

123 — 정답 ⑤

$x^2 - 10x + 16 = 0$에서 $(x-2)(x-8) = 0$이므로
$a_3 = 2$, $a_5 = 8$ ($\because a_3 < a_5$)
등차수열 $\{a_n\}$의 공차를 d라 하면
$$d = \frac{a_5 - a_3}{5-3} = 3$$이다.
$$\therefore a_{15} = a_5 + 10d = 38$$

다른 풀이

근과 계수의 관계에 의해 $a_3 + a_5 = 10$, $a_3 a_5 = 16$이다.
등차수열 $\{a_n\}$의 공차를 d라 하면
$a_3 + a_5 = 2a_4 = 10$에서 $a_4 = 5$이고
$a_3 a_5 = (a_4 - d)(a_4 + d) = 16$에서
$d = 3$ ($\because d > 0$)
$$\therefore a_{15} = a_4 + 11d = 38$$

124 — 정답 ③

첫째항을 1, 공차를 d, 15를 제n항이라 하면
$$1 + (n-1)d = 15 \Rightarrow d = \frac{14}{n-1}$$
모든 항이 자연수로 이루어진 수열이므로 공차 d가
자연수가 되어야 한다.
즉, $n-1$은 14의 약수이므로 가능한 $(n-1)$의 값은
1, 2, 7, 14이며 d는 14, 7, 2, 1이다.
이때, 1과 15 사이에 하나 이상의 자연수를 넣어야 하므로
$d \neq 14$이다.
따라서 가능한 d의 값은 7, 2, 1이므로
그 합은 10이다.

125 — 정답 ③

주어진 그림에서 세 점 P, Q, R의 좌표는 각각
$\left(\dfrac{\sqrt{a}}{\sqrt{b}}, a \right)$, $(\sqrt{a}, a)$, $(0, a)$이므로
$p = \dfrac{\sqrt{a}}{\sqrt{b}}$, $q = \sqrt{a}$, $r = 0$이다.
세 수 p, q, r가 이 순서대로 등차수열을 이루므로
$2q = p + r$가 성립한다.
$2\sqrt{a} = \dfrac{\sqrt{a}}{\sqrt{b}}$, $2 = \dfrac{1}{\sqrt{b}}$, $\sqrt{b} = \dfrac{1}{2}$
$$\therefore b = \frac{1}{4}$$

126 — 정답 18

$\overline{AD} = a - d$, $\overline{CD} = a$, $\overline{AB} = a + d$라 하면
$a > 0$, $d > 0$ ($\because \overline{AB} > \overline{AD}$)
삼각형 ABC와 삼각형 ADB가 서로 닮음이므로
$a - d : a + d = a + d : 2a - d$
$(a+d)^2 = (a-d)(2a-d)$
$a^2 = 5ad$, $a = 5d$ ($\because a > 0$)
따라서 $\overline{AC} = 9d$, $\overline{AB} = 6d$
피타고라스의 정리에 의하여
$(6d)^2 + (6\sqrt{5})^2 = (9d)^2$
$d^2 = 4$, $d = 2$ ($\because \overline{AB} > \overline{AD}$ 이므로 $d > 0$)
$$\therefore \overline{AC} = 9d = 18$$

127 — 정답 ⑤

두 수열 $\{a_n\}$, $\{b_n\}$의 일반항은
모두 n에 관한 일차식이므로 등차수열이다.
$a_1 = -3$, $a_n = 2n - 5$이므로
수열 $\{a_n\}$의 첫째항부터 제n항까지의 합은
$$\frac{n\{-3 + (2n-5)\}}{2} \qquad \cdots\cdots \text{㉠}$$
$b_1 = \dfrac{3}{2}$, $b_n = \dfrac{1}{2}n + 1$이므로
수열 $\{b_n\}$의 첫째항부터 제n항까지의 합은
$$\frac{n\left\{ \dfrac{3}{2} + \left(\dfrac{1}{2}n + 1 \right) \right\}}{2} \qquad \cdots\cdots \text{㉡}$$
문제의 조건에 의하여
$$\frac{k\{-3 + (2k-5)\}}{2} = \frac{k\left\{ \dfrac{3}{2} + \left(\dfrac{1}{2}k + 1 \right) \right\}}{2}$$
$2k - 8 = \dfrac{1}{2}k + \dfrac{5}{2}$ ($\because k \neq 0$), $3k = 21$
$$\therefore k = 7$$

128 — 정답 ②

두 수열의 첫째항부터 제n항까지의 합을 각각
$S_n = 2n^2 - 3n$, $T_n = n^2 + mn$이라 하면
제10항이 서로 같으므로
$S_{10} - S_9 = T_{10} - T_9$
$S_{10} - S_9 = (2 \times 10^2 - 3 \times 10) - (2 \times 9^2 - 3 \times 9) = 35$
$T_{10} - T_9 = (10^2 + 10m) - (9^2 + 9m) = 19 + m$
즉, $35 = 19 + m$이므로 $m = 16$

다른 풀이

첫째항부터 제 n항까지의 합이 $2n^2-3n$인 수열을 $\{a_n\}$,

n^2+mn인 수열을 $\{b_n\}$이라 하면

수열 $\{a_n\}$의 첫째항은 -1, 공차는 4이므로

$a_n=-1+4(n-1)=4n-5$

수열 $\{b_n\}$의 첫째항은 $m+1$, 공차는 2이므로

$b_n=m+1+2(n-1)=2n+m-1$

$a_{10}=b_{10}$이므로 $4\times10-5=2\times10+m-1$

$\therefore\ m=16$

기본 개념

(ⅰ) 첫째항이 a, 공차가 d인 등차수열 $\{a_n\}$의

첫째항부터 제 n항까지의 합

$$S_n=\frac{n\{2a+(n-1)d\}}{2}=\frac{d}{2}n^2+\frac{2a-d}{2}n$$은

n에 대한 이차 이하의 식이고, 상수항이 0이다.

또한, $(n^2$의 계수$)\times2$가 등차수열 $\{a_n\}$의

공차가 된다.

(ⅱ) 수열 $\{a_n\}$의 첫째항부터 제 n항까지의 합 S_n이

$S_n=An^2+Bn(A,\ B$는 상수, $n\geq1)$일 때

$\{a_n\}$은 등차수열이다.

〈증명〉

$n\geq2$일 때

$a_n=S_n-S_{n-1}$

$\quad=(An^2+Bn)-\{A(n-1)^2+B(n-1)\}$

$\quad=2An-A+B$ ⋯⋯㉠

$n=1$일 때 $a_1=S_1=A+B$ ⋯⋯㉡

이때 ㉠에 $n=1$을 대입해보면

$a_1=2A-A+B=A+B$이므로 ㉡과 일치한다.

따라서 주어진 수열 $\{a_n\}$은 일반항이

$a_n=2An-A+B$인 수열, 즉 첫째항이 $A+B$이고

공차가 $2A$인 등차수열이다.

| 129 ├ 정답 21

$S_4=40$이므로

$S_4=a_1+a_2+a_3+a_4=40$ ⋯⋯㉠

조건 (가)에 의하여

$S_k-S_{k-4}=a_k+a_{k-1}+a_{k-2}+a_{k-3}=160$ ⋯⋯㉡

수열 $\{a_n\}$은 등차수열이므로

$a_1+a_k=a_2+a_{k-1}=a_3+a_{k-2}=a_4+a_{k-3}$

따라서 ㉠+㉡을 하면 $4(a_1+a_k)=200$

$\Rightarrow a_1+a_k=50$

조건 (나)에 의하여

$S_k=a_1+a_2+a_3+a_4+\cdots+a_{k-3}+a_{k-2}+a_{k-1}+a_k$

$\quad=\dfrac{k(a_1+a_k)}{2}=\dfrac{50k}{2}=525$

$\therefore\ k=21$

| 130 ├ 정답 20

수열 $\{a_n\}$의 공차를 d라 하면

수열 $\{a_n\}$의 첫째항부터 제 n항까지의 합 S_n은

$\dfrac{n(n-1)d}{2}$이다. $(\because a_1=0)$

따라서 $S_k=\dfrac{k(k-1)d}{2}=30$,

$k(k-1)d=60$

k와 d는 모두 자연수이므로

k	$k-1$	d	$k(k-1)d$
2	1	30	60
3	2	10	60
4	3	5	60
5	4	3	60
6	5	2	60

$S_k=30$을 만족시키는 모든 자연수 k의 값은

2, 3, 4, 5, 6이므로 $2+3+4+5+6=20$

| 131 ├ 정답 44

수열 $\{a_n\}$, $\{b_n\}$이 등차수열이므로

각 수열의 첫째항부터 제 n항까지의 합 S_n, T_n은

상수항이 0인 n에 대한 이차식이 되어야 한다.

따라서 $S_n=kn(2n+1)$, $T_n=kn(3n-2)$라 하면

(단, k는 상수이고 $k\neq0$)

$n\geq2$일 때

$a_n=S_n-S_{n-1}$

$\quad=kn(2n+1)-k(n-1)(2n-1)$

$\quad=4kn-k$

$b_n=T_n-T_{n-1}$

$\quad=kn(3n-2)-k(n-1)(3n-5)$

$\quad=6kn-5k$

따라서 $\dfrac{a_5}{b_5}=\dfrac{19k}{25k}=\dfrac{19}{25}$이므로 $p+q=44$

TIP

수열 $\{a_n\}$의 첫째항부터 제 n항까지의 합 S_n이

$S_n = An^2 + Bn$ (A, B는 상수, $n \geq 1$)일 때
수열 $\{a_n\}$은 등차수열을 이룬다.
주어진 문제에서 수열 $\{a_n\}$과 수열 $\{b_n\}$이
등차수열을 이룬다고 했으므로
각 수열의 첫째항부터 제 n항까지의 합 S_n, T_n을
n에 대한 이차식으로 식을 바꾸어 주기 위해서
kn을 곱해 준 $S_n = kn(2n+1)$, $T_n = kn(3n-2)$와
같은 식을 세울 수 있음을 학습해 두자.

| 132 | 정답 30

$b_n = \begin{cases} 2^{a_n} & (n\text{은 홀수}) \\ \left(\dfrac{1}{2}\right)^{a_n} & (n\text{은 짝수}) \end{cases}$

에서 $b_1 = 2^{a_1}$, $b_2 = 2^{-a_2}$, $b_3 = 2^{a_3}$, $b_4 = 2^{-a_4}$,
$b_5 = 2^{a_5}$이다.
등차수열 $\{a_n\}$의 공차를 d라 하면
$b_1 \times b_2 \times b_3 \times b_4 \times b_5 = 2^{a_1 + (a_3 - a_2) + (a_5 - a_4)}$
$\qquad\qquad\qquad\qquad = 2^{a_1 + 2d} = 2^{a_3} = 64$
$\Rightarrow a_3 = 6$
$\therefore a_1 + a_2 + a_3 + a_4 + a_5 = 5a_3 = 30$

TIP

$a_1 + a_2 + a_3 + a_4 + a_5$에서 수열 $\{a_n\}$이
등차수열이므로 a_1, a_3, a_5는 이 순서대로 등차수열을
이룬다.
따라서 $a_1 + a_5 = 2a_3$
또한 a_2, a_3, a_4도 이 순서대로 등차수열을 이룬다.
따라서 $a_2 + a_4 = 2a_3$
$\therefore a_1 + a_2 + a_3 + a_4 + a_5 = 5a_3$

| 133 | 정답 61

수열 $\{a_n\}$의 공차를 d라 하면
$T_n = |a_1 + a_2 + a_3 + \cdots + a_n|$
$\quad = \left| \dfrac{a_1 + a_n}{2} \times n \right| = \left| \dfrac{120 + (n-1)d}{2} \times n \right|$
$T_{19} = |1140 + 171d|$
$T_{20} = |1200 + 190d|$

$T_{21} = |1260 + 210d|$
조건 (가)에서 $|1140 + 171d| < |1200 + 190d|$,
조건 (나)에서 $|1200 + 190d| = |1260 + 210d|$
(i) $1200 + 190d = -1260 - 210d$이면 $d = -\dfrac{123}{20}$
이때
$T_{19} = \left| 1140 + 171 \times \left(-\dfrac{123}{20} \right) \right| = \dfrac{1767}{20}$,
$T_{20} = \left| 1200 + 190 \times \left(-\dfrac{123}{20} \right) \right| = \dfrac{630}{20} = \dfrac{63}{2}$
이므로 조건 (가)를 만족하지 않는다.
(ii) $1200 + 190d = 1260 + 210d$이면 $d = -3$
$T_{19} = 627$, $T_{20} = 630$이므로 조건 (가)가 성립하고,
$T_n = \left| \dfrac{123 - 3n}{2} \times n \right|$에서
$f(x) = \left| \dfrac{-3x^2 + 123x}{2} \right|$라 하면

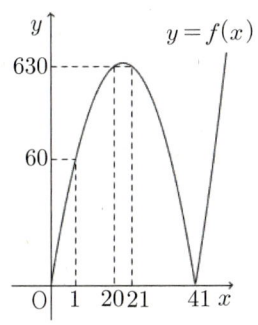

위 그래프에서 $x = 21$, 22, 23, $\cdots$, 40일 때
$f(x) > f(x+1)$을 만족시키므로
$T_n > T_{n+1}$을 만족시키는 n의 최댓값과 최솟값의
합은 $21 + 40 = 61$

| 134 | 정답 ⑤

$2^{1+S_5} = 5 \times 6 = 30$이고 $2^{1+S_4} = 4 \times 5 = 20$이므로
변끼리 나누면 $2^{S_5 - S_4} = 2^{a_5} = \dfrac{3}{2}$이다.

다른 풀이

$2^{1+S_n} = n(n+1)$에서 로그의 정의에 의하여
$1 + S_n = \log_2 n(n+1) \Rightarrow S_n = \log_2 n(n+1) - 1$이다.
따라서
$a_5 = S_5 - S_4$
$\quad = \log_2 30 - \log_2 20 = \log_2 \dfrac{3}{2}$
$\therefore 2^{a_5} = \dfrac{3}{2}$

135 — 정답 26

$a_1 = S_1 = 2 + 1 - 1 = 2$

$n \geq 2$일 때

$\begin{aligned} a_n &= S_n - S_{n-1} \\ &= (2n^2 + n - 1) - \{2(n-1)^2 + (n-1) - 1\} \\ &= 4n - 1 \end{aligned}$

따라서 $a_{n+1} - a_n = 4 \, (n \geq 2)$이므로

$\begin{aligned} & a_1 - a_2 + a_3 - a_4 + \cdots + a_{11} - a_{12} + a_{13} \\ &= (a_{13} - a_{12}) + (a_{11} - a_{10}) + \cdots + (a_3 - a_2) + a_1 \\ &= 4 \times 6 + 2 = 26 \end{aligned}$

136 — 정답 ②

등비수열 $\{a_n\}$의 공비를 r라 하면

모든 항이 양수이므로 $r > 0$

$a_4 + a_7 = 3$에서 $a_1(r^3 + r^6) = 3$ ······㉠

$\dfrac{a_7}{a_1} + \dfrac{a_5}{a_2} = \dfrac{a_1 r^6}{a_1} + \dfrac{a_1 r^4}{a_1 r} = r^6 + r^3 = \dfrac{3}{4}$ ······㉡

㉡을 ㉠에 대입하면 $\dfrac{3}{4} a_1 = 3 \Rightarrow a_1 = 4$

한편, $r^3 = t \, (t > 0)$라 하면 ㉡에서

$t^2 + t - \dfrac{3}{4} = 0$, $4t^2 + 4t - 3 = 0$

$(2t - 1)(2t + 3) = 0$

$\Rightarrow t = \dfrac{1}{2} \; (\because \; t > 0)$, 즉 $r^3 = \dfrac{1}{2}$

$\therefore \; a_{10} = a_1 r^9 = 4 \times \dfrac{1}{8} = \dfrac{1}{2}$

> **TIP**
>
> 수열 $\{a_n\}$은 모든 항이 양수인 등비수열이므로
>
> $\dfrac{a_5}{a_2} = \dfrac{a_4}{a_1}$이다.
>
> 따라서
>
> $\dfrac{a_7}{a_1} + \dfrac{a_5}{a_2} = \dfrac{1}{a_1} \times (a_7 + a_4) = \dfrac{3}{a_1} = \dfrac{3}{4}$
>
> $\therefore \; a_1 = 4$
>
> 와 같이 조금 더 빠르게 구할 수도 있다.

137 — 정답 5

등차수열 $\{a_n\}$의 공차를 d라 하면

$a_3 = a_1 + 2d$, $a_{13} = a_1 + 12d$이므로

a_1, a_3, a_{13}이 이 순서대로 등비수열을 이루면

$(a_1 + 2d)^2 = a_1(a_1 + 12d)$에서

$(a_1)^2 + 4a_1 d + 4d^2 = (a_1)^2 + 12a_1 d$

$\Rightarrow 4d(2a_1 - d) = 0$이다.

$d \neq 0$이므로 $d = 2a_1$이다.

따라서 $a_3 = a_1 + 2d = 5a_1$

$\therefore \; r = 5$

> **TIP**
>
> 다음과 같이 이해하면 보다 직관적으로 쉽게 해결할 수 있다.
>
>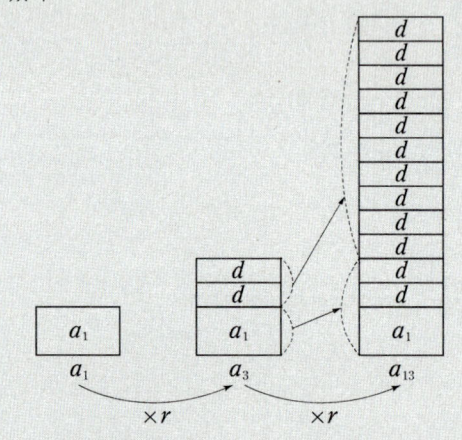
>
> a_1과 a_3의 관계에서 $ra_1 = a_1 + 2d$이므로
>
> a_3과 a_{13}의 관계에서
>
> $ra_3 = r(a_1 + 2d) = ra_1 + 2dr = (a_1 + 2d) + 10d$
>
> 따라서 $2dr = 10d$에서 $r = 5$이다.

138 — 정답 ①

(가)에서 세 수 1, a, b가 이 순서대로 등차수열을 이루므로

$2a = b + 1$ ······㉠

(나)에서 세 수 a, $\sqrt{3}$, b가 이 순서대로 등비수열을 이루므로

$3 = ab$ ······㉡

또한, (다)에서 두 실수 a, b에 대하여

$\sqrt{ab} = -\sqrt{a}\sqrt{b}$가 성립하므로

$a < 0$, $b < 0$ ······㉢

이때 ㉠에서 $b = 2a - 1$이므로 이를 ㉡에 대입하면

$a(2a - 1) = 3$

$\Rightarrow 2a^2 - a - 3 = 0$

$\Rightarrow (a + 1)(2a - 3) = 0$

$\Rightarrow a = -1$, $b = -3 \; (\because \; ㉡, ㉢)$

$\therefore \; a + b = -4$

기본 개념

음수의 제곱근

0이 아닌 두 실수 a, b에 대하여

① $\sqrt{ab} = -\sqrt{a}\sqrt{b}$ 이면 $a < 0$이고 $b < 0$

② $\dfrac{\sqrt{a}}{\sqrt{b}} = -\sqrt{\dfrac{a}{b}}$ 이면 $a > 0$이고 $b < 0$

| **139** ├─ 정답 54

이차방정식의 근과 계수의 관계에서

$\alpha + \beta = \dfrac{1}{2}a$, $\alpha\beta = 1$, $p + q = \dfrac{1}{2}b$, $pq = 2$

이때 a, b가 양수이므로 α, β, p, q는 모두 양수이다.

또한, 네 수 α, β, p, q가 이 순서대로

등비수열을 이루므로 공비를 r라 하면

$p = \alpha r$, $\beta = \alpha r^2$, $q = \alpha r^3$ $(r > 0)$

$\alpha\beta = \alpha^2 r^2 = 1$, $pq = \alpha^2 r^4 = 2$

$\Rightarrow r = \sqrt{2}$, $\alpha = \dfrac{1}{\sqrt{2}}$

$\Rightarrow \alpha = \dfrac{1}{\sqrt{2}}$, $p = 1$, $\beta = \sqrt{2}$, $q = 2$

$a = 2\left(\dfrac{1}{\sqrt{2}} + \sqrt{2}\right) = 3\sqrt{2}$

$b = 2(1 + 2) = 6$

$\therefore a^2 + b^2 = 18 + 36 = 54$

다른 풀이

네 수 α, β, p, q가 이 순서대로 등비수열을 이루므로

p는 α와 β의 등비중항이고 β는 p와 q의 등비중항이다.

$p^2 = \alpha\beta = 1 \Rightarrow p = 1$

$\beta^2 = pq = 2 \Rightarrow \beta = \sqrt{2}$

이때 등비수열의 공비는 $\dfrac{\beta}{p} = \dfrac{\sqrt{2}}{1} = \sqrt{2}$ 가 되므로

$\alpha = \dfrac{1}{\sqrt{2}}$, $p = 1$, $\beta = \sqrt{2}$, $q = 2$가 된다.

$a = 2\left(\dfrac{1}{\sqrt{2}} + \sqrt{2}\right) = 3\sqrt{2}$

$b = 2(1 + 2) = 6$

$\therefore a^2 + b^2 = 18 + 36 = 54$

| **140** ├─ 정답 8

등비수열 $\{a_n\}$의 첫째항을 a,

공비를 r $(a > 0, r > 0)$라 하면

$a_n = a \times r^{n-1}$ $(n \geq 1)$이므로

$\log_2 a_n = \log_2(a \times r^{n-1}) = n \times \log_2 r + (\log_2 a - \log_2 r)$

이고 $\log_2 a_1 = \log_2 a$이므로

수열 $\{b_n\}$은 첫째항이 $\log_2 a$이고, 공차가 $\log_2 r$인

등차수열을 이룬다.

조건 (나) $b_1 + b_3 + b_5 + b_7 + b_9 = 5$와

조건 (다) $b_2 + b_4 + b_6 + b_8 + b_{10} = 20$을 변끼리 각각 빼면

$5\log_2 r = 15 \Rightarrow \log_2 r = 3 \Rightarrow r = 8$

따라서 수열 $\{a_n\}$의 공비는 8이다.

| **141** ├─ 정답 27

점 P_n의 x좌표를 a_n $(a_n > 0)$이라 하면 $P_n(a_n, (a_n)^2)$

점 Q_n은 선분 OP_n을 $4:3$으로 외분하는 점이므로

Q_n의 x좌표는 $\dfrac{4a_n - 3 \times 0}{4 - 3} = 4a_n$이고,

Q_n의 y좌표는 $\dfrac{4(a_n)^2 - 3 \times 0}{4 - 3} = 4(a_n)^2$이다.

점 P_{n+1}의 y좌표와 점 Q_n의 y좌표가 서로 같으므로

$(a_{n+1})^2 = 4(a_n)^2$

$\therefore a_{n+1} = 2a_n$

수열 $\{a_n\}$은 첫째항이 1이고 공비가 2인 등비수열이므로

$a_n = 2^{n-1}$

따라서 $a = 2^9$, $b = 2^{18}$이므로

$\log_2 ab = \log_2 2^{27} = 27$

참고

이 문제의 핵심은 두 점 P_{n+1}, Q_n의 y좌표가 서로

일치함에 있다.

점 P_1의 y좌표가 1이므로 점 Q_1의 y좌표는 4,

점 P_2의 y좌표가 4이므로 점 Q_2의 y좌표는 4^2, …

이와 같이 생각한다면 점 Q_9, 즉 P_{10}의 y좌표가

4^9임을 보다 쉽게 찾을 수 있다.

| **142** ├─ 정답 20

$a_1 = k$ $(k$는 자연수$)$라 할 때, 수열 $\{a_n\}$은 첫째항이

k이고 공차가 2인 등차수열이므로

$a_n = k + 2(n - 1) = 2n + k - 2$

수열 $\{b_n\}$은 첫째항이 64이고 공비가 $\frac{1}{2}$인 등비수열이므로

$b_n = 64 \times \left(\frac{1}{2}\right)^{n-1}$, 즉 $b_4 = 64 \times \left(\frac{1}{2}\right)^3 = 8$

$a_m = b_4$에서 $2m + k - 2 = 8$, 즉 $k = 10 - 2m$

m이 자연수이므로 $m=1$, $k=8$ 또는 $m=2$, $k=6$

또는 $m=3$, $k=4$ 또는 $m=4$, $k=2$

따라서 구하는 모든 자연수 k의 값의 합은

$8+6+4+2 = 20$이다.

| 143 — 정답 37

$\dfrac{a_{n+1}}{a_n} = -\dfrac{1}{2} \Rightarrow a_{n+1} = -\dfrac{1}{2}a_n \ (n \geq 1)$

이므로 주어진 수열 $\{a_n\}$은 첫째항이 2,

공비가 $-\dfrac{1}{2}$인 등비수열을 이룬다.

따라서 첫째항이 2이고 공비가 $-\dfrac{1}{2}$인 등비수열의

첫째항부터 제6항까지의 합은

$\dfrac{2\left\{1 - \left(-\dfrac{1}{2}\right)^6\right\}}{1 - \left(-\dfrac{1}{2}\right)} = \dfrac{63}{48} = \dfrac{21}{16}$

$\therefore \ p + q = 21 + 16 = 37$

| 144 — 정답 ③

수열 $\{a_n\}$은 첫째항이 1, 공차가 2인 등차수열이므로

$a_n = 1 + (n-1) \times 2 = 2n - 1$

$3^{a_n} = 3^{2n-1} = \begin{cases} 3 & (n=1) \\ 3 \times 9^{n-1} & (n \geq 2) \end{cases}$

수열 $\{3^{a_n}\}$은 첫째항이 3, 공비가 9인 등비수열이므로

첫째항부터 제10항까지의 합은

$\dfrac{3(9^{10}-1)}{9-1} = \dfrac{3}{8}(3^{20}-1)$

| 145 — 정답 ①

등비수열 $\{a_n\}$의 공비를 r라 하면

$a_1 + a_3 + a_5 + \cdots + a_{2k-1} = 341$에서

$1 + r^2 + r^4 + \cdots + r^{2k-2} = 341$ ......㉠

$a_2 + a_4 + a_6 + \cdots + a_{2k} = 682$에서

$r + r^3 + r^5 + \cdots + r^{2k-1} = 682$ ......㉡

㉡÷㉠을 하면

$r = \dfrac{682}{341} = 2$ ......㉢

㉢을 ㉠에 대입하면 $1 + 2^2 + 2^4 + \cdots + 2^{2k-2} = 341$

$\dfrac{2^{2k}-1}{2^2-1} = 341$, $2^{2k} - 1 = 1023$

$2^{2k} = 1024 = 2^{10} \Rightarrow k = 5$

$\therefore \ a_k = a_5 = 2^4 = 16$

| 146 — 정답 ②

등비수열 $\{a_n\}$의 첫째항을 a, 공비를 $r \ (r \neq 1)$라 하면

$S_{10} = \dfrac{a(r^{10}-1)}{r-1} = 36$ ......㉠

$S_{20} = \dfrac{a(r^{20}-1)}{r-1} = \dfrac{a(r^{10}-1)(r^{10}+1)}{r-1} = 54$ ......㉡

㉡÷㉠을 하면

$r^{10} + 1 = \dfrac{54}{36} = \dfrac{3}{2} \Rightarrow r^{10} = \dfrac{1}{2}$

$\therefore \ S_{30} = \dfrac{a(r^{30}-1)}{r-1} = \dfrac{a(r^{10}-1)(r^{20}+r^{10}+1)}{r-1}$

$= 36 \times \left\{(r^{10})^2 + r^{10} + 1\right\} \ (\because \ ㉠)$

$= 36 \times \left(\dfrac{1}{4} + \dfrac{1}{2} + 1\right) = 63$

다른 풀이

$S_{10} = a_1 + a_2 + \cdots + a_{10}$

$S_{20} - S_{10} = a_{11} + a_{12} + \cdots + a_{20}$

$S_{30} - S_{20} = a_{21} + a_{22} + \cdots + a_{30}$이므로
S_{10}, $S_{20} - S_{10}$, $S_{30} - S_{20}$은 이 순서대로
공비가 r^{10}인 등비수열을 이룬다.
$S_{10} = 36$, $S_{20} = 54$이므로 $S_{20} - S_{10} = 18$
즉, $\dfrac{S_{20} - S_{10}}{S_{10}} = \dfrac{18}{36} = \dfrac{1}{2}$
$\Rightarrow \dfrac{S_{30} - S_{20}}{S_{20} - S_{10}} = \dfrac{S_{30} - S_{20}}{18} = \dfrac{1}{2}$
$\Rightarrow S_{30} - S_{20} = 9$
$\therefore S_{30} = (a_1 + a_2 + \cdots + a_{10}) + (a_{11} + a_{12} + \cdots + a_{20})$
$\qquad\qquad\qquad\qquad\qquad + (a_{20} + a_{21} + \cdots + a_{30})$
$\qquad = S_{10} + (S_{20} - S_{10}) + (S_{30} - S_{20})$
$\qquad = 36 + 18 + 9 = 63$

> **TIP**
>
> 공비가 1이면 $S_{10} = 36$에서 모든 항의 값이 3.6이
> 되어야 하고 $S_{20} = 54$에서 모든 항의 값이 5.4가
> 되어야 하므로 모순이다. 따라서 공비는 1이 아님을
> 알 수 있고 등비수열의 합 공식을 사용할 수 있다.

| 147 | 정답 ④

$a_1 = 1$, $S_{20} = 3S_{10}$에서
등비수열 $\{a_n\}$의 공비를 r라 하면
$S_{20} = \dfrac{r^{20} - 1}{r - 1}$
$\qquad = \dfrac{(r^{10} + 1)(r^{10} - 1)}{r - 1}$
$S_{10} = \dfrac{r^{10} - 1}{r - 1}$이므로
$\dfrac{(r^{10} + 1)(r^{10} - 1)}{r - 1} = \dfrac{3(r^{10} - 1)}{r - 1}$,
$r^{10} + 1 = 3$
$\Rightarrow r^{10} = 2$
$S_{40} = \dfrac{r^{40} - 1}{r - 1}$
$\qquad = \dfrac{(r^{20} + 1)(r^{20} - 1)}{r - 1}$
$\qquad = \dfrac{(r^{20} + 1)(r^{10} + 1)(r^{10} - 1)}{r - 1}$
이므로
$S_{40} = kS_{10}$에서
$\dfrac{(r^{20} + 1)(r^{10} + 1)(r^{10} - 1)}{r - 1} = \dfrac{k(r^{10} - 1)}{r - 1}$

$(r^{20} + 1)(r^{10} + 1) = k$, $(2^2 + 1)(2 + 1) = k$
$\therefore k = 15$

다른 풀이

$S_{20} = 3S_{10}$이므로
$\underbrace{a_1 \sim a_{10}}_{S_{10}}, \underbrace{a_{11} \sim a_{20}}_{2S_{10}}, \underbrace{a_{21} \sim a_{30}}_{4S_{10}}, \underbrace{a_{31} \sim a_{40}}_{8S_{10}}$
$S_{40} = (1 + 2 + 4 + 8)S_{10} = 15S_{10}$

> **TIP**
>
> 다른 풀이를 다음과 같이 이해할 수 있다.
> 수열 $\{a_n\}$은 등비수열이므로 어떤 자연수 k에
> 대하여 수열 $\{a_{10n+k}\}$의 공비를 r라 하면
> $S_{10} = a_1 + a_2 + a_3 + \cdots + a_{10}$
> $\qquad\quad \downarrow \times r \quad \downarrow \times r \quad \downarrow \times r \qquad\quad \downarrow \times r$
> $S_{20} - S_{10} = a_{11} + a_{12} + a_{13} + \cdots + a_{20}$
> $\qquad\quad \downarrow \times r \quad \downarrow \times r \quad \downarrow \times r \qquad\quad \downarrow \times r$
> $S_{30} - S_{20} = a_{21} + a_{22} + a_{23} + \cdots + a_{30}$
> $\qquad\qquad\qquad\qquad \vdots$
> 이때 $S_{20} = 3S_{10}$에서 $S_{20} - S_{10} = 2S_{10}$이므로
> $r = 2$이다. 따라서
> $S_{40} = (S_{40} - S_{30}) + (S_{30} - S_{20}) + (S_{20} - S_{10}) + S_{10}$
> $\quad = r^3 S_{10} + r^2 S_{10} + r S_{10} + S_{10}$
> $\quad = (r^3 + r^2 + r + 1)S_{10}$
> $\quad = (8 + 4 + 2 + 1)S_{10}$
> $\quad = 15 S_{10}$
> 이다.

| 148 | 정답 80

$\dfrac{S_{k+6} - S_{k+3}}{a_4} = \dfrac{a_{k+4} + a_{k+5} + a_{k+6}}{a_4}$
$\qquad\qquad\qquad = (-2)^k + (-2)^{k+1} + (-2)^{k+2}$
$\qquad\qquad\qquad = (-2)^k(1 - 2 + 4)$
$\qquad\qquad\qquad = -3(-2)^k = 96$
에서 $(-2)^k = -32$이므로 $k = 5$
등비수열 $\{a_n\}$의 첫째항을 a라 하면
$S_5 = \dfrac{a\{1 - (-2)^5\}}{1 - (-2)} = 11a = 55$
이므로 $a = 5$
$\therefore a_k = a_5 = 5 \times (-2)^4$
$\qquad = 5 \times 16 = 80$

| 149 | 정답 ②

등비수열 $\{a_n\}$ 의 공비를 r 라 하면
$$a_1 + a_9 = a_1(1+r^8) = 20 \qquad \cdots\cdots \ \bigcirc$$
한편 $a_1 a_2 = a_{10} = a_2 r^8$ 이므로
$$a_1 = r^8 \qquad \cdots\cdots \ \bigcirc$$
$\bigcirc$, $\bigcirc$ 에서 $a_1(1+a_1) = 20$
$a_1 > 0$ 이므로 $a_1 = 4$
$r^8 = 4$, $r^2 = \sqrt{2}$
수열 a_1, a_3, a_5, a_7, a_9 의 공비는 r^2 이고
수열 a_1, $-a_3$, a_5, $-a_7$, a_9 의 공비는 $-r^2$ 이므로
$(a_1 + a_3 + a_5 + a_7 + a_9)(a_1 - a_3 + a_5 - a_7 + a_9)$
$$= \frac{r^8\{1-(r^2)^5\}}{1-r^2} \times \frac{r^8\{1-(-r^2)^5\}}{1+r^2}$$
$$= \frac{4(1-4\sqrt{2})}{1-\sqrt{2}} \times \frac{4(1+4\sqrt{2})}{1+\sqrt{2}} = 496$$

> **참고**
>
> 공비가 r 인 등비수열 $\{a_n\}$ 에 대하여
> 수열 $\{(-1)^{n+1} a_{2n-1}\}$ 은 공비가 $-r^2$ 인 등비수열이다.

| 150 | 정답 ⑤

n번째 그림에서 새로 그린 정사각형은 한 변의 길이가
$\left(\dfrac{1}{3}\right)^n$, 개수는 2^{n-1} 이고

각 정사각형에서 세 변만 남게 되므로 새로 그린
정사각형에서 남겨지는 부분의 길이는
$$3 \times \left(\frac{1}{3}\right)^n \times 2^{n-1} = \left(\frac{2}{3}\right)^{n-1}$$
한편 n번째 과정을 거치고 난 후 선분 AB 위에 남아 있는

선분은 길이가 $\left(\dfrac{1}{3}\right)^n$ 인 작은 선분 2^n개이므로 길이의 합은
$$\left(\frac{1}{3}\right)^n \times 2^n = \left(\frac{2}{3}\right)^n$$
따라서 도형 T_n에 있는 모든 선분의 길이의 총합은
$$a_n = 1 + \frac{2}{3} + \left(\frac{2}{3}\right)^2 + \cdots + \left(\frac{2}{3}\right)^{n-1} + \left(\frac{2}{3}\right)^n$$
$$\therefore a_{20} = 1 + \frac{2}{3} + \left(\frac{2}{3}\right)^2 + \cdots + \left(\frac{2}{3}\right)^{20}$$
$$= \frac{1-\left(\frac{2}{3}\right)^{21}}{1-\frac{2}{3}} = 3\left\{1-\left(\frac{2}{3}\right)^{21}\right\}$$

| 151 | 정답 ③

$P_1(1, 1)$, $P_2(1, 2)$,
$P_3(2, 1)$, $P_4(2, 2)$, $P_5(2, 3)$, $P_6(2, 4)$,
$P_7(3, 1)$, $P_8(3, 2)$, $P_9(3, 3)$, $\cdots$, $P_{14}(3, 8)$,
$\vdots$

이와 같이 x좌표가 k인 점 P_n은
$(k, 1)$, $(k, 2)$, $(k, 3)$, $\cdots$, $(k, 2^k)$으로 모두 2^k개이다.
점 P_n의 좌표가 $(10, 2^{10})$,
즉 x좌표가 10인 점 중 y좌표가 가장 큰 점일 때
자연수 n은 점 P_1부터 점 P_n까지 점의 개수와 같으므로
$n = (x$좌표가 1인 점의 개수$) + (x$좌표가 2인 점의 개수$)$
$\quad\quad + (x$좌표가 3인 점의 개수$) + \cdots$
$\quad\quad\quad\quad\quad\quad + (x$좌표가 10인 점의 개수$)$
$$= 2^1 + 2^2 + 2^3 + \cdots + 2^{10}$$
$$= \frac{2(2^{10}-1)}{2-1} = 2^{11} - 2$$

7 일차

본문 p.86~97

| SPEED CHECK |

152 ②	**153** ①	**154** ②	**155** ③
156 ②	**157** 86	**158** ②	**159** ④
160 ④	**161** 165	**162** 89	**163** ③
164 ④	**165** ④	**166** 120	**167** ⑤
168 ④	**169** ④	**170** 157	**171** 22
172 31	**173** 601	**174** 8	

| 152 | 정답 ②

$$\sum_{k=1}^{10}(a_k+2)^2 - \sum_{k=1}^{10}(a_k-2)^2 = \sum_{k=1}^{10}\{(a_k+2)^2 - (a_k-2)^2\}$$
$$= \sum_{k=1}^{10} 8a_k = 8\sum_{k=1}^{10} a_k = 200$$
$$\therefore \sum_{k=1}^{10} a_k = 25$$

| 153 | 정답 ①

수열 $\{a_n\}$이 등비수열이므로 $(a_8)^2 = a_7 a_9$

$\Rightarrow a_7 \times a_8 \times a_9 = (a_8)^3 = 4$

즉, $a_8 = 2^{\frac{2}{3}}$이다.

$a_1 \times a_{15} = (a_8)^2,\ a_2 \times a_{14} = (a_8)^2,$

$a_3 \times a_{13} = (a_8)^2,\ \cdots,\ a_7 \times a_9 = (a_8)^2$이다.

$\therefore \log_2 a_1 + \log_2 a_2 + \log_2 a_3 + \cdots + \log_2 a_{15}$

$= \log_2 (a_1 \times a_2 \times a_3 \times \cdots \times a_{15})$

$= \log_2 \left[\{(a_8)^2\}^7 \times a_8 \right]$

$= \log_2 (a_8)^{15} = \log_2 (2^{\frac{2}{3}})^{15}$

$= \log_2 2^{10} = 10$

| 154 | 정답 ②

$n=1$일 때, $1 \times 2 = 2$, $a_1 = 2$

$n=2$일 때, $2 \times 3 = 6$, $a_2 = 0$

$n=3$일 때, $3 \times 4 = 12$, $a_3 = 0$

$n=4$일 때, $4 \times 5 = 20$, $a_4 = 2$

$n=5$일 때, $5 \times 6 = 30$, $a_5 = 0$

$\{a_n\} : 2,\ 0,\ 0,\ 2,\ 0,\ 0,\ \cdots$

$\therefore \sum_{n=1}^{30} a_n = 20$

참고

자연수 k에 대하여

(i) $n = 3k-2$일 때,

$n(n+1) = (3k-2)(3k-1)$에서

$3k-2$는 3으로 나누었을 때 나머지가 1,

$3k-1$은 3으로 나누었을 때 나머지가 2이므로

$n(n+1)$을 3으로 나누었을 때 나머지가 2이다.

$\Rightarrow a_{3k-2} = 2$

(ii) $n = 3k-1$일 때,

$n(n+1) = (3k-1)(3k)$에서 $n(n+1)$은 3의

배수이다. $\Rightarrow a_{3k-1} = 0$

(iii) $n = 3k$일 때,

$n(n+1) = 3k(3k+1)$에서 $n(n+1)$은 3의

배수이다. $\Rightarrow a_{3k} = 0$

TIP

세 자연수 A, B, C에 대하여 A를 C로 나눈 나머지를 a, B를 C로 나눈 나머지를 b라 할 때, AB를 C로 나눈 나머지는 ab를 C로 나눈 나머지와 같다.

따라서 $n(n+1)$을 3으로 나눈 나머지를 구할 때,

n을 3으로 나눈 나머지와 $n+1$을 3으로 나눈 나머지를 활용한다.

| 155 | 정답 ③

$\sum_{k=n+1}^{2n} a_k = n^2\ (n \geq 1)$이므로 주어진 식에

$n=1$을 대입하면 $a_2 = 1^2$

$n=2$를 대입하면 $a_3 + a_4 = 2^2$

$n=4$를 대입하면 $a_5 + a_6 + a_7 + a_8 = 4^2$

$n=8$을 대입하면 $a_9 + \cdots + a_{16} = 8^2$

$\Rightarrow \sum_{n=1}^{16} a_n = a_1 + a_2 + (a_3 + a_4)$

$\qquad\qquad\qquad + (a_5 + \cdots + a_8) + (a_9 + \cdots + a_{16})$

$\quad = a_1 + 1^2 + 2^2 + 4^2 + 8^2$

$\quad = a_1 + 1 + 4 + 16 + 64 = 90$

$\therefore a_1 = 5$

| 156 | 정답 ②

$n = 1,\ 2,\ 4,\ 5$일 때 $a_n = a - n$이고

$n = 3,\ 6$일 때 $a_n = a + n$이므로

$a_1 = a-1,\ a_2 = a-2,\ a_4 = a-4,\ a_5 = a-5$

$a_3 = a+3,\ a_6 = a+6$이다.

따라서

$\sum_{k=1}^{6} a_k = (a-1) + (a-2) + (a+3)$

$\qquad\qquad\qquad + (a-4) + (a-5) + (a+6)$

$\quad = 6a - 3 = 21$

$\therefore a = 4$

| 157 | 정답 86

조건 (가)에서 $a \geq 3$이고

조건 (나)에서

$\dfrac{\log_n a}{a-2} \leq \dfrac{1}{2}$, 즉 $\log_n a \leq \dfrac{1}{2}(a-2)$이므로

$a=3$, $a=4$, $\cdots$ 를 차례로 대입하여 n의 값을 구할 수 있다.

(i) $a=3$일 때

$\log_n 3 \leq \dfrac{1}{2} = \log_n n^{\frac{1}{2}}$에서 $n^{\frac{1}{2}} \geq 3$, $n \geq 9$이다.

$(\because n > 1)$

즉, $n \geq 9$일 때 $f(n) = 3$이다. ······㉠

(ii) $a=4$일 때

$\log_n 4 \leq 1 = \log_n n$에서 $n \geq 4$이다. $(\because n > 1)$

단, i)에서 이미 구한 $f(n) = 3$이 되는 n의 값은
제외하여야 하므로

$4 \leq n < 9$일 때 $f(n) = 4$이다. $(\because$ ㉠$)$

(i), (ii)에 의하여 $4 \leq n \leq 30$일 때 $f(n)$의 값은

$f(4) = f(5) = \cdots = f(8) = 4$,

$f(9) = f(10) = \cdots = f(30) = 3$으로 구해진다.

$\therefore \displaystyle\sum_{n=4}^{30} f(n) = 4 \times 5 + 3 \times 22 = 86$

| 158 | 정답 ②

첫째항이 4이고 공차가 1인 등차수열 $\{a_n\}$의 일반항은
$a_n = n+3$이다.

$\therefore \displaystyle\sum_{k=1}^{12} \dfrac{1}{\sqrt{a_{k+1}} + \sqrt{a_k}}$

$= \displaystyle\sum_{k=1}^{12} \dfrac{\sqrt{a_{k+1}} - \sqrt{a_k}}{(\sqrt{a_{k+1}} + \sqrt{a_k})(\sqrt{a_{k+1}} - \sqrt{a_k})}$

$= \displaystyle\sum_{k=1}^{12} (\sqrt{a_{k+1}} - \sqrt{a_k}) \ (\because a_{k+1} - a_k = 1)$

$= \{(\sqrt{a_2} - \sqrt{a_1}) + (\sqrt{a_3} - \sqrt{a_2}) + \cdots$

$\qquad\qquad\qquad\qquad + (\sqrt{a_{13}} - \sqrt{a_{12}})\}$

$= \sqrt{a_{13}} - \sqrt{a_1} = \sqrt{16} - \sqrt{4} = 2$

| 159 | 정답 ④

$\displaystyle\sum_{k=1}^{n} (a_k - k) = (n+1)^2$

$\displaystyle\sum_{k=1}^{n} a_k - \sum_{k=1}^{n} k = (n+1)^2$

$\displaystyle\sum_{k=1}^{n} a_k - \dfrac{n(n+1)}{2} = (n+1)^2$

$\displaystyle\sum_{k=1}^{n} a_k = (n+1)^2 + \dfrac{n(n+1)}{2}$

$\qquad = (n+1)\left(n+1+\dfrac{n}{2}\right)$

$\qquad = \dfrac{(n+1)(3n+2)}{2}$

$a_9 = \displaystyle\sum_{k=1}^{9} a_k - \sum_{k=1}^{8} a_k = \dfrac{10 \times 29}{2} - \dfrac{9 \times 26}{2} = 28$

다른 풀이

$\displaystyle\sum_{k=1}^{n} (a_k - k) = (n+1)^2$ ······㉠

$\displaystyle\sum_{k=1}^{n-1} (a_k - k) = n^2 \ (n \geq 2)$ ······㉡

㉠−㉡에서

$a_n - n = (n+1)^2 - n^2 = 2n+1 \ (n \geq 2)$

$\Rightarrow a_n = 3n+1 \ (n \geq 2)$이므로 $a_9 = 28$

| 160 | 정답 ④

$S_n = \displaystyle\sum_{k=1}^{n} \dfrac{a_k}{k} = \dfrac{n-1}{n+1}$ ······㉠

이라 하면

$S_{n-1} = \displaystyle\sum_{k=1}^{n-1} \dfrac{a_k}{k} = \dfrac{n-2}{n}$ (단, $n \geq 2$) ······㉡

㉠−㉡에서

$\dfrac{a_n}{n} = \dfrac{n-1}{n+1} - \dfrac{n-2}{n} = \dfrac{n(n-1) - (n+1)(n-2)}{n(n+1)}$

$\qquad = \dfrac{2}{n(n+1)} \ (n \geq 2)$

즉, $a_n = \dfrac{2}{n+1} \ (n \geq 2)$이므로 $a_{100} = \dfrac{2}{101}$

| 161 | 정답 165

자연수 n에 대하여 x에 대한 이차부등식
$x^2 - nx = x(x-n) < 0$을 만족시키는 자연수 x의 값의
범위는 $1 \leq x \leq n-1$이므로

$S_n = \displaystyle\sum_{k=1}^{n-1} k = \dfrac{n(n-1)}{2}$

$\therefore \displaystyle\sum_{k=1}^{10} S_k = \sum_{k=1}^{10} \dfrac{k(k-1)}{2} = \dfrac{1}{2}\sum_{k=1}^{10} k^2 - \dfrac{1}{2}\sum_{k=1}^{10} k$

$\qquad = \dfrac{385}{2} - \dfrac{55}{2} = 165$

| 162 | 정답 89

함수 $y = x^2 - 2nx + n^2$의 그래프와 함수 $y = x - n$의
그래프의 교점의 x좌표를 구하면

$x^2 - 2nx + n^2 = x - n$

$x^2-(2n+1)x+n^2+n=0$

$\{x-(n+1)\}(x-n)=0$

$x=n$ 또는 $x=n+1$이므로

$$\sum_{n=1}^{44}\frac{1}{a_nb_n}=\sum_{n=1}^{44}\frac{1}{n(n+1)}$$
$$=\sum_{n=1}^{44}\left(\frac{1}{n}-\frac{1}{n+1}\right)$$
$$=\left(\frac{1}{1}-\frac{1}{2}\right)+\left(\frac{1}{2}-\frac{1}{3}\right)+\left(\frac{1}{3}-\frac{1}{4}\right)+\cdots$$
$$+\left(\frac{1}{44}-\frac{1}{45}\right)$$
$$=1-\frac{1}{45}=\frac{44}{45}$$

$\therefore\ p+q=45+44=89$

TIP

이차방정식 $x^2-(2n+1)x+n^2+n=0$의 두 근이 a_n, b_n이므로 근과 계수의 관계에 의해 $a_nb_n=n^2+n$ 임을 알 수도 있다.

| 163 | 정답 ③

곡선 $y=x^2$과 직선 $y=nx+n^2$의 그래프의 두 교점의 x좌표가 각각 a_n, b_n이므로

$x^2=nx+n^2$, $x^2-nx-n^2=0$에서 근과 계수의 관계에 의하여 $a_n+b_n=n$, $a_nb_n=-n^2$이다.

따라서

$$a_n-b_n=\sqrt{(a_n+b_n)^2-4a_nb_n}$$
$$=\sqrt{n^2-4(-n^2)}=\sqrt{5}\,n\ (\because\ a_n>b_n)$$
$$\therefore\ \sum_{k=1}^{10}(a_k-b_k)=\sum_{k=1}^{10}\sqrt{5}\,k$$
$$=\sqrt{5}\times\frac{10\times11}{2}=55\sqrt{5}$$

| 164 | 정답 ④

모든 자연수 n에 대하여

$n^2<2n^2+n<2n^2+2n<2n^2+3n$이므로

$(A_n\cup B_n)-(A_n\cap B_n)$

$=\{x\,|\,n^2\leq x<2n^2+n$ 또는 $2n^2+2n<x\leq2n^2+3n\}$

따라서

$a_n=\{(2n^2+n)-n^2\}+\{(2n^2+3n)-(2n^2+2n)\}$
$=n^2+2n$

이다.

$$\therefore\ \sum_{n=1}^{8}\frac{1}{a_n}=\sum_{n=1}^{8}\frac{1}{n(n+2)}=\frac{1}{2}\sum_{n=1}^{8}\left(\frac{1}{n}-\frac{1}{n+2}\right)$$
$$=\frac{1}{2}\left\{\left(\frac{1}{1}-\frac{1}{3}\right)+\left(\frac{1}{2}-\frac{1}{4}\right)+\left(\frac{1}{3}-\frac{1}{5}\right)+\cdots\right.$$
$$\left.+\left(\frac{1}{7}-\frac{1}{9}\right)+\left(\frac{1}{8}-\frac{1}{10}\right)\right\}$$
$$=\frac{1}{2}\left(\frac{1}{1}+\frac{1}{2}-\frac{1}{9}-\frac{1}{10}\right)=\frac{29}{45}$$

| 165 | 정답 ④

$a_n=3n-1$, $b_n=f(a_{n+2})-f(a_n)$에서

$$\sum_{n=1}^{10}b_n$$
$$=\sum_{n=1}^{10}\{f(a_{n+2})-f(a_n)\}$$
$$=\{f(a_3)-f(a_1)\}+\{f(a_4)-f(a_2)\}+\{f(a_5)-f(a_3)\}$$
$$+\cdots+\{f(a_{11})-f(a_9)\}+\{f(a_{12})-f(a_{10})\}$$
$$=f(a_{12})+f(a_{11})-f(a_1)-f(a_2)$$
$$=f(35)+f(32)-f(2)-f(5)$$
$$=38+16-1-8=45$$

| 166 | 정답 120

점 $(0,\log_2 n)$을 지나고 기울기가 n인 직선 l_n의 방정식은

$y=nx+\log_2 n$이므로

두 직선 l_n, l_{n+1}의 교점의 x좌표는

$nx+\log_2 n=(n+1)x+\log_2(n+1)$

$\Rightarrow x=\log_2\dfrac{n}{n+1}$ 이다.

즉, $f(n)=\log_2\dfrac{n}{n+1}$에서

$$\sum_{n=1}^{k}f(n)=\sum_{n=1}^{k}\log_2\frac{n}{n+1}$$
$$=\log_2\frac{1}{2}+\log_2\frac{2}{3}+\log_2\frac{3}{4}+\cdots$$
$$+\log_2\frac{k-1}{k}+\log_2\frac{k}{k+1}$$
$$=\log_2\left(\frac{1}{2}\times\frac{2}{3}\times\frac{3}{4}\times\cdots\times\frac{k-1}{k}\times\frac{k}{k+1}\right)$$
$$=\log_2\frac{1}{k+1}$$

따라서 $\log_2 \dfrac{1}{k+1}$ 이 정수가 되려면

$k = 2^p - 1$ (단, p는 자연수)이다.

그러므로 100 이하의 자연수 k는 1, 3, 7, 15, 31, 63에서 모든 자연수 k의 값의 합은 120이다.

| 167 | 정답 ⑤

$$\sum_{k=1}^{m} a_k = \sum_{k=1}^{m} \left(\log_3 \sqrt{3} + \log_3 \frac{\sqrt{k+1}}{\sqrt{k}} \right)$$
$$= \sum_{k=1}^{m} \left(\frac{1}{2} + \log_3 \frac{\sqrt{k+1}}{\sqrt{k}} \right)$$
$$= \frac{1}{2} m + \sum_{k=1}^{m} \log_3 \frac{\sqrt{k+1}}{\sqrt{k}}$$
$$= \frac{1}{2} m + \log_3 \sqrt{m+1}$$
$$= \frac{1}{2} m + \frac{1}{2} \log_3 (m+1)$$

이 값이 자연수가 되려면 자연수 t에 대하여

$m + 1 = 3^t$ 꼴이어야 한다.   ……㉠

이때 ㉠을 만족시키면 m은 반드시 짝수인 자연수이므로

$\displaystyle\sum_{k=1}^{m} a_k$의 값이 자연수이기 위해서는 $\log_3 (m+1)$의 값은 짝수인 자연수이어야 한다.

$\log_3 (m+1) = 2$일 때 $m = 8$이고 $\displaystyle\sum_{k=1}^{m} a_k = 5$,

$\log_3 (m+1) = 4$일 때 $m = 80$이고 $\displaystyle\sum_{k=1}^{m} a_k = 42$,

$\log_3 (m+1) = 6$일 때 $m = 728$이고 $\displaystyle\sum_{k=1}^{m} a_k = 367$

$\vdots$

따라서 $\displaystyle\sum_{k=1}^{m} a_k$의 값이 100 이하의 자연수가 되도록 하는 모든 자연수 m의 값의 합은 $8 + 80 = 88$이다.

| 168 | 정답 ④

두 교점의 x좌표는 이차방정식 $x^2 = x + n$의 근이다.

즉, 방정식 $x^2 - x - n = 0$의 두 근을 α, β라 하면

$\alpha + \beta = 1$, $\alpha\beta = -n$에서 $(\alpha - \beta)^2 = 4n + 1$

두 교점 사이의 거리가 l_n이므로

$$(l_n)^2 = \left(\sqrt{(\alpha - \beta)^2 + (\alpha + n - \beta - n)^2} \right)^2$$
$$= 2(\alpha - \beta)^2 = 2(4n + 1)$$

따라서

$$(l_k \times l_{k+1})^2 = 2(4k+1) \times 2(4k+5)$$
$$= 4(4k+1)(4k+5)$$

이므로

$$\sum_{k=1}^{10} \frac{1}{(l_k \times l_{k+1})^2}$$
$$= \sum_{k=1}^{10} \frac{1}{4(4k+1)(4k+5)}$$
$$= \frac{1}{4} \sum_{k=1}^{10} \frac{1}{4} \left(\frac{1}{4k+1} - \frac{1}{4k+5} \right)$$
$$= \frac{1}{16} \left\{ \left(\frac{1}{5} - \frac{1}{9} \right) + \left(\frac{1}{9} - \frac{1}{13} \right) + \cdots + \left(\frac{1}{41} - \frac{1}{45} \right) \right\} = \frac{1}{90}$$

| 169 | 정답 ④

$f(x) = -x^2 + 4nx + k$에서

$f(x) = -(x - 2n)^2 + 4n^2 + k$이다.

따라서

(i) $1 \le n \le 5$일 때,

$1 \le 2n \le 10$이므로 함수 $f(x)$의 최댓값은

$f(2n) = 4n^2 + k$이다.

(ii) $6 \le n \le 10$일 때,

$2n > 10$이므로 함수 $f(x)$의 최댓값은

$f(10) = 40n + k - 100$이다.

(i), (ii)에 의하여

$$\sum_{n=1}^{10} a_n = \sum_{n=1}^{5} (4n^2 + k) + \sum_{n=6}^{10} (40n + k - 100)$$
$$= \sum_{n=1}^{5} (4n^2 + k) + \sum_{n=1}^{5} (40n + k + 100)$$
$$= \sum_{n=1}^{5} (4n^2 + 40n + 2k + 100)$$
$$= 4 \times \frac{5 \times 6 \times 11}{6} + 40 \times \frac{5 \times 6}{2} + (2k + 100) \times 5$$
$$= 10k + 1320$$

즉, $10k + 1320 = 320$에서 $k = -100$

| 170 | 정답 157

$S_{n+1} - S_n = a_{n+1}$이고 수열 $\{a_n\}$의 공비는 2이므로

$$\sum_{k=1}^{5} \frac{a_k}{S_k S_{k+1}} = \sum_{k=1}^{5} \left\{ \frac{a_k}{S_{k+1} - S_k} \times \left(\frac{1}{S_k} - \frac{1}{S_{k+1}} \right) \right\}$$
$$= \sum_{k=1}^{5} \left\{ \frac{a_k}{a_{k+1}} \times \left(\frac{1}{S_k} - \frac{1}{S_{k+1}} \right) \right\}$$
$$= \frac{1}{2} \sum_{k=1}^{5} \left(\frac{1}{S_k} - \frac{1}{S_{k+1}} \right)$$

$$= \frac{1}{2}\left\{\left(\frac{1}{S_1} - \frac{1}{S_2}\right) + \left(\frac{1}{S_2} - \frac{1}{S_3}\right) + \cdots \right.$$
$$\left. + \left(\frac{1}{S_5} - \frac{1}{S_6}\right)\right\}$$
$$= \frac{1}{2}\left(\frac{1}{S_1} - \frac{1}{S_6}\right)$$

$S_1 = a_1 = 2$이고 $S_6 = \dfrac{2(2^6-1)}{2-1} = 126$이므로

$$\sum_{k=1}^{5} \frac{a_k}{S_k S_{k+1}} = \frac{1}{2}\left(\frac{1}{2} - \frac{1}{126}\right) = \frac{31}{126}$$

따라서 $p+q = 157$이다.

| 171 | 정답 22

$$\sum_{k=1}^{2n} (-1)^k S_k = (-S_1 + S_2) + (-S_3 + S_4) + \cdots$$
$$+ (-S_{2n-1} + S_{2n})$$
$$= a_2 + a_4 + a_6 + \cdots + a_{2n-2} + a_{2n}$$
$$= \frac{n}{n+2} \ (n \geq 1) \qquad\qquad \cdots\cdots \ㄱ$$

$$\sum_{k=1}^{2n-2} (-1)^k S_k = (-S_1 + S_2) + (-S_3 + S_4) + \cdots$$
$$+ (-S_{2n-3} + S_{2n-2})$$
$$= a_2 + a_4 + a_6 + \cdots + a_{2n-2}$$
$$= \frac{n-1}{n+1} \ (n \geq 2) \qquad\qquad \cdots\cdots \ㄴ$$

ㄱ$-$ㄴ에서

$a_{2n} = \dfrac{n}{n+2} - \dfrac{n-1}{n+1} \ (n \geq 2)$이므로

$n=5$를 대입하면

$$a_{10} = \frac{5}{7} - \frac{4}{6} = \frac{2}{42} = \frac{1}{21}$$

따라서 $p+q = 22$이다.

| 172 | 정답 31

$\displaystyle\sum_{k=1}^{n} \frac{1}{ka_k} = \frac{n^2+3n}{4}$ 에서

$n=1$일 때 $\dfrac{1}{a_1} = 1$, 즉 $a_1 = 1$이다.

$n \geq 2$일 때

$$\frac{1}{na_n} = \sum_{k=1}^{n} \frac{1}{ka_k} - \sum_{k=1}^{n-1} \frac{1}{ka_k}$$
$$= \frac{n^2+3n}{4} - \frac{(n-1)^2 + 3(n-1)}{4}$$
$$= \frac{n^2 + 3n - (n^2 + n - 2)}{4} = \frac{n+1}{2}$$

이므로

$$a_n = \frac{2}{n(n+1)}$$

따라서 모든 자연수 n에 대하여 $a_n = \dfrac{2}{n(n+1)}$이므로

$$\sum_{k=1}^{10} a_k = 2 \sum_{k=1}^{10} \left(\frac{1}{n} - \frac{1}{n+1}\right)$$
$$= 2\left(1 - \frac{1}{11}\right) = \frac{20}{11}$$

$\therefore \ p+q = 11+20 = 31$

| 173 | 정답 601

이차방정식의 근과 계수의 관계에 의하여

$$\alpha_n + \beta_n = \frac{2(n+1)}{n^2+n} = \frac{2}{n}$$

$$\alpha_n \times \beta_n = \frac{\dfrac{n}{n+1}}{n^2+n} = \frac{1}{(n+1)^2}$$

따라서

$$a_n = (\alpha_n - \beta_n)^2$$
$$= (\alpha_n + \beta_n)^2 - 4\alpha_n\beta_n$$
$$= \frac{4}{n^2} - \frac{4}{(n+1)^2}$$

$$\therefore \ \sum_{n=1}^{10} a_n = 4 \sum_{n=1}^{10} \left\{ \frac{1}{n^2} - \frac{1}{(n+1)^2} \right\}$$
$$= 4\left\{\left(\frac{1}{1^2} - \frac{1}{2^2}\right) + \left(\frac{1}{2^2} - \frac{1}{3^2}\right) + \cdots \right.$$
$$\left. + \left(\frac{1}{10^2} - \frac{1}{11^2}\right)\right\}$$
$$= 4\left(1 - \frac{1}{11^2}\right)$$
$$= \frac{480}{121}$$

$\therefore \ p+q = 601$

| 174 | 정답 8

점 A_0은 원점이고

점 A_n은 점 A_{n-1}에서 점 P가 경로를 따라 $\dfrac{2n-1}{25}$만큼

이동한 위치에 있는 점이므로

점 A_n은 점 A_0에서 출발한 점 P가 경로를 따라

$\displaystyle\sum_{k=1}^{n} \frac{2k-1}{25}$ 만큼 이동한 위치에 있는 점이다.

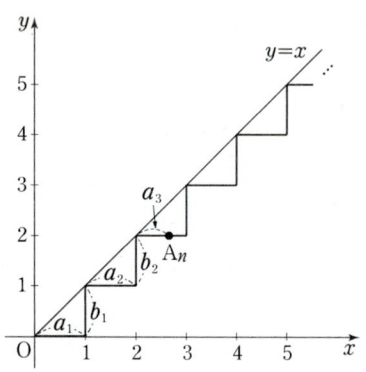

한편 위의 그림과 같이

점 A_n의 x좌표$(=a_1+a_2+a_3)$와 y좌표$(=b_1+b_2)$의 합은

점 P가 점 A_0에서 점 A_n까지

경로를 따라 이동한 거리$(=a_1+b_1+a_2+b_2+a_3)$와

같으므로

점 A_n이 직선 $y=x$ 위에 있으려면

자연수 m에 대하여 $A_n(m, m)$이라 할 때

$$m+m=\sum_{k=1}^{n}\frac{2k-1}{25}=\frac{1}{25}\sum_{k=1}^{n}(2k-1)$$

$$=\frac{1}{25}\times\frac{n\{1+(2n-1)\}}{2}=\frac{n^2}{25}$$

즉, $2m=\dfrac{n^2}{25}$이어야 한다.

이를 n에 대하여 정리하면 $n=5\sqrt{2m}$이므로

n이 자연수이기 위한 m의 값은

$2\times1^2,\ 2\times2^2,\ 2\times3^2,\ \cdots$

따라서 구하는 두 번째 점의 x좌표는

$a=2\times2^2=8$

8일차

본문 p.98~110

| SPEED CHECK |

175 ①	176 ②	177 ④	178 ④
179 818	180 408	181 93	182 ④
183 30	184 ④	185 ⑤	186 ③
187 ③	188 11	189 2	190 ④
191 30	192 3	193 ③	194 ⑤
195 255	196 ①	197 23	198 ①
199 ③	200 ⑤		

| 175 | 정답 ①

$a_2=a$라 하자.

$a_3=2a_2-a_1=2a-1$

$a_4=a_3-a_2=(2a-1)-a=a-1$

$a_5=2a_4-a_3=2(a-1)-(2a-1)=-1$

$a_6=a_5-a_4=-1-(a-1)=-a$

$a_7=2a_6-a_5=2(-a)-(-1)=-2a+1$

$a_8=a_7-a_6=(-2a+1)-(-a)=-a+1$

$a_8=5$라 주어졌으므로

$-a+1=5$에서 $a=-4$이다.

$\therefore\ a_3=-9$

| 176 | 정답 ②

$$\sum_{k=1}^{12}a_k=\sum_{k=1}^{12}\frac{k^2}{10}=\frac{12\times13\times25}{10\times6}=65$$

$$\sum_{k=13}^{24}a_k=\sum_{k=13}^{24}\left(a_{k-12}-\frac{1}{2}\right)$$

$$=\sum_{k=1}^{12}\left(a_k-\frac{1}{2}\right)$$

$$=65-\frac{1}{2}\times12=59$$

$$\sum_{k=25}^{36}a_k=\sum_{k=25}^{36}\left(a_{k-12}-\frac{1}{2}\right)$$

$$=\sum_{k=13}^{24}\left(a_k-\frac{1}{2}\right)$$

$$=59-\frac{1}{2}\times12=53$$

$$\therefore\ \sum_{k=1}^{36}a_k=\sum_{k=1}^{12}a_k+\sum_{k=13}^{24}a_k+\sum_{k=25}^{36}a_k$$

$$=65+59+53=177$$

| 177 | 정답 ④

$a_1=1$이고

$$a_{n+1}=\begin{cases}2a_n-1 & (a_n\text{이 짝수})\\ a_n+3 & (a_n\text{이 홀수})\end{cases}(n\geq1)\text{이므로}$$

$a_2=1+3=4$

$a_3=2\times4-1=7$

$a_4=7+3=10$

$a_5=2\times10-1=19$

$a_6=19+3=22$

$a_7=2\times22-1=43$

| 178 | 정답 ④

수열 $\{a_n\}$을 표로 나타내면

n	1	2	3	4	5	6	7	8	$\cdots$
a_n	4	7	2	3	5	9	4	7	$\cdots$

이므로 $a_n = a_{n+6}$ $(n = 1, 2, 3, \cdots)$임을 알 수 있다.

이때, $20 = 6 \times 3 + 2$이고 $\sum\limits_{k=1}^{6} a_k = 30$이므로

$$\sum_{k=1}^{20} a_k = 3\sum_{k=1}^{6} a_k + (a_{19} + a_{20})$$
$$= 3 \times 30 + (4 + 7) = 101$$

| 179 | 정답 818

첫째항부터 차례로 나열하면
$a_1 = 2$, $a_2 = 4$, $a_3 = 8$, $a_4 = 16$, $a_5 = 32$, $a_6 = 64$
이므로 수열 $\{a_n\}$의 첫째항부터 6번째 항까지
첫째항이 2이고 공비가 2인 등비수열이다.
$a_6 = 64 > 32$이므로 7번째 항부터 차례로 나열하면
$a_7 = 60$, $a_8 = 56$, $a_9 = 52$, $a_{10} = 48$, $a_{11} = 44$, $a_{12} = 40$,
$a_{13} = 36$, $a_{14} = 32$이다.
수열 $\{a_n\}$은 7번째 항부터 14번째 항까지 공차가 -4인
등차수열이다.
$a_{14} \le 32$이고 $a_{15} = 64 > 32$이므로
$a_{15} = 64$, $a_{16} = 60$, $a_{17} = 56$, $a_{18} = 52$, $a_{19} = 48$,
$a_{20} = 44$이므로
수열 $\{a_n\}$은 15번째 항부터 20번째 항까지 공차가 -4인
등차수열이다.

따라서 $\sum\limits_{k=1}^{20} a_k = \sum\limits_{k=1}^{6} a_k + \sum\limits_{k=7}^{14} a_k + \sum\limits_{k=15}^{20} a_k$이므로

$$\sum_{k=1}^{6} a_k = \frac{2 \times (2^6 - 1)}{2 - 1} = 126$$

$$\sum_{k=7}^{14} a_k = \frac{8 \times (60 + 32)}{2} = 368$$

$$\sum_{k=15}^{20} a_k = \frac{6 \times (64 + 44)}{2} = 324$$이다.

$$\therefore \sum_{k=1}^{20} a_k = \sum_{k=1}^{6} a_k + \sum_{k=7}^{14} a_k + \sum_{k=15}^{20} a_k$$
$$= 126 + 368 + 324 = 818$$

| 180 | 정답 408

$a_5 = 5 = \dfrac{a_4}{16} + 4$에서 $a_4 = 16$

$a_4 = 16 = \dfrac{a_3}{8} + 3$에서 $a_3 = 104$

$a_3 = 104 = \dfrac{a_2}{4} + 2$에서 $a_2 = 408$

| 181 | 정답 93

$a_{n+1} = \dfrac{2^n}{a_n}$에 $n = 1, 2, 3, \cdots$을 차례대로 대입하면

$a_2 = \dfrac{2}{a_1} = 2$, $a_3 = \dfrac{2^2}{a_2} = 2$

$a_4 = \dfrac{2^3}{a_3} = 2^2$, $a_5 = \dfrac{2^4}{a_4} = 2^2$

$a_6 = \dfrac{2^5}{a_5} = 2^3$, $a_7 = \dfrac{2^6}{a_6} = 2^3$

$a_8 = \dfrac{2^7}{a_7} = 2^4$, $a_9 = \dfrac{2^8}{a_8} = 2^4$

$a_{10} = \dfrac{2^9}{a_9} = 2^5$, $\cdots$

$$\therefore \sum_{k=1}^{10} a_k = a_1 + a_2 + \cdots + a_9 + a_{10}$$
$$= (a_1 + a_3 + \cdots + a_9) + (a_2 + a_4 + \cdots + a_{10})$$
$$= \frac{1 \times (2^5 - 1)}{2 - 1} + \frac{2 \times (2^5 - 1)}{2 - 1} = 93$$

| 182 | 정답 ④

$a_{n+1} - a_n = \dfrac{p}{n(n+1)}$이므로

$a_{n+1} - a_n = p\left(\dfrac{1}{n} - \dfrac{1}{n+1}\right)$

위의 식에 $n = 1, 2, 3, \cdots, 15$를 대입하면

$a_2 - a_1 = p\left(\dfrac{1}{1} - \dfrac{1}{2}\right)$

$a_3 - a_2 = p\left(\dfrac{1}{2} - \dfrac{1}{3}\right)$

$a_4 - a_3 = p\left(\dfrac{1}{3} - \dfrac{1}{4}\right)$

$\vdots$

$a_{16} - a_{15} = p\left(\dfrac{1}{15} - \dfrac{1}{16}\right)$

위의 식을 좌변끼리, 우변끼리 더하면

$a_{16} - a_1 = p\left(\dfrac{1}{1} - \dfrac{1}{2} + \dfrac{1}{2} - \dfrac{1}{3} + \cdots + \dfrac{1}{15} - \dfrac{1}{16}\right)$

$\qquad\qquad = p\left(\dfrac{1}{1} - \dfrac{1}{16}\right)$

$\dfrac{19}{4} - 1 = \dfrac{15}{16}p$이므로 $p = 4$

183 정답 30

$$\sum_{k=1}^{n}(a_{k+1}-a_k)$$
$$=(a_2-a_1)+(a_3-a_2)+(a_4-a_3)+\cdots+(a_{n+1}-a_n)$$
$$=a_{n+1}-a_1=a_n$$
$$\Rightarrow a_{n+1}-a_n=a_1$$

즉, 수열 $\{a_n\}$은 첫째항이 a_1이고 공차가 a_1인
등차수열이다.
$a_1=3$이므로 $a_{10}=a_1+9\times a_1=30$

다른 풀이

$$\sum_{k=1}^{n}(a_{k+1}-a_k)=a_n \text{에서}$$
$$a_{n+1}-a_n=a_n-a_{n-1}\,(n\ge 2)$$
$$\Rightarrow a_{n+1}+a_{n-1}=2a_n\,(n\ge 2)$$

이므로 수열 $\{a_n\}$은 등차수열을 이룬다.

$$\sum_{k=1}^{n}(a_{k+1}-a_k)=a_n \text{에서 } n=1\text{을 대입하면}$$
$a_2-a_1=a_1$에서 $a_2=6$이므로 공차가 $a_2-a_1=3$이다.
따라서 $a_{10}=a_1+9\times 3=30$

184 정답 ④

$S_1=a_1=1$
$S_{n+1}=2S_n+3n$에서 $n=1,\,2,\,3,\,\cdots$을 차례대로
대입하면
$S_2=2\times 1+3\times 1=5,\ S_3=2\times 5+3\times 2=16$
$S_4=2\times 16+3\times 3=41,\ S_5=2\times 41+3\times 4=94$
$\therefore a_5=S_5-S_4=53$

185 정답 ⑤

$S_n=4a_{n+1}+1\,(n\ge 1)$ $\qquad\qquad$ ……㉠
$S_{n-1}=4a_n+1\,(n\ge 2)$ $\qquad\qquad$ ……㉡
㉠－㉡을 하면
$S_n-S_{n-1}=4(a_{n+1}-a_n)$
$a_n=4(a_{n+1}-a_n)$
$a_{n+1}=\dfrac{5}{4}a_n\,(n\ge 2)$
따라서 수열 $\{a_n\}$은 제2항부터
공비가 $\dfrac{5}{4}$인 등비수열이므로

$$a_6=a_3\times\left(\frac{5}{4}\right)^3=125$$

186 정답 ③

$\log_2 a_{n+1}=1+\log_2 a_n$에서
$\log_2 a_{n+1}=\log_2 2a_n \Rightarrow a_{n+1}=2a_n$
이므로 수열 $\{a_n\}$은 공비가 2인 등비수열이다.
$a_3=a_1+3$에서
$4a_1=a_1+3\Rightarrow a_1=1$
즉, $a_n=2^{n-1}\,(n\ge 1)$이므로

$$\sum_{k=1}^{10}a_{2k}=a_2+a_4+\cdots+a_{18}+a_{20}$$
$$=\frac{2(4^{10}-1)}{4-1}=\frac{2(2^{20}-1)}{3}=\frac{2^{21}-2}{3}$$

187 정답 ③

$\dfrac{\log_2 a_n+\log_2 a_{n+2}}{2}=\log_2 a_{n+1}$에서
$\log_2 a_n a_{n+2}=2\log_2 a_{n+1}=\log_2 (a_{n+1})^2$
$\Rightarrow a_n a_{n+2}=(a_{n+1})^2$
이므로 수열 $\{a_n\}$은 등비수열을 이룬다.
등비수열의 공비를 r라 하면
$a_1 a_{10}=a_1\times a_1 r^9=(a_1)^2 r^9=32$이므로
$$\begin{aligned}a_1\times a_2\times a_3\times\cdots\times a_{10}&=a_1\times a_1 r\times a_1 r^2\times\cdots\times a_1 r^9\\&=(a_1)^{10}r^{1+2+3+\cdots+9}\\&=(a_1)^{10}r^{45}=\left\{(a_1)^2 r^9\right\}^5\\&=32^5=2^{25}\end{aligned}$$
$\therefore k=25$

TIP

$\dfrac{\log_2 a_n+\log_2 a_{n+2}}{2}=\log_2 a_{n+1}$을 이용하여 수열
$\{a_n\}$이 등비수열임을 파악한 이후 등비중항을
응용하여 이 문제를 풀어보자.
$a_1 a_{10}=32$에서 $a+10=11$은 홀수이므로
a_1과 a_{10}의 등비중항은 존재하지 않는다. 하지만
$a_1 a_{10}=(a_{5.5})^2$을 만족시키는 수 $a_{5.5}$를 설정한다면
$a_1 a_{10}=a_2 a_9=a_3 a_8=a_4 a_7=a_5 a_6=(a_{5.5})^2$
이므로 $2^k=32^5=2^{25}$임을 빠르게 파악할 수 있다.

188 정답 11

주어진 조건에 의하여 $a_2 = k$ (단, k는 상수)라 하면

$a_1 = 7$

$a_2 = k$

$a_3 = a_1 - 4 = 3$

$a_4 = a_2 - 4 = k - 4$

$a_5 = a_3 - 4 = -1$

$a_6 = a_4 - 4 = k - 8$

이고 모든 자연수 n에 대하여 $a_{n+6} = a_n$이므로

수열 $\{a_n\}$은 $7, k, 3, k-4, -1, k-8$이 반복적으로 나타난다.

$$\sum_{k=1}^{6} a_k = 7 + k + 3 + (k-4) + (-1) + (k-8) = 3k - 3,$$

$$\sum_{k=1}^{50} a_k = 258 이고$$

$49 = 6 \times 8 + 1,\ 50 = 6 \times 8 + 2$이므로

$$\sum_{k=1}^{50} a_k = \sum_{k=1}^{48} a_k + a_{49} + a_{50} = 8\sum_{k=1}^{6} a_k + a_1 + a_2$$
$$= 8(3k-3) + 7 + k = 258$$

$25k = 275,\ k = 11$

$\therefore\ a_2 = k = 11$

189 정답 2

조건 (가)에서 모든 자연수 $m,\ n$에 대하여

$a_m a_n = a_{m+n}$이므로

$a_2 = a_{1+1} = (a_1)^2$

$a_3 = a_{1+2} = a_1 \times a_2 = (a_1)^3$

조건 (나)에서

$$\sum_{k=1}^{3} a_k = a_1 + a_2 + a_3$$
$$= a_1 + (a_1)^2 + (a_1)^3 = 14$$

이므로 $(a_1 - 2)\{(a_1)^2 + 3a_1 + 7\} = 0$

따라서 $a_1 = 2$이다.

190 정답 ④

$x = a_n$을 $y = x$에 대입했을 때의 y의 값과 $x = a_{n+1}$을 $y = \frac{1}{2}x - 1$에 대입했을 때의 y의 값이 같으므로

$a_n = \frac{1}{2}a_{n+1} - 1$

$a_{n+1} = 2a_n + 2$이다.

$a_2 = 2a_1 + 2 = 6$

$a_3 = 2a_2 + 2 = 14$

$a_4 = 2a_3 + 2 = 30$

$a_5 = 2a_4 + 2 = 62$

다른 풀이

$a_n = \frac{1}{2}a_{n+1} - 1$에서

$a_n + 2 = \frac{1}{2}(a_{n+1} + 2)$이므로 $a_{n+1} + 2 = 2(a_n + 2)$

따라서 수열 $\{a_n + 2\}$는 첫째항이 $a_1 + 2 = 4$이고, 공비가 2인 등비수열이므로

$a_n + 2 = 4 \times 2^{n-1},\ a_n = 2^{n+1} - 2$

따라서 $a_5 = 62$

191 정답 30

점 A_n의 좌표를 $(a_n,\ (a_n)^2)$이라 하면

모든 자연수 n에 대하여 $a_n > 0$이고 $a_1 = 1$이다.

곡선 $y = x^2$ 위의 점 A_n에서의 접선의 기울기는 $2a_n$이므로 접선과 수직이고 점 A_n을 지나는 직선의 방정식은 $y = -\dfrac{1}{2a_n}(x - a_n) + (a_n)^2$이다.

점 B_n의 좌표는 $\left(0,\ \dfrac{1}{2} + (a_n)^2\right)$이고

두 점 $B_n,\ A_{n+1}$의 y좌표는 서로 같으므로

모든 자연수 n에 대하여 $(a_{n+1})^2 = \dfrac{1}{2} + (a_n)^2$이다.

따라서 수열 $\{(a_n)^2\}$은 첫째항이 1, 공차가 $\dfrac{1}{2}$인 등차수열을 이루므로

$(a_n)^2 = 1 + \dfrac{1}{2}(n-1) = \dfrac{n+1}{2}$

$\therefore\ a_n = \sqrt{\dfrac{n+1}{2}}$

삼각형 $A_k B_k A_{k+1}$의 넓이는

$\dfrac{1}{2} \times a_{k+1} \times \{(a_{k+1})^2 - (a_k)^2\} = \dfrac{1}{2} \times \sqrt{\dfrac{k+2}{2}} \times \dfrac{1}{2}$

이므로

$\dfrac{1}{4}\sqrt{\dfrac{k+2}{2}} \geq 1$에서

$\sqrt{\dfrac{k+2}{2}} \geq 4,\ \dfrac{k+2}{2} \geq 16,$

$k + 2 \geq 32,\ k \geq 30$

따라서 구하는 자연수 k의 최솟값은 30이다.

192 | 정답 3

$2(S_{n+4}-S_{n+1})=S_{n+5}-S_n$에서

$S_{n+4}-S_{n+1}=(S_{n+5}-S_n)-(S_{n+4}-S_{n+1})$,

$S_{n+4}-S_{n+1}=(S_{n+5}-S_{n+4})-(S_n-S_{n+1})$

$S_{n+4}-S_{n+1}=a_{n+5}+a_{n+1}$,

$a_{n+4}+a_{n+3}+a_{n+2}=a_{n+5}+a_{n+1}$ ······㉠

이때 등비수열 $\{a_n\}$의 공비를 r라 하면 $a_3=1$에서

$r\neq0$이고

㉠의 양변을 a_{n+1}로 나누어주면

$r^3+r^2+r=r^4+1$,

$r^4-r^3-r^2-r+1=0$

$r^2-r-1-\dfrac{1}{r}+\dfrac{1}{r^2}=0 \ (\because \ r\neq0)$

$r+\dfrac{1}{r}=t$로 치환하면

$(t^2-2)-t-1=0$,

$t^2-t-3=0$ ······㉡

이때 $a_3=1$이므로

$a_2=\dfrac{1}{r}$, $a_4=r$에서 $a_2+a_4=t$이다.

또한 ㉡에서 $t^2-t=3$, 즉 $t(t-1)=3$이므로

$(a_2+a_4)(a_2+a_4-1)=3$이다.

193 | 정답 ③

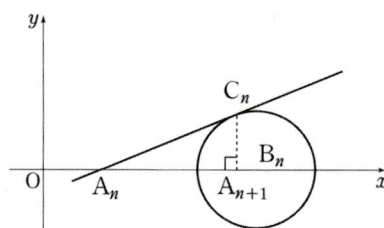

$\overline{A_nB_n}=n$, $\overline{B_nC_n}=\dfrac{1}{2}n$에서 $\overline{A_nC_n}=\boxed{\dfrac{\sqrt{3}}{2}n}$이고

삼각형 $A_nB_nC_n$과 삼각형 $A_nC_nA_{n+1}$은 닮음이므로

$\overline{A_nA_{n+1}}:\overline{A_nC_n}=\overline{A_nC_n}:\overline{A_nB_n}$

$\Rightarrow \overline{A_nA_{n+1}}=\boxed{\dfrac{3}{4}n}$

따라서 $a_{n+1}=a_n+\boxed{\dfrac{3}{4}n}$이므로

$a_1=1$에서

$a_2=1+\dfrac{3}{4}$, $a_3=1+\dfrac{3}{4}\times3$,

$a_4=1+\dfrac{3}{4}\times6$, $a_5=1+\dfrac{3}{4}\times10$

이다.

$\therefore \displaystyle\sum_{n=1}^{5}a_n=1\times5+\dfrac{3}{4}\times(1+3+6+10)=\boxed{20}$

따라서 $p=20$이고 $f(n)=\dfrac{\sqrt{3}}{2}n$, $g(n)=\dfrac{3}{4}n$이므로

$g(p)-\{f(4)\}^2=15-12=3$이다.

194 | 정답 ⑤

$a_1=a$이고

$a_{n+1}=\begin{cases}a_n+(-1)^n\times2 & (n\text{이 }3\text{의 배수가 아닌 경우})\\ a_n+1 & (n\text{이 }3\text{의 배수인 경우})\end{cases}$

따라서 $n=1, 2, 3, \cdots, 14$를 위의 식에 차례로
대입한다.

$a_2=a_1+(-1)\times2=a-2$

$a_3=a_2+1\times2=(a-2)+2=a$

$a_4=a_3+1=a+1$

$a_5=a_4+1\times2=(a+1)+2=a+3$

$a_6=a_5+(-1)\times2=(a+3)-2=a+1$

$a_7=a_6+1=(a+1)+1=a+2$

$a_8=a_7+(-1)\times2=(a+2)-2=a$

$a_9=a_8+1\times2=a+2$

$a_{10}=a_9+1=(a+2)+1=a+3$

$a_{11}=a_{10}+1\times2=(a+3)+2=a+5$

$a_{12}=a_{11}+(-1)\times2=(a+5)-2=a+3$

$a_{13}=a_{12}+1=(a+3)+1=a+4$

$a_{14}=a_{13}+(-1)\times2=(a+4)-2=a+2$

$a_{15}=a_{14}+1\times2=(a+2)+2=a+4$

이때 $a_{15}=43$이므로

$a+4=43$

$\therefore a=39$

다른 풀이

$a_{n+1}=\begin{cases}a_n+(-1)^n\times2 & (n\text{이 }3\text{의 배수가 아닌 경우})\\ a_n+1 & (n\text{이 }3\text{의 배수인 경우})\end{cases}$

이므로 0 이상의 모든 정수 k에 대하여 다음이 성립한다.

$a_{3k+1}=a_{3k}+1$ ······㉠

$a_{3k+2}=a_{3k+1}+(-1)^{3k+1}\times2$ ······㉡

$a_{3k+3}=a_{3k+2}+(-1)^{3k+2}\times2$ ······㉢

㉠+㉡+㉢에서

$a_{3k+1}+a_{3k+2}+a_{3k+3}=a_{3k}+a_{3k+1}+a_{3k+2}+1$
$\qquad\qquad\qquad\qquad +(-1)^{3k+1}\times2+(-1)^{3k+2}\times2$
$\qquad\qquad = a_{3k}+a_{3k+1}+a_{3k+2}+1$
$\qquad\qquad\quad (\because \ (-1)^{3k+1}+(-1)^{3k+2}=0)$

$\therefore a_{3k+3}=a_{3k}+1$ ······㉣

$a_1 = a$이므로 ⓛ, ⓒ에 각각 $k=0$을 대입하면

$a_2 = a_1 + (-1) \times 2 = a - 2$

$a_3 = a_2 + 1 \times 2 = (a-2) + 2 = a$

따라서 ⓒ에 $k = 1, 2, 3, 4$를 차례로 대입하면

$a_6 = a_3 + 1 = a + 1$

$a_9 = a_6 + 1 = a + 2$

$a_{12} = a_9 + 1 = a + 3$

$a_{15} = a_{12} + 1 = a + 4$

이때 $a_{15} = 43$이므로

$a + 4 = 43$

$\therefore a = 39$

| 195 | 정답 255

점 A_1에서 점 B_1까지 최단 거리로 가는 경로의 수가 3이므로 $a_1 = 3$이다.

$n \geq 2$일 때 [그림 n]에서 점 B_n의 바로 위의 꼭짓점을 C_n이라 하면

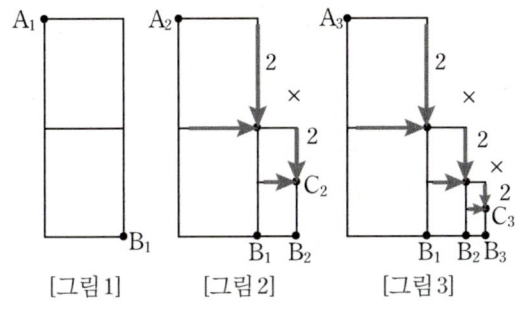

[그림1] [그림2] [그림3]

(i) 점 C_n을 거칠 때

그림과 같이 점 A_n에서 점 C_n을 거쳐 점 B_n까지 최단 거리로 가는 경로의 수는 2^n이다.

(ii) 점 B_{n-1}을 거칠 때

점 A_n에서 점 B_{n-1}을 거쳐 점 B_n까지 최단 거리로 가는 경로의 수는

점 A_n에서 점 B_{n-1}까지 최단 거리로 가는 경로의 수인 a_{n-1}과 같다.

(i), (ii)에서 $a_n = 2^n + a_{n-1}$ $(n \geq 2)$이고 $a_1 = 3$이므로

위의 식에 $n = 2, 3, 4, 5, 6$을 차례로 대입하면

$a_2 = 2^2 + a_1 = 4 + 3 = 7$

$a_3 = 2^3 + a_2 = 8 + 7 = 15$

$a_4 = 2^4 + a_3 = 16 + 15 = 31$

$a_5 = 2^5 + a_4 = 32 + 31 = 63$

$a_6 = 2^6 + a_5 = 64 + 63 = 127$

$\therefore a_7 = 2^7 + a_6$
$= 128 + 127 = 255$

| 196 | 정답 ①

규칙 (나)에 의하여 $P_n(x_n, y_n)$, $P_{n+1}(x_{n+1}, y_{n+1})$에서

$x_{n+1} - x_n = n + 1$

$y_{n+1} - y_n = (-1)^n \times (n+1)$

$\therefore \overline{P_n P_{n+1}} = \sqrt{(n+1)^2 + \{(-1)^n \times (n+1)\}^2}$
$= \sqrt{(n+1)^2 + (-1)^{2n} \times (n+1)^2}$
$= \sqrt{2(n+1)^2}$
$= \sqrt{2}(n+1)$

이때 점 Q가 한 번에 $\sqrt{2}$만큼 이동하므로

점 P_n에서 $(n+1)$번 이동하면 점 P_{n+1}에 도착한다.

따라서 원점을 P_0이라 하면

점 Q가 점 P_0을 출발하여

$1 + 2 + 3 + \cdots + 10 = \dfrac{10 \times 11}{2} = 55$(번)

이동하면 점 P_{10}에 도착하게 된다.

따라서 구하는 점 Q의 y좌표는 y_{10}이다.

$y_1 = 1$이고 $y_{n+1} = y_n + (-1)^n \times (n+1)$이므로

$n = 1, 2, 3, \cdots, 9$를 차례로 대입하면

$y_2 = y_1 + (-1) \times 2 = 1 - 2 = -1$

$y_3 = y_2 + 1 \times 3 = -1 + 3 = 2$

$y_4 = y_3 + (-1) \times 4 = 2 - 4 = -2$

$y_5 = y_4 + 1 \times 5 = -2 + 5 = 3$

$y_6 = y_5 + (-1) \times 6 = 3 - 6 = -3$

$y_7 = y_6 + 1 \times 7 = -3 + 7 = 4$

$y_8 = y_7 + (-1) \times 8 = 4 - 8 = -4$

$y_9 = y_8 + 1 \times 9 = -4 + 9 = 5$

$y_{10} = y_9 + (-1) \times 10 = 5 - 10 = -5$

따라서 구하는 점 Q의 y좌표는 -5이다.

| 197 | 정답 23

점 P_n의 좌표를 (x_n, y_n)이라 하면

선분 $P_n P_{n+1}$의 중점의 x좌표는 $\dfrac{x_n + x_{n+1}}{2}$,

선분 $P_{n+2} P_{n+3}$의 중점의 x좌표는 $\dfrac{x_{n+2} + x_{n+3}}{2}$이다.

조건 (나)에 의하여

$x_n + x_{n+1} = x_{n+2} + x_{n+3}$,

즉 $x_{n+3} = x_n + x_{n+1} - x_{n+2}$이고

조건 (가)에 의하여

$x_1 = -1$, $x_2 = 1$, $x_3 = -1$이므로

$x_4 = x_1 + x_2 - x_3$
$= (-1) + 1 - (-1) = 1$

$x_5 = x_2 + x_3 - x_4$
$\quad = 1 + (-1) - 1 = -1$
$x_6 = x_3 + x_4 - x_5$
$\quad = (-1) + 1 - (-1) = 1$
$\quad \vdots$
자연수 k에 대하여
$x_{2k-1} = -1$, $x_{2k} = 1$이므로
$x_{25} = -1$
$\therefore a = -1$

선분 $P_n P_{n+1}$의 중점의 y좌표는 $\dfrac{y_n + y_{n+1}}{2}$,

선분 $P_{n+2} P_{n+3}$의 중점의 y좌표는 $\dfrac{y_{n+2} + y_{n+3}}{2}$이다.

조건 (나)에 의하여
$y_n + y_{n+1} = y_{n+2} + y_{n+3}$,
즉 $y_{n+3} = y_n + y_{n+1} - y_{n+2}$이고
조건 (가)에 의하여
$y_1 = 0$, $y_2 = 0$, $y_3 = 2$이므로
$y_4 = y_1 + y_2 - y_3$
$\quad = 0 + 0 - 2 = -2$
$y_5 = y_2 + y_3 - y_4$
$\quad = 0 + 2 - (-2) = 4$
$y_6 = y_3 + y_4 - y_5$
$\quad = 2 + (-2) - 4 = -4$
$\quad \vdots$
자연수 k에 대하여
$y_{2k} = -2k + 2$, $y_{2k-1} = 2k - 2$이므로
$y_{25} = 2 \times 13 - 2 = 24$
$\therefore b = 24$
$\therefore a + b = (-1) + 24 = 23$

198 정답 ①

(i) $n = 2$일 때,
$\quad 9 - 4 = 5$이므로 4로 나눈 나머지가 1이다.
(ii) $n = k\,(k \geq 2)$일 때,
$\quad 3^k - 2k$를 4로 나눈 나머지가 1이라 가정하면
$\quad$ 자연수 m에 대하여 $3^k - 2k = 4m + 1$이다.
$\quad n = k + 1$일 때,
$\quad 3^{k+1} - 2(k+1) = 3(3^k - 2k) + \boxed{4k - 2}$
$\quad = 3(4m+1) + 4k - 2$
$\quad = 12m + 4k + 1$
$\quad = 4(3m + \boxed{k}) + 1$
$\quad$ 따라서 $n = k + 1$일 때에도 $3^{k+1} - 2(k+1)$을 4로
$\quad$ 나눈 나머지가 1이다.

(i), (ii)에 의하여 $n \geq 2$인 모든 자연수 n에 대하여
$3^n - 2n$을 4로 나눈 나머지가 1이다.
따라서 $f(k) = 4k - 2$, $g(k) = k$이므로
$f(5) + g(7) = 18 + 7 = 25$

199 정답 ③

(i) $n = 1$일 때, (좌변)=(우변)=$\boxed{-12}$이므로 (*)이
$\quad$ 성립한다.
(ii) $n = m$일 때 (*)이 성립한다고 가정하면
$\quad \displaystyle\sum_{k=1}^{2m} \{(-1)^{k+1} \times 2^k \times 2k\} = \dfrac{4 - (6m+1)4^{m+1}}{9}$이다.
$\quad n = m + 1$일 때,
$\quad \displaystyle\sum_{k=1}^{2m+2} \{(-1)^{k+1} \times 2^k \times 2k\}$
$\quad = \displaystyle\sum_{k=1}^{2m} \{(-1)^{k+1} \times 2^k \times 2k\}$
$\qquad\qquad + 2^{2m+1} \times 2(2m+1) - 2^{2m+2} \times 2(2m+2)$
$\quad = \displaystyle\sum_{k=1}^{2m} \{(-1)^{k+1} \times 2^k \times 2k\}$
$\qquad\qquad\qquad + (2m + 1 - 4m - 4)2^{2m+2}$
$\quad = \displaystyle\sum_{k=1}^{2m} \{(-1)^{k+1} \times 2^k \times 2k\} - \boxed{(2m+3)4^{m+1}}$
$\quad = \dfrac{4 - (6m+1)4^{m+1}}{9} - \dfrac{9(2m+3)4^{m+1}}{9}$
$\quad = \dfrac{1}{9}\{4 - (\boxed{24m + 28})4^{m+1}\}$
$\quad = \dfrac{4 - (6m+7)4^{m+2}}{9}$
$\quad$ 이다. 따라서 $n = m + 1$일 때도 (*)이 성립한다.
(i), (ii)에 의하여 모든 자연수 n에 대하여
$\displaystyle\sum_{k=1}^{2n} \{(-1)^{k+1} \times 2^k \times 2k\} = \dfrac{4 - (6n+1)4^{n+1}}{9}$이다.
따라서 $p = -12$, $f(m) = (2m+3)4^{m+1}$,
$g(m) = 24m + 28$이므로
$f(1) + g(2) + p = 80 + 76 + (-12) = 144$이다.

200 정답 ⑤

(1) $n = 1$일 때, $a_1 = \dfrac{(-1)^{1-1}}{(1-1)!}\alpha$이다.
(2) (i) $n = 2$일 때, $a_2 + a_1 = 0$이므로
$\quad\quad a_2 = -a_1 = \dfrac{(-1)^{2-1}}{(2-1)!}\alpha$이다.
$\quad$ 따라서 주어진 식이 성립한다.

(ii) $n = k\,(k \geq 2)$일 때 성립한다고 가정하고,
$n = k+1$일 때 성립함을 보이자.

$$a_k = \frac{(-1)^{k-1}}{(k-1)!}\alpha \qquad\qquad \cdots\cdots \text{⊙}$$

따라서

$$0 = ka_{k+1} + \sum_{m=1}^{k} ma_m$$

$$= ka_{k+1} + \sum_{m=1}^{k-1} ma_m + ka_k$$

$$= ka_{k+1} + (\boxed{1-k}) \times a_k + ka_k$$

$$\left(\because (k-1)a_k + \sum_{m=1}^{k-1} ma_m = 0 \right)$$

$$= ka_{k+1} + a_k$$

이므로

$$a_{k+1} = \boxed{-\frac{1}{k}} \times a_k$$

$$= \frac{-1}{k} \times \frac{(-1)^{k-1}}{(k-1)!}\alpha \;(\because \;\text{⊙})$$

$$= \frac{(-1)^k}{k!}\alpha$$

따라서 모든 자연수 n에 대하여 $a_n = \dfrac{(-1)^{n-1}}{(n-1)!}\alpha$이다.

$\therefore$ (가): $1-k$, (나): $-\dfrac{1}{k}$

$f(k) = (1-k) \times \left(-\dfrac{1}{k} \right) = \dfrac{k-1}{k}$ 이므로

$$f(10) = \frac{9}{10}$$

실전 + 수능

고쟁이

미니 모의고사
정답과 풀이

수학 I

01회

수능고쟁이 미니모의고사

1. ④	2. ⑤	3. ⑤	4. ③	5. ⑤
6. 25	7. 59	8. 5		

---

1. 삼각함수

정답 ④

> **문제 다시 보기**
>
> 구간 $(0, 3)$에서 정의되는 함수 $y = |3\cos(\pi x) + 2|$의 그래프와 직선 $y = m$의 교점의 개수가 3이 되도록 하는 정수 m의 개수는?
>
> ① 1　　② 2　　③ 3　　④ 4　　⑤ 5

함수 $y = \cos(\pi x)$의 주기가 $\dfrac{2\pi}{\pi} = 2$이므로

함수 $y = 3\cos(\pi x) + 2$의 그래프와

함수 $y = |3\cos(\pi x) + 2|$의 그래프를 나타내면 다음과 같다.

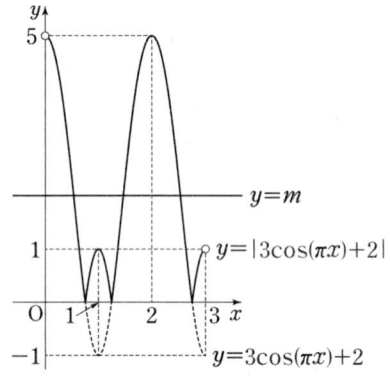

따라서 함수 $y = |3\cos(\pi x) + 2|$의 그래프와 직선 $y = m$의
교점의 개수가 3이려면

$m = 0$ 또는 $1 < m < 5$이어야 한다.

따라서 정수 m은 0, 2, 3, 4로 4개이다.

---

2. 지수함수와 로그함수

정답 ⑤

> **문제 다시 보기**
>
> 등식
>
> $$\log a + \log b = n + \log 2$$
>
> 를 만족시키는 두 자연수 a, b의 모든 순서쌍 (a, b)의 개수가 56이 되도록 하는 자연수 n의 값은?
>
> ① 2　　② 3　　③ 4　　④ 5　　⑤ 6

$n + \log 2 = \log(2 \times 10^n) = \log(2^{n+1} \times 5^n)$이므로

$\log a + \log b = \log ab$에서 $ab = 2^{n+1} \times 5^n$을 만족시키는
두 자연수 a, b의 모든 순서쌍 (a, b)의 개수는 $2^{n+1} \times 5^n$의
약수의 개수와 같다.

이때 $2^{n+1} \times 5^n$의 약수의 개수는 $(n+2)(n+1)$이므로

$(n+2)(n+1) = 56$에서

$n^2 + 3n + 2 = 56$, $n^2 + 3n - 54 = 0$,

$(n-6)(n+9) = 0$

$\therefore n = 6 \ (\because n$은 자연수$)$

다른 풀이

$n + \log 2 = \log(2 \times 10^n) = \log(2^{n+1} \times 5^n)$이므로

$\log a + \log b = \log ab$에서 $ab = 2^{n+1} \times 5^n$ ······ ㉠

이때 음이 아닌 네 정수 p_1, p_2, q_1, q_2에 대하여

$a = 2^{p_1} \times 5^{q_1}$, $b = 2^{p_2} \times 5^{q_2}$라 하면

㉠에 의하여 $p_1 + p_2 = n+1$, $q_1 + q_2 = n$

$p_1 + p_2 = n+1$을 만족시키는 순서쌍 (p_1, p_2)의 개수는

${}_2 H_{n+1} = {}_{n+2} C_{n+1} = n+2$,

$q_1 + q_2 = n$을 만족시키는 순서쌍 (q_1, q_2)의 개수는

${}_2 H_n = {}_{n+1} C_n = n+1$

이므로 구하는 순서쌍 (a, b)의 개수는 $(n+1)(n+2)$이다.

$(n+2)(n+1) = 56$에서

$n^2 + 3n + 2 = 56$, $n^2 + 3n - 54 = 0$,

$(n-6)(n+9) = 0$

$\therefore n = 6 \ (\because n$은 자연수$)$

3. 수열

정답 ⑤

문제 다시 보기

첫째항과 공차가 모두 양수인 두 등차수열 $\{a_n\}$, $\{b_n\}$에 대하여

$$b_n \times \sum_{k=1}^{n} a_k = \sum_{k=1}^{n} k a_k \ (n \geq 1)$$

가 성립할 때, 다음은 수열 $\{b_n\}$의 공차를 구하는 과정이다.

$b_1 = $ $\boxed{\text{(가)}}$ 이므로 수열 $\{b_n\}$의 공차를 $d \ (d > 0)$라 하면
수열 $\{b_n\}$의 일반항은
$$b_n = \boxed{\text{(가)}} + (n-1)d \qquad \cdots\cdots ㉠$$
이다.
한편, 수열 $\{a_n\}$의 공차를 $m \ (m > 0)$이라 하면
$$\sum_{k=1}^{n} a_k = na_1 + \frac{n(n-1)}{2}m, \qquad \cdots\cdots ㉡$$
$$\sum_{k=1}^{n} k a_k = \frac{n(n+1)}{2}a_1 + \boxed{\text{(나)}} \times m \qquad \cdots\cdots ㉢$$
이다. 따라서
$$b_n \times \sum_{k=1}^{n} a_k = \sum_{k=1}^{n} k a_k$$
에 ㉠, ㉡, ㉢을 대입하면 모든 자연수 n에 대하여 이 등식은 성립해야 하므로 항등식의 성질에 의하여 n^3의 계수만 비교했을 때 $d = \boxed{\text{(다)}}$ 이다.

위의 (나)에 알맞은 식을 $f(n)$이라 하고, (가), (다)에 알맞은 수를 각각 p, q라 할 때, $f(2p + 3q)$의 값은?

① 12 ② 14 ③ 16 ④ 18 ⑤ 20

$b_1 = \dfrac{a_1}{a_1} = \boxed{1}$ 이므로 수열 $\{b_n\}$의 공차를 $d \ (d > 0)$라 하면 수열 $\{b_n\}$의 일반항은
$b_n = \boxed{1} + (n-1)d$이다.
한편, 수열 $\{a_n\}$의 공차를 m이라 하면
$$\sum_{k=1}^{n} a_k = \frac{n(a_1 + a_n)}{2}$$
$$= \frac{n\{2a_1 + (n-1)m\}}{2}$$
$$= na_1 + \frac{n(n-1)}{2}m$$
이고
$$\sum_{k=1}^{n} k a_k = \sum_{k=1}^{n} k\{a_1 + (k-1)m\}$$
$$= \sum_{k=1}^{n} \{ka_1 + (k^2 - k)m\}$$
$$= \frac{n(n+1)}{2}a_1 + \left\{\frac{n(n+1)(2n+1)}{6} - \frac{n(n+1)}{2}\right\}m$$
$$= \frac{n(n+1)}{2}a_1 + \boxed{\frac{n(n+1)(n-1)}{3}} \times m$$
이므로

$$\{1 + (n-1)d\} \times \left\{na_1 + \frac{n(n-1)}{2}m\right\}$$
$$= \frac{n(n+1)}{2}a_1 + \frac{n(n+1)(n-1)}{3} \times m$$

이다. 이때 이 등식은 모든 자연수 n에 대하여 성립하므로 항등식의 성질에 의하여 n^3의 계수만 비교했을 때
$\dfrac{md}{2} = \dfrac{m}{3}$이고, $m \neq 0$이므로 $d = \boxed{\dfrac{2}{3}}$이다.
따라서
$$f(n) = \frac{n(n+1)(n-1)}{3}, \ p = 1, \ q = \frac{2}{3}$$이므로
$$f(2p + 3q) = f(4) = \frac{4 \times 5 \times 3}{3} = 20$$이다.

---

4. 지수함수와 로그함수

정답 ③

문제 다시 보기

그림과 같이 함수 $y = 2^x$의 그래프와 이차함수 $y = (x-2)^2$의 그래프가 만나는 점을 $A(x_1, y_1)$이라 하고, 함수 $y = \log_2 x$의 그래프와 이차함수 $y = (x-2)^2$의 그래프가 만나는 두 점 중 x좌표의 값이 작은 점을 $B(x_2, y_2)$라 하자. <보기>에서 옳은 것만을 있는 대로 고른 것은?

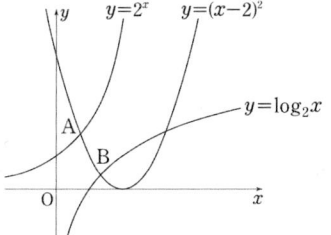

〈 보 기 〉

ㄱ. $x_1 > \dfrac{1}{2}$

ㄴ. $x_2 < \sqrt{2}$

ㄷ. $x_1 y_1 < x_2 y_2$

① ㄱ ② ㄴ ③ ㄱ, ㄴ
④ ㄱ, ㄷ ⑤ ㄱ, ㄴ, ㄷ

ㄱ. $2^{\frac{1}{2}} = \sqrt{2}$, $\left(\dfrac{1}{2} - 2\right)^2 = \dfrac{9}{4}$이므로
$$2^{\frac{1}{2}} < \left(\frac{1}{2} - 2\right)^2$$
따라서 두 함수 $y = 2^x$, $y = (x-2)^2$의 그래프의 교점 A는 직선 $x = \dfrac{1}{2}$의 오른쪽에 있다.
$$\therefore x_1 > \frac{1}{2} \ (참)$$

ㄴ. $\log_2 \sqrt{2} = \dfrac{1}{2}$, $(\sqrt{2}-2)^2 = 6 - 4\sqrt{2}$

$\dfrac{(\sqrt{2}-2)^2}{\log_2 \sqrt{2}} = 12 - 8\sqrt{2}$

이때 $11 < 8\sqrt{2} = \sqrt{128} < 12$이므로 $12 - 8\sqrt{2} < 1$

즉, $\dfrac{(\sqrt{2}-2)^2}{\log_2 \sqrt{2}} < 1$이므로 $\log_2 \sqrt{2} > (\sqrt{2}-2)^2$

따라서 두 함수 $y = \log_2 x$, $y = (x-2)^2$의 그래프의 교점 B는 직선 $x = \sqrt{2}$의 왼쪽에 있다.

$\therefore x_2 < \sqrt{2}$ (참)

ㄷ. 두 함수 $y = 2^x$, $y = \log_2 x$는 모두 증가함수이고,

$2^{\frac{1}{2}} = \sqrt{2}$이고 $x_1 > \dfrac{1}{2}$이므로 $y_1 > \sqrt{2}$

$\log_2 \sqrt{2} = \dfrac{1}{2}$이고 $x_2 < \sqrt{2}$이므로 $y_2 < \dfrac{1}{2}$

따라서 $x_1 y_1 > \dfrac{\sqrt{2}}{2}$, $x_2 y_2 < \dfrac{\sqrt{2}}{2}$이므로

$x_1 y_1 > x_2 y_2$이다. (거짓)

따라서 옳은 것은 ㄱ, ㄴ이다.

5. 수열

정답 ⑤

문제 다시 보기

수열 $\{a_n\}$에 대하여 $a_1 = 2^p$이고, 모든 자연수 n에 대하여

$$a_{n+1} = \begin{cases} 2a_n & (n\text{이 홀수일 때}) \\ \dfrac{a_n}{4} & (n\text{이 짝수일 때}) \end{cases}$$

이다. $a_n \geq 1$인 자연수 n의 최댓값이 M일 때,

$\displaystyle\sum_{n=1}^{M} a_n = \dfrac{765}{2}$이다. $M \times a_{p+1}$의 값은? (단, p는 자연수이다.)

① 8   ② 16   ③ 32   ④ 64   ⑤ 128

$a_1 = 2^p$,

$a_2 = 2a_1 = 2^{p+1}$,

$a_3 = \dfrac{a_2}{4} = 2^{p-1}$,

$a_4 = 2a_3 = 2^p$,

$a_5 = \dfrac{a_4}{4} = 2^{p-2}$,

$\vdots$

n이 홀수인 경우 $a_{n+1} = 2a_n \geq a_n$이므로

만약 $a_n \geq 1$이면 $a_{n+1} \geq 1$이다.

즉, $a_n \geq 1$을 만족시키는 자연수 n의 최댓값은 홀수가 될 수 없다.

n이 짝수일 때,

$n = 2m$(단, m은 자연수)이라 하면

$a_{2m+2} = 2a_{2m+1} = 2 \times \dfrac{a_{2m}}{4} = \dfrac{a_{2m}}{2}$

이므로 수열 $\{a_{2m}\}$은 첫째항이 $a_2 = 2^{p+1}$이고 공비가 $\dfrac{1}{2}$인 등비수열이다.

$\therefore a_{2m} = 2^{p+1} \times \left(\dfrac{1}{2}\right)^{m-1} = 2^{p-m+2}$ ······ⓛ

$a_{2m} \geq 1$인 경우

$2^{p-m+2} \geq 1$에서 $p - m + 2 \geq 0$, $m \leq p + 2$

따라서 자연수 $n(=2m)$의 최댓값은 $2p+4$이므로

$a_n \geq 1$인 자연수 n의 최댓값은 $M = 2p + 4$이다.

이때

$\displaystyle\sum_{n=1}^{M} a_n = \sum_{n=1}^{2p+4} a_n = \sum_{m=1}^{p+2} (a_{2m-1} + a_{2m})$

$\displaystyle = \sum_{m=1}^{p+2} (2^{p-m+1} + 2^{p-m+2})$

$\displaystyle = 3 \sum_{m=1}^{p+2} 2^{p-m+1}$

$\displaystyle = 3 \times 2^{p+1} \times \sum_{m=1}^{p+2} \left(\dfrac{1}{2}\right)^m$

$= 3 \times 2^{p+1} \times \dfrac{\dfrac{1}{2}\left\{1 - \left(\dfrac{1}{2}\right)^{p+2}\right\}}{1 - \dfrac{1}{2}}$

$= \dfrac{3}{2}(2^{p+2} - 1) = \dfrac{765}{2}$

에서 $2^{p+2} - 1 = 255$, $2^{p+2} = 256 = 2^8$

$\therefore p = 6$

$M = 2 \times 6 + 4 = 16$,

$a_{p+1} = a_7 = 2^{6-4+1} = 8$ ($\because$ ⓛ)

$\therefore M \times a_{p+1} = 128$

6. 수열　〔정답〕 25

문제 다시 보기

첫째항이 1이고 공차가 0이 아닌 등차수열 $\{a_n\}$에 대하여 수열 $\{b_n\}$은 모든 자연수 n에 대하여

$$a_n = \sum_{k=1}^{n} k b_k$$

를 만족시킨다. $\sum_{n=1}^{10} \dfrac{1}{b_n} = 10$일 때, a_5의 값을 구하시오.

주어진 조건에서 $a_1 = 1$이고 $a_n = \sum_{k=1}^{n} k b_k$에서

$n=1$일 때 $a_1 = b_1$이므로 $b_1 = 1$이다.

등차수열 $\{a_n\}$의 공차를 $d\,(d \neq 0)$라 하면 2 이상의 자연수 n에 대하여

$$d = a_n - a_{n-1} = \sum_{k=1}^{n} k b_k - \sum_{k=1}^{n-1} k b_k = n b_n$$

이므로 $\dfrac{1}{b_n} = \dfrac{n}{d}\,(n \geq 2)$

따라서

$$\sum_{n=1}^{10} \frac{1}{b_n} = \frac{1}{b_1} + \sum_{n=2}^{10} \frac{n}{d}$$
$$= 1 + \frac{1}{d}\left(\frac{10 \times 11}{2} - 1\right)$$
$$= 1 + \frac{54}{d} = 10$$

에서 $d = \dfrac{54}{9} = 6$

$$\therefore a_5 = 1 + 4 \times 6 = 25$$

7. 삼각함수　〔정답〕 59

문제 다시 보기

그림과 같이 $\overline{BC} = \sqrt{3}$, $\overline{CA} = 2$이고 $\cos(\angle BAC) = \dfrac{5}{6}$인 삼각형 ABC가 있다. 반직선 BC 위에 $\overline{AD} = 4$를 만족시키는 점 D를 잡을 때, $\sin^2(\angle ADB) = \dfrac{q}{p}$이다. $p+q$의 값을 구하시오. (단, $\overline{AB} > \overline{CA}$이고, p와 q는 서로소인 자연수이다.)

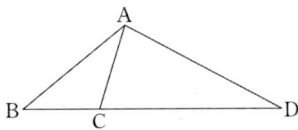

$\overline{AB} = x$라 하면 삼각형 ABC에서 코사인법칙에 의하여

$$\cos(\angle BAC) = \frac{x^2 + 4 - 3}{4x} = \frac{5}{6}$$

$3(x^2 + 1) = 10x$, $3x^2 - 10x + 3 = 0$

$(3x - 1)(x - 3) = 0$에서 $x = 3\,(\because \overline{AB} > \overline{CA})$

한편 $\sin(\angle BAC) = \sqrt{1 - \dfrac{25}{36}} = \dfrac{\sqrt{11}}{6}$이고

삼각형 ABC에서 사인법칙에 의하여

$$\frac{2}{\sin(\angle ABC)} = \frac{\sqrt{3}}{\dfrac{\sqrt{11}}{6}}, \quad \sin(\angle ABC) = \frac{\sqrt{11}}{3\sqrt{3}}$$

삼각형 ABD에서 사인법칙에 의하여

$$\frac{3}{\sin(\angle ADB)} = \frac{4}{\dfrac{\sqrt{11}}{3\sqrt{3}}}, \quad \sin(\angle ADB) = \frac{\sqrt{11}}{4\sqrt{3}}$$

$$\sin^2(\angle ADB) = \frac{11}{48}$$

$$\therefore p + q = 48 + 11 = 59$$

8. 지수함수와 로그함수　〔정답〕 5

문제 다시 보기

1보다 큰 양수 a에 대하여 두 곡선 $y = a^x$, $y = \log_a x$는 서로 다른 두 점 A, B에서 만나고, 선분 AB를 지름으로 하는 원 C는 y축에 접한다. 원 C의 반지름의 길이를 r라 하자. $a^{\sqrt{2}r} = p + q\sqrt{2}$일 때, $p + q$의 값을 구하시오.

(단, p, q는 유리수이다.)

함수 $y = \log_a x$는 함수 $y = a^x$의 역함수이므로 두 점 A, B는 모두 직선 $y = x$ 위의 점이다.

따라서 원 C가 y축에 접하면 이 원은 x축과도 접하므로 원 C의 중심의 좌표는 (r, r)이다.

일반성을 잃지 않고

$A\left(r - \dfrac{r}{\sqrt{2}}, r - \dfrac{r}{\sqrt{2}}\right)$, $B\left(r + \dfrac{r}{\sqrt{2}}, r + \dfrac{r}{\sqrt{2}}\right)$라 하면

두 점 A와 B는 모두 곡선 $y = a^x$ 위의 점이므로

$$a^{r - \frac{r}{\sqrt{2}}} = r - \frac{r}{\sqrt{2}} \qquad \cdots\cdots \text{㉠}$$

$$a^{r + \frac{r}{\sqrt{2}}} = r + \frac{r}{\sqrt{2}} \qquad \cdots\cdots \text{㉡}$$

㉡÷㉠에서

$$a^{\sqrt{2}r} = \frac{r + \dfrac{r}{\sqrt{2}}}{r - \dfrac{r}{\sqrt{2}}} = \frac{\sqrt{2} + 1}{\sqrt{2} - 1}$$

$$= (\sqrt{2} + 1)^2 = 3 + 2\sqrt{2}$$

$$\therefore p + q = 3 + 2 = 5$$

1. ①   **2.** ②   **3.** ④   **4.** ③   **5.** ②
6. 10   **7.** 23   **8.** 702

1. 삼각함수　　　　　　　　정답 ①

문제 다시 보기

그림과 같이 반지름의 길이가 1이고 중심이 O인 원 위의 세 점 A, B, C에 대하여 $\angle \text{AOB} = \theta \left(0 < \theta < \dfrac{\pi}{2}\right)$, $\angle \text{BOC} = \dfrac{\pi}{2}$ 이다. $\sin\theta = \dfrac{2\sqrt{2}}{3}$ 일 때, 둔각삼각형 AOC의 넓이는?

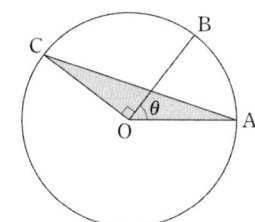

① $\dfrac{1}{6}$ ② $\dfrac{\sqrt{2}}{6}$ ③ $\dfrac{1}{3}$ ④ $\dfrac{\sqrt{2}}{3}$ ⑤ $\dfrac{2}{3}$

$0 < \theta < \dfrac{\pi}{2}$ 이므로 $\sin\theta = \dfrac{2\sqrt{2}}{3}$ 일 때 $\cos\theta = \dfrac{1}{3}$ 이다.

삼각형 AOC 의 넓이는

$\dfrac{1}{2} \times 1 \times 1 \times \sin\left(\theta + \dfrac{\pi}{2}\right) = \dfrac{1}{2}\cos\theta = \dfrac{1}{6}$

2. 지수함수와 로그함수　　　　정답 ②

문제 다시 보기

3 이상의 자연수 n에 대하여 $n^2 - 10n - 11$의 n제곱근 중 실수인 것이 존재하지 않는 n의 개수는?

① 2   ② 4   ③ 6   ④ 8   ⑤ 10

$n^2 - 10n - 11$의 n제곱근 중 실수인 것이 존재하지 않을 때는

n이 짝수이고, $n^2 - 10n - 11 < 0$일 때이다.

$n^2 - 10n - 11 = (n-11)(n+1) < 0$에서

$-1 < n < 11$이므로

3 이상의 짝수 n은 4, 6, 8, 10으로 총 4개이다.

3. 수열　　　　　　　　　　정답 ④

문제 다시 보기

자연수 n에 대하여 부등식 $\log_2 n \le k$를 만족시키는 자연수 k의 최솟값을 a_n 이라 할 때, $\displaystyle\sum_{n=1}^{10} a_n$의 값은?

① 20   ② 22   ③ 24   ④ 26   ⑤ 28

$f(x) = \log_2 x$라 할 때, 함수 $y = f(x)$의 그래프는 다음과 같다.

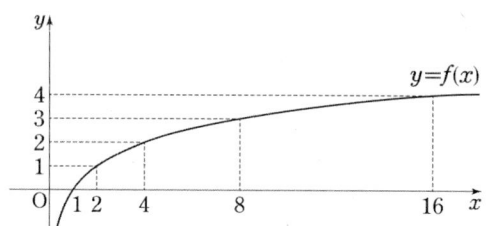

이때 $f(n) = \log_2 n$이므로 그래프를 이용하여 a_n의 값을 구하면

$a_1 = a_2 = 1$,

$a_3 = a_4 = 2$,

$a_5 = a_6 = a_7 = a_8 = 3$,

$a_9 = a_{10} = 4$

따라서 $\displaystyle\sum_{n=1}^{10} a_n = 26$이다.

4. 지수함수와 로그함수　　　　정답 ③

문제 다시 보기

$x > 2$에서 정의된 함수 $f(x) = \dfrac{x-3}{x-2}$이 있다. $t > 2$인 모든 실수 t에 대하여 원 $(x-t)^2 + \{y - f(t)\}^2 = 1$이 두 곡선 $y = \left(\dfrac{1}{2}\right)^{x-3} + k$, $y = \log_3(k - 4x)$와 만나지 않도록 하는 모든 정수 k의 값의 합은?

① 7   ② 8   ③ 9   ④ 10   ⑤ 11

$f(x) = \dfrac{x-3}{x-2} = 1 - \dfrac{1}{x-2}$ $(x > 2)$에서 곡선 $y = f(x)$의

점근선은 $x = 2$, $y = 1$이고,

원 $(x-t)^2 + \{y - f(t)\}^2 = 1$은 점 $(t, f(t))$를 중심으로 하고 반지름의 길이가 1인 원이다.

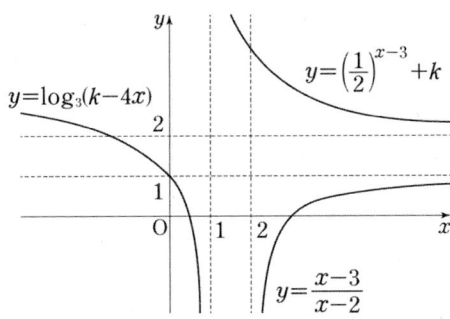

곡선 $y=\left(\dfrac{1}{2}\right)^{x-3}+k$ 의 점근선은 $y=k$ 이고, 이 곡선이

원과 만나지 않으려면 $k\geq 2(=1+1)$ 이어야 한다.

곡선 $y=\log_3(k-4x)$ 의 점근선은 $x=\dfrac{k}{4}$ 이고, 이 곡선이

원과 만나지 않으려면 $\dfrac{k}{4}\leq 1(=2-1)$, 즉 $k\leq 4$ 이어야

한다.

따라서 $2\leq k\leq 4$ 이므로 모든 정수 k 의 값의 합은

$2+3+4=9$ 이다.

5. 삼각함수   정답 ②

문제 다시 보기

> $-1\leq k\leq 1$ 인 실수 k 에 대하여 방정식 $\sin x=k$ 의 양의
> 실근을 작은 것부터 차례로 a_1, a_2, a_3, $\cdots$ 이라 하자.
> <보기>에서 옳은 것만을 있는 대로 고른 것은?
>
> ───────〈 보 기 〉───────
>
> ㄱ. $k=0$ 이면 모든 자연수 n 에 대하여
> $a_n+a_{n+1}=(2n+1)\pi$ 이다.
> ㄴ. 모든 자연수 n 에 대하여 $\cos a_n+\cos a_{n+1}=0$ 이다.
> ㄷ. $\tan a_1+\tan a_2+\tan a_3=1$ 이면 $k=\dfrac{\sqrt{2}}{2}$ 이다.
>
> ① ㄱ   ② ㄱ, ㄴ   ③ ㄱ, ㄷ
> ④ ㄴ, ㄷ   ⑤ ㄱ, ㄴ, ㄷ

ㄱ. $k=0$ 이면 방정식 $\sin x=0$ 의 양의 실근은

π, 2π, 3π, $\cdots$ 이므로 $a_n=n\pi$ 이다.

$\therefore a_n+a_{n+1}=n\pi+(n+1)\pi=(2n+1)\pi$ (참)

ㄴ. 어떤 자연수 m 에 대해

두 점 (a_n, k), (a_{n+1}, k) 는 직선 $x=\dfrac{2m-1}{2}\pi$ 에

대하여 대칭이다.

따라서 $a_n+a_{n+1}=(2m-1)\pi$ 이므로

$\cos a_{n+1}=\cos((2m-1)\pi-a_n)$

$\qquad\qquad=\cos(-\pi-a_n)=-\cos a_n$

이다.

$\therefore \cos a_n+\cos a_{n+1}=\cos a_n+(-\cos a_n)=0$ (참)

ㄷ. ㄴ에 의하여 $\cos a_3=-\cos a_2$ 이므로

$\tan a_2+\tan a_3=\dfrac{\sin a_2}{\cos a_2}+\dfrac{\sin a_3}{\cos a_3}$

$\qquad\qquad=\dfrac{k}{\cos a_2}-\dfrac{k}{\cos a_2}=0$

이다. 따라서

$\tan a_1+(\tan a_2+\tan a_3)=\tan a_1+0$

$\qquad\qquad\qquad\qquad=\tan a_1=1$

이다.

이때 $\tan x=1$ 을 만족시키는 양수 x 의 값은

$\dfrac{\pi}{4}$, $\dfrac{5\pi}{4}$, $\dfrac{9\pi}{4}$, $\dfrac{13\pi}{4}$, $\cdots$ 이므로

$a_1=\dfrac{\pi}{4}$ 일 때 $k=\sin\dfrac{\pi}{4}=\dfrac{\sqrt{2}}{2}$ 이고

$a_1=\dfrac{5\pi}{4}$ 일 때 $k=\sin\dfrac{5\pi}{4}=-\dfrac{\sqrt{2}}{2}$ 이다. (거짓)

$$\left(\because 0<a_1<\dfrac{\pi}{2} \text{ 또는 } \pi<a_1<\dfrac{3}{2}\pi\right)$$

따라서 옳은 것은 ㄱ, ㄴ이다.

6. 지수함수와 로그함수   정답 10

문제 다시 보기

> 1보다 큰 양수 a 에 대하여 $f(x)=a^x$ 라 하고
> $g(x)=a^{-x+4}$ 라 하자. 직선 $y=2$ 와 두 곡선 $y=f(x)$,
> $y=g(x)$ 가 만나는 두 점 사이의 거리가 2가 되도록 하는 서로
> 다른 두 양수 a 의 값을 각각 α, β 라 할 때, $\alpha^3+\beta^3$ 의 값을
> 구하시오.

직선 $y=2$ 와 곡선 $y=f(x)$ 가 만나는 점을 P라 하면

$a^x=2$ 에서 점 P의 x 좌표는 $\log_a 2$ 이다.

이때 두 곡선 $y=f(x)$ 와 $y=g(x)$ 는 직선 $x=2$ 에 대하여

대칭이므로 직선 $y=2$ 와 두 곡선 $y=f(x)$, $y=g(x)$ 가

만나는 두 점 사이의 거리가 2가 되기 위해서는

$\log_a 2=1$ 또는 $\log_a 2=3$ 이어야 한다.

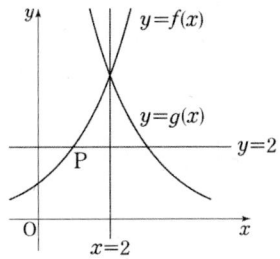 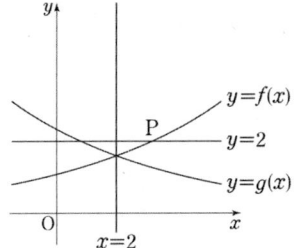

$\log_a 2=1$ 에서 $a=2$,

$\log_a 2=3$ 에서 $a=2^{\frac{1}{3}}$ 이므로

$\alpha=2$, $\beta=2^{\frac{1}{3}}$ 이라 하면 $\alpha^3+\beta^3=8+2=10$ 이다.

다른 풀이

직선 $y = 2$와 곡선 $y = f(x)$가 만나는 점의 x좌표는

$a^x = 2$에서 $x = \log_a 2$

직선 $y = 2$와 곡선 $y = g(x)$가 만나는 점의 x좌표는

$a^{-x+4} = 2$에서 $-x + 4 = \log_a 2$, $x = 4 - \log_a 2$

직선 $y = 2$와 두 곡선 $y = f(x)$, $y = g(x)$가 만나는 두 점

사이의 거리가 2이면

$|\log_a 2 - (4 - \log_a 2)| = 2$,

$|\log_a 2 - 2| = 1$에서 $\log_a 2 = 1$ 또는 $\log_a 2 = 3$

$\log_a 2 = 1$에서 $a = 2$,

$\log_a 2 = 3$에서 $a = 2^{\frac{1}{3}}$이므로

$\alpha = 2$, $\beta = 2^{\frac{1}{3}}$이라 하면 $\alpha^3 + \beta^3 = 8 + 2 = 10$이다.

따라서 $2 < x_2 < 8$, $x_3 > 8$에서

$g(x_2) = g(r) = 2r - 6$,

$g(x_3) = g(r^2) = -\dfrac{3}{4}r^2 + 16$

이고,

$g(x_2) = f(x_2) = \log_a r$,

$g(x_3) = f(x_3) = \log_a r^2 = 2\log_a r$

에서 $g(x_3) = 2g(x_2)$이다.

$-\dfrac{3}{4}r^2 + 16 = 2(2r - 6)$, $\dfrac{3}{4}r^2 + 4r - 28 = 0$,

$3r^2 + 16r - 112 = (r - 4)(3r + 28) = 0$

이때 $r > 0$이므로 $r = 4$이다.

따라서 $\log_a 4 = 2$에서 $a = 2$이고,

$x_1 = 1$, $x_2 = 4$, $x_3 = 16$이다.

$\therefore a + x_1 + x_2 + x_3 = 2 + 1 + 4 + 16 = 23$

---

7. 수열 　　　　　　　　　　　　　　　　 정답 23

문제 다시 보기

$a > 1$인 실수 a에 대하여 함수 $f(x) = \log_a x$의 그래프가 함수

$$g(x) = \begin{cases} 2 - 2x & (x < 2) \\ 2x - 6 & (2 \le x < 8) \\ -\dfrac{3}{4}x + 16 & (x \ge 8) \end{cases}$$

의 그래프와 서로 다른 세 점에서 만날 때, 세 점의 x좌표를
각각 x_1, x_2, x_3 $(x_1 < x_2 < x_3)$라 하자. 세 수 x_1, x_2, x_3이
이 순서대로 등비수열을 이룰 때, $a + x_1 + x_2 + x_3$의 값을
구하시오.

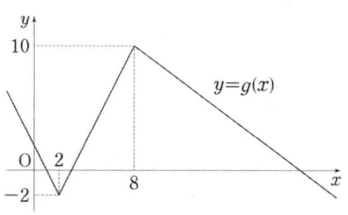

$f(1) = g(1) = 0$이므로 $x_1 = 1$이다.

세 수 x_1, x_2, x_3이 이 순서대로 등비수열을 이루므로

이 수열의 공비를 r라 하면 $x_2 = r$, $x_3 = r^2$이다.

한편, $f(1) = g(1) = 0$이므로

두 함수 $y = f(x)$와 $y = g(x)$의 그래프는 그림과 같다.

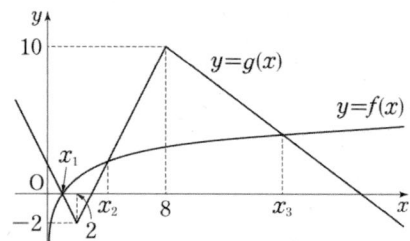

---

8. 수열 　　　　　　　　　　　　　　　　 정답 702

문제 다시 보기

수열 $\{a_n\}$이 모든 자연수 n에 대하여 다음 조건을 만족시킨다.

(가) $a_n > 0$

(나) $(a_{n+1} - 7)^2 = (a_n + 1)^2$

$a_{20} - a_1 = 99$일 때, $\displaystyle\sum_{n=1}^{20} a_n$의 값을 구하시오.

조건 (나)에서 $(a_{n+1} - a_n - 8)(a_{n+1} + a_n - 6) = 0$

즉,

㉠ : $a_{n+1} - a_n = 8$

또는

㉡ : $a_n + a_{n+1} = 6$

이다. 조건 (가)에 유의하여 수열 $\{a_n\}$의 규칙을 살펴보자.

$n = 1$일 때 ㉠을 만족하면 $a_2 > 8$이므로 $n \ge 2$인 모든 n에

대하여 ㉠을 만족해야 하며 $a_{20} = a_1 + 8 \times 19$가 되어

$a_{20} - a_1 = 152$이다.

따라서 $n = 1$일 때는 ㉡을 만족해야 하며 $0 < a_1 < 6$이어야

한다.

또한 ㉠을 만족하는 가장 작은 n의 값을 k라 하면 $n < k$인

모든 n에 대하여 ㉡을 만족하고,

$n \ge k$인 모든 n에 대하여 ㉠을 만족해야 한다.

이때 k가 20 이상이면 $a_{20} = 6 - a_1$이 되어

$a_{20} - a_1 = 6 - 2a_1$의 값이 99일 수 없다.

그러므로 k는 2 이상 19 이하의 자연수이어야 한다.

i) k가 홀수일 때

n	a_n
1	a_1
2	$6-a_1$
3	a_1
$\vdots$	$\vdots$
$k-1$	$6-a_1$
k	a_1
$k+1$	$a_1+8\times1$
$k+2$	$a_1+8\times2$
$\vdots$	
20	$a_1+8\times(20-k)$

$a_{20}-a_1=160-8k$의 값이 99가 될 수 없다.

ii) k가 짝수일 때

n	a_n
1	a_1
2	$6-a_1$
3	a_1
$\vdots$	$\vdots$
$k-1$	a_1
k	$6-a_1$
$k+1$	$6-a_1+8\times1$
$k+2$	$6-a_1+8\times2$
$\vdots$	
20	$6-a_1+8\times(20-k)$

$a_{20}-a_1=166-8k-2a_1$의 값이 99가 되려면

$\begin{cases} 8k+2a_1=67 \\ k\text{는 짝수} \\ 0<a_1<6 \end{cases}$ 에서 $k=8$, $a_1=\dfrac{3}{2}$이어야 한다.

따라서 수열 $\{a_n\}$은 제1항부터 제8항까지

$\dfrac{3}{2},\ \dfrac{9}{2},\ \dfrac{3}{2},\ \dfrac{9}{2},\ \dfrac{3}{2},\ \dfrac{9}{2},\ \dfrac{3}{2},\ \dfrac{9}{2}$

이고 제8항부터 공차가 8인 등차수열을 이루므로

$\displaystyle\sum_{n=1}^{8}a_n=\left(\dfrac{3}{2}+\dfrac{9}{2}\right)\times4=24$이고

$\displaystyle\sum_{n=9}^{20}a_n=\dfrac{\left(\dfrac{9}{2}+8\times1\right)+\left(\dfrac{9}{2}+8\times12\right)}{2}\times12=678$이다.

$\therefore \displaystyle\sum_{n=1}^{20}a_n=\sum_{n=1}^{8}a_n+\sum_{n=9}^{20}a_n=702$

1. ⑤	**2.** ⑤	**3.** ①	**4.** ③	**5.** ①
6. 81	**7.** 29	**8.** 130		

1. 삼각함수

정답 ⑤

문제 다시 보기

$0 \le x \le 2\pi$일 때, 방정식

$$|\cos(2x)| = \frac{1}{3}$$

의 모든 실근의 합은?

① 4π ② 5π ③ 6π ④ 7π ⑤ 8π

$0 \le x \le 2\pi$에서 함수 $y = |\cos(2x)|$의 그래프와 직선 $y = \frac{1}{3}$은 그림과 같다.

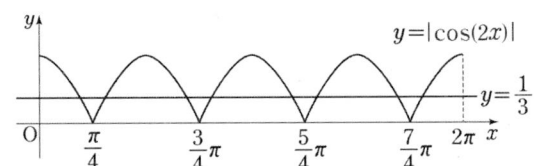

따라서 함수 $y = |\cos(2x)|$의 그래프가 직선 $y = \frac{1}{3}$과 만나는 점의 x좌표의 합은

$2\left(\dfrac{\pi}{4} + \dfrac{3\pi}{4} + \dfrac{5\pi}{4} + \dfrac{7\pi}{4}\right) = 8\pi$이다.

2. 수열

정답 ⑤

문제 다시 보기

함수 $f(x) = x(x-6)^2$에 대하여 수열 $\{a_n\}$이

$$f(n) = \sum_{k=1}^{n} a_k \ (n \ge 1)$$

을 만족시킬 때, $a_m < 0$을 만족시키는 모든 자연수 m의 값의 합은?

① 6   ② 9   ③ 12   ④ 15   ⑤ 18

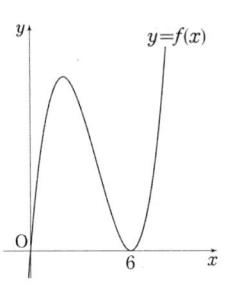

$f(x) = x(x-6)^2$에서

$f'(x) = (x-6)^2 + 2x(x-6) = (x-6)(3x-6)$

이므로 함수 $f(x)$는 $x=2$에서 극댓값을 갖고, $x=6$에서 극솟값을 갖는다.

따라서 함수 $f(x)$는 구간 $(2, 6)$에서 감소하고

$f(n) = \sum_{k=1}^{n} a_k$에서 $f(n) - f(n-1) = a_n \ (n \ge 2)$

이므로 a_3, a_4, a_5, a_6의 값은 음수이다.

또한 $f(1) = a_1 = 25 > 0$이므로 $a_1 > 0$

따라서 구하는 모든 자연수 m의 값의 합은

$3 + 4 + 5 + 6 = 18$이다.

문제 다시 보기

어느 도시에서 A년도 자동차등록대수를 n_A(대), B년도 자동차등록대수를 n_B(대)라 할 때, 이 도시에서의 A년도를 기준으로 B년도의 자동차등록대수의 연평균증가율 p(%)는 다음과 같이 계산한다.

$$p = \left\{ \left(\frac{n_B}{n_A} \right)^{\frac{1}{B-A}} - 1 \right\} \times 100$$

2015년을 기준으로 2017년과 2019년의 자동차등록대수의 연평균증가율이 각각 15%, 10%일 때, 2017년을 기준으로 2019년의 자동차등록대수의 연평균증가율(%)은?

① $\frac{120}{23}$ ② $\frac{123}{23}$ ③ $\frac{126}{23}$ ④ $\frac{129}{23}$ ⑤ $\frac{132}{23}$

$15 = \left\{ \left(\frac{n_{2017}}{n_{2015}} \right)^{\frac{1}{2}} - 1 \right\} \times 100$에서 $\frac{n_{2017}}{n_{2015}} = \left(\frac{23}{20} \right)^2$,

$10 = \left\{ \left(\frac{n_{2019}}{n_{2015}} \right)^{\frac{1}{4}} - 1 \right\} \times 100$에서 $\frac{n_{2019}}{n_{2015}} = \left(\frac{11}{10} \right)^4$이므로

$\frac{n_{2019}}{n_{2017}} = \frac{\left(\frac{11}{10} \right)^4}{\left(\frac{23}{20} \right)^2} = \left(\frac{121}{115} \right)^2$

따라서 2017년을 기준으로 2019년의 자동차등록대수의 연평균증가율 p는

$p = \left\{ \left(\frac{121}{115} \right)^{2 \times \frac{1}{2}} - 1 \right\} \times 100 = \frac{6}{115} \times 100 = \frac{120}{23}$

문제 다시 보기

곡선 $y = 3^x$을 y축에 대하여 대칭이동한 후 x축의 방향으로 1만큼, y축의 방향으로 $m(m > 0)$만큼 평행이동한 곡선을 $y = f(x)$라 하자. 곡선 $y = 3^x$과 y축이 만나는 점을 A라 할 때, 점 A를 지나고 기울기가 m인 직선이 곡선 $y = f(x)$와 만나는 점을 B라 하자. $\overline{AB} = \frac{5}{3}$일 때, $f(3)$의 값은?

① 1 ② $\frac{11}{9}$ ③ $\frac{13}{9}$ ④ $\frac{5}{3}$ ⑤ $\frac{17}{9}$

곡선 $y = 3^x$을 y축에 대하여 대칭이동한 곡선은 $y = 3^{-x}$이고,

이 곡선을 x축, y축의 방향으로 각각 1, m만큼씩 평행이동한 곡선은 $f(x) = 3^{-(x-1)} + m$이다.

한편 곡선 $y = 3^x$과 y축이 만나는 점 A의 좌표는 $(0, 1)$이고,

점 A를 지나고 기울기가 m인 직선을 l이라 하자.

이때 점 A를 x축, y축의 방향으로 각각 1, m만큼씩 평행이동한 점 $(1, 1+m)$은 직선 l 위의 점이면서 곡선 $y = f(x)$ 위의 점이다.

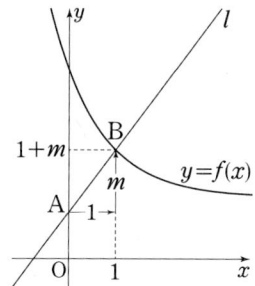

따라서 B$(1, 1+m)$이므로

$\overline{AB} = \frac{5}{3}$에서 $1 + m^2 = \frac{25}{9}$, 즉 $m = \frac{4}{3}$이고 ($\because m > 0$)

$f(x) = 3^{1-x} + \frac{4}{3}$이다.

$\therefore f(3) = \frac{1}{9} + \frac{4}{3} = \frac{13}{9}$

5. 수열

문제 다시 보기

모든 항이 양수인 수열 $\{a_n\}$이 $a_1 = 3$이고, 모든 자연수 n에 대하여

$$a_n(2 - a_{n+1}) = 1$$

을 만족시킨다. 다음은 $\displaystyle\sum_{n=1}^{10}(a_n - a_{n+1})$의 값을 구하는 과정이다.

$a_n(2 - a_{n+1}) = 1$에서 수열 $\{a_n\}$의 모든 항이 양수이므로

$$a_{n+1} = \boxed{(가)} - \frac{1}{a_n}$$

이 성립한다. 수열 $\{b_n\}$을

$$b_n = a_1 \times a_2 \times \cdots \times a_n$$

이라 하면 2 이상의 모든 자연수 n에 대하여

$$\begin{aligned}
b_{n+1} - b_n &= b_n \times (a_{n+1} - 1) \\
&= b_n \times \left(\boxed{(가)} - \frac{1}{a_n} - 1 \right) \\
&= b_n - b_{n-1}
\end{aligned}$$

이 성립하므로 수열 $\{b_n\}$은 등차수열이고, 일반항은

$$b_n = \boxed{(나)}$$

이다. 이때 모든 자연수 n에 대하여

$$a_{n+1} = \frac{b_{n+1}}{b_n}$$

이므로

$$\sum_{n=1}^{10}(a_n - a_{n+1}) = \boxed{(다)}$$

이다.

위의 (가), (다)에 알맞은 수를 각각 p, q라 하고, (나)에 알맞은 식을 $f(n)$이라 할 때, $p + q \times f(3)$의 값은?

① $\dfrac{46}{3}$ ② $\dfrac{108}{7}$ ③ $\dfrac{326}{21}$ ④ $\dfrac{328}{21}$ ⑤ $\dfrac{110}{7}$

$a_n(2 - a_{n+1}) = 1$에서 수열 $\{a_n\}$의 모든 항이 양수이므로

$a_{n+1} = \boxed{2} - \dfrac{1}{a_n}$ 이 성립한다.

수열 $\{b_n\}$을 $b_n = a_1 \times a_2 \times \cdots \times a_n$ 이라 하면

$a_1 = 3$, $a_2 = 2 - \dfrac{1}{3} = \dfrac{5}{3}$ 이므로

$b_2 - b_1 = 3 \times \dfrac{5}{3} - 3 = 2$ 이다.

또한 2 이상의 모든 자연수 n에 대하여

$$\begin{aligned}
b_{n+1} - b_n &= b_n \times a_{n+1} - b_n = b_n \times (a_{n+1} - 1) \\
&= b_n \times \left(\boxed{2} - \frac{1}{a_n} - 1 \right) \\
&= b_n \times \left(1 - \frac{1}{a_n} \right) = b_n - b_{n-1}
\end{aligned}$$

이 성립하므로 수열 $\{b_n\}$은 첫째항이 3이고 공차가 2인 등차수열이다.

따라서 $b_n = \boxed{2n+1}$ 이다.

이때 모든 자연수 n에 대하여 $a_{n+1} = \dfrac{b_{n+1}}{b_n} = \dfrac{2n+3}{2n+1}$ 이므로

$$\begin{aligned}
\sum_{n=1}^{10}(a_n - a_{n+1}) &= (a_1 - a_2) + (a_2 - a_3) + \cdots + (a_{10} - a_{11}) \\
&= a_1 - a_{11} = 3 - \frac{23}{21} = \boxed{\frac{40}{21}}
\end{aligned}$$

이다.

이상에서

(가): $p = 2$, (나): $f(n) = 2n+1$, (다): $q = \dfrac{40}{21}$

$$\therefore \; p + q \times f(3) = 2 + \frac{40}{21} \times 7 = \frac{46}{3}$$

6. 지수함수와 로그함수

문제 다시 보기

실수 k에 대하여 x에 대한 방정식 $\log_2(x^2 + x + 1) = k$가 오직 하나의 실근 a를 가질 때, 16^{k-4a}의 값을 구하시오.

$\log_2(x^2 + x + 1) = k$에서

$x^2 + x + 1 = 2^k$, $x^2 + x + 1 - 2^k = 0$,

$\left(x + \dfrac{1}{2}\right)^2 + \dfrac{3}{4} - 2^k = 0$

이때 이 이차방정식의 실근의 개수가 1이기 위해서는

$2^k = \dfrac{3}{4}$ 이어야 한다.

$\therefore \; k = \log_2 \dfrac{3}{4} = \log_2 3 - 2$

또한 $\left(a + \dfrac{1}{2}\right)^2 = 0$에서 $a = -\dfrac{1}{2}$ 이다.

따라서 $k - 4a = (\log_2 3 - 2) - 4 \times \left(-\dfrac{1}{2}\right) = \log_2 3$ 이므로

$16^{k-4a} = 16^{\log_2 3} = 3^4 = 81$ 이다.

문제 다시 보기

그림과 같이 $\overline{AB}=2$이고 $\angle C=\dfrac{\pi}{2}$인 삼각형 ABC에서 선분 AB의 중점을 M이라 하자. 점 M을 지나고 직선 BC와 평행한 직선 위에 $\overline{AC}=\overline{MD}$를 만족시키며, 두 선분 AC, DM이 만나도록 점 D를 잡고, 두 선분 AC, DM이 만나는 점을 E라 하자. 점 E는 선분 DM을 3 : 1로 내분하는 점일 때, 삼각형 AMD의 외접원의 넓이는 $\dfrac{q}{p}\pi$이다. $p+q$의 값을 구하시오.

(단, p와 q는 서로소인 자연수이다.)

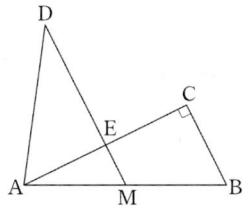

두 직선 BC와 DM은 서로 평행하고 점 M은 선분 AB의 중점이므로 두 삼각형 ABC와 AME는 닮음비가 2 : 1인 닮음이다.

$\angle BAC=\theta$라 하면 $\overline{AM}=1$에서 $\overline{AE}=\cos\theta$, $\overline{ME}=\sin\theta$

또한 $\overline{CE}=\overline{AE}=\cos\theta$이므로 $\overline{MD}=2\cos\theta$

$\therefore \overline{DE}=2\cos\theta-\sin\theta$

한편, 점 E는 선분 DM을 3 : 1로 내분하는 점이므로

$\overline{ME}=\sin\theta$에서 $\overline{DE}=3\sin\theta$이다.

따라서 $2\cos\theta-\sin\theta=3\sin\theta$에서

$2\cos\theta=4\sin\theta$, $\tan\theta=\dfrac{1}{2}$

$\therefore \sin\theta=\dfrac{1}{\sqrt{5}}$, $\cos\theta=\dfrac{2}{\sqrt{5}}$ $\left(\because 0<\theta<\dfrac{\pi}{2}\right)$

따라서 $\overline{AE}=\dfrac{2}{\sqrt{5}}$, $\overline{DE}=\dfrac{3}{\sqrt{5}}$이므로 직각삼각형

AED에서 $\overline{AD}=\dfrac{\sqrt{13}}{\sqrt{5}}$이고 삼각형 AMD의 외접원의

반지름의 길이를

$r\,(r>0)$라 하면 사인법칙에 의하여

$2r=\dfrac{\overline{AD}}{\sin\left(\dfrac{\pi}{2}-\theta\right)}=\dfrac{\dfrac{\sqrt{13}}{\sqrt{5}}}{\cos\theta}=\dfrac{\sqrt{13}}{2}$

$\therefore r=\dfrac{\sqrt{13}}{4}$

따라서 삼각형 AMD의 외접원의 넓이는 $\dfrac{13}{16}\pi$이므로

$p+q=29$이다.

문제 다시 보기

첫째항과 공차가 모두 자연수인 등차수열 $\{a_n\}$에 대하여 수열 $\{b_n\}$은 다음 조건을 만족시킨다.

자연수 m에 대하여 $a_n=m$이면 $b_n=a_m$이다.

$\displaystyle\sum_{n=1}^{10}b_n=280$일 때, $\displaystyle\sum_{n=1}^{10}a_n$의 값을 구하시오.

수열 $\{a_n\}$의 공차를 d라 하고 이 수열의 일반항을

$a_n=dn+k$ (단, k는 정수)라 하자.

이때, $b_1=a_{d+k}$, $b_2=a_{2d+k}$, $b_3=a_{3d+k}$이고

수열 $\{a_{dn+k}\}$는 공차가 d^2인 등차수열이므로

수열 $\{b_n\}$은 공차가 d^2인 등차수열이다.

$\displaystyle\sum_{n=1}^{10}b_n=\dfrac{10\times(2b_1+9d^2)}{2}$

$=5\times(2b_1+9d^2)=10b_1+45d^2$

이때 280은 짝수이므로 d는 짝수이고

b_1은 자연수이므로 $d=2$이어야 한다.

따라서 $10b_1+45d^2=280$에서 $b_1=10$

$b_1=a_{2+k}=2(2+k)+k=4+3k=10$에서 $k=2$

$\therefore a_n=2n+2$

$\therefore \displaystyle\sum_{n=1}^{10}a_n=\sum_{n=1}^{10}(2n+2)=2\times\dfrac{10\times11}{2}+20=130$

다른 풀이

수열 $\{a_n\}$의 첫째항을 a, 공차를 d(단, a와 d는 자연수)라 하면

$a_n=a+(n-1)d$

$m=a_n=a+(n-1)d$이면

$b_n=a_m=a+(m-1)d$

$=a+\{a+(n-1)d-1\}d$

$=a+(a-1)d+(n-1)d^2$

$\displaystyle\sum_{n=1}^{10}b_n=\sum_{n=1}^{10}\{a+(a-1)d+(n-1)d^2\}$

$=10a+10(a-1)d+45d^2=280$

일 때 $2a+2(a-1)d+9d^2=56$

$2a+2(a-1)d=56-9d^2$ ······㉠

a, d가 자연수 일 때 좌변이 짝수이므로 d는 짝수이고

$56-9d^2>0$이다.

이때 $d^2<\dfrac{56}{9}$을 만족시키는 짝수 d의 값은 2뿐이다.

㉠에 대입하면 $2a+4(a-1)=20$

$a=4$이므로 $a_n=4+2(n-1)$

$\therefore \displaystyle\sum_{n=1}^{10}a_n=4\times10+2\times45=130$

1. ④	**2.** ①	**3.** ⑤	**4.** ④	**5.** ②
6. 12	**7.** 53	**8.** 25		

1. 지수함수와 로그함수   정답 ④

문제 다시 보기

정의역이 $\{x \mid -1 \le x \le 2\}$인 두 함수 $y = \log_2(x+2)$,
$y = -2^{x+a} + 2$의 최솟값이 서로 같을 때, 실수 a의 값은?

① 2   ② 1   ③ 0   ④ -1 ⑤ -2

함수 $y = \log_2(x+2)$는 x의 값이 커질 때 y의 값도
커지므로 $x = -1$일 때 최솟값 $\log_2 1 = 0$을 갖고,
함수 $y = -2^{x+a} + 2$는 x의 값이 커질 때 y의 값은
작아지므로 $x = 2$일 때 최솟값 $-2^{2+a} + 2$를 갖는다.
두 함수의 최솟값이 서로 같으므로
$-2^{2+a} + 2 = 0$에서
$2^{2+a} = 2$, $2 + a = 1$
∴ $a = -1$

2. 수열   정답 ①

문제 다시 보기

첫째항이 $\dfrac{1}{2}$이고 공비가 2인 등비수열 $\{a_n\}$에 대하여

$\displaystyle\sum_{n=1}^{5} a_n a_{n+2}$의 값은?

① 341   ② 343   ③ 345   ④ 347   ⑤ 349

등비수열 $\{a_n\}$에 대하여 $a_n a_{n+2} = (a_{n+1})^2$이고
수열 $\{(a_n)^2\}$은 첫째항이 $\dfrac{1}{4}$, 공비가 4인 등비수열이므로

$$\sum_{n=1}^{5} a_n a_{n+2} = \sum_{n=1}^{5} (a_{n+1})^2$$
$$= \sum_{n=2}^{6} (a_n)^2$$
$$= \frac{1 \times (4^5 - 1)}{4 - 1}$$
$$= \frac{1}{3} \times 1023 = 341$$

3. 지수함수와 로그함수   정답 ⑤

문제 다시 보기

두 자리 자연수 n에 대하여 $\left(\sqrt[3]{2^4 \times 3^2}\right)^{\frac{9}{8}}$이 어떤 자연수의
n제곱근이 되도록 하는 n의 개수는?

① 18   ② 19   ③ 20   ④ 21   ⑤ 22

$$\left(\sqrt[3]{2^4 \times 3^2}\right)^{\frac{9}{8}} = \left(12^{\frac{2}{3}}\right)^{\frac{9}{8}} = 12^{\frac{3}{4}}$$

이때 $12^{\frac{3}{4}}$이 어떤 자연수의 n제곱근이 되려면

$\left(12^{\frac{3}{4}}\right)^n = 12^{\frac{3n}{4}}$이 자연수이어야 하므로

n의 값으로 가능한 두 자리 자연수는
12, 16, 20, $\cdots$, 96이다.
따라서 구하는 자연수 n의 개수는 22이다.

4. 삼각함수   정답 ④

문제 다시 보기

그림과 같이 $\overline{AB} = \overline{BC} = 1$인 직각이등변삼각형 ABC에 대하여
선분 BC 위에 $\overline{BD} = t\ (0 < t < 1)$이 되도록 점 D를 잡는다.
$\sin(\angle DAC) = \dfrac{\sqrt{5}}{5}$일 때, t의 값은?

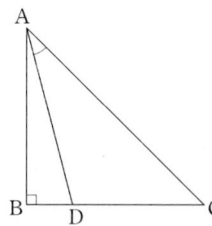

① $\dfrac{1}{12}$ ② $\dfrac{1}{6}$ ③ $\dfrac{1}{4}$ ④ $\dfrac{1}{3}$ ⑤ $\dfrac{5}{12}$

직각삼각형 ABD에서 $\overline{AD} = \sqrt{t^2 + 1}$

$\angle DAC = \theta\ \left(0 < \theta < \dfrac{\pi}{4}\right)$라 하면 삼각형 ADC에서

사인법칙에 의하여

$$\frac{\sqrt{t^2+1}}{\sin\dfrac{\pi}{4}} = \frac{1-t}{\sin\theta}, \ \sin\theta = \frac{1-t}{\sqrt{2t^2+2}}$$

주어진 조건에서 $\sin\theta = \dfrac{\sqrt{5}}{5}$이므로

$\sqrt{2t^2+2}=\sqrt{5}(1-t)$

양변을 제곱하면

$2t^2+2=5(t^2-2t+1)$, $3t^2-10t+3=0$,

$(3t-1)(t-3)=0$

$\therefore t=\dfrac{1}{3}$ $(\because 0<t<1)$

5. 수열

문제 다시 보기

다음 조건을 만족시키는 수열 $\{a_n\}$이 있다.

(가) a_1은 자연수이다.

(나) $a_{n+1}=\begin{cases}a_n-4 & (a_n\geq 0)\\ -3a_n-4 & (a_n<0)\end{cases}$ $(n=1, 2, 3, \cdots)$

<보기>에서 옳은 것만을 있는 대로 고른 것은?

─── 〈 보 기 〉───

ㄱ. $a_1=12$이면 $a_2=a_6$이다.

ㄴ. $a_1=38$이면 $\displaystyle\sum_{k=1}^{n}a_k$의 최댓값은 200이다.

ㄷ. $\displaystyle\sum_{k=1}^{100}a_k<0$을 만족시키는 모든 a_1의 값의 합은 105이다.

① ㄱ   ② ㄱ, ㄴ   ③ ㄱ, ㄷ

④ ㄴ, ㄷ   ⑤ ㄱ, ㄴ, ㄷ

a_1이 자연수이므로 모든 자연수 n에 대하여 a_n은 정수이다.

어떤 자연수 m에 대하여

i) $a_m=0$인 경우

$a_{m+1}=-4$, $a_{m+2}=8$, $a_{m+3}=4$, $a_{m+4}=0$이므로

m번째 항부터 0, -4, 8, 4가 이 순서대로 반복된다.

ii) $a_m=1$인 경우

$a_{m+1}=-3$, $a_{m+2}=5$, $a_{m+3}=1$이므로 m번째 항부터

1, -3, 5가 이 순서대로 반복된다.

iii) $a_m=2$인 경우

$a_{m+1}=-2$, $a_{m+2}=2$이므로 m번째 항부터 2, -2가

이 순서대로 반복된다.

iv) $a_m=3$인 경우

$a_{m+1}=-1$, $a_{m+2}=-1$이므로 $(m+1)$번째 항 이후의

모든 수는 -1이다.

ㄱ. $a_1=12$이면 $a_2=8$, $a_3=4$, $a_4=0$, $a_5=-4$,

$a_6=8$이므로 $a_2=a_6$이다. (참)

ㄴ. $a_1=38$이면 첫째항이 38이고 공차가 -4인

등차수열의 일반항은

$38+(n-1)\times(-4)=42-4n$

이므로 $a_{10}=42-40=2$

iii)에 의해 10번째 항부터 2, -2가 이 순서대로

반복되므로

$$\sum_{k=1}^{n}a_k\leq\sum_{k=1}^{10}a_k=\frac{10(38+2)}{2}=200$$

이다. 따라서 $\displaystyle\sum_{k=1}^{n}a_k$의 최댓값은 200이다. (참)

ㄷ. $\displaystyle\sum_{k=1}^{100}a_k<0$이 성립하는 경우는 iv)에 의해

$a_m=3$인 경우뿐이다.

$a_1=23$이고 공차가 -4인 등차수열의 일반항은

$a_n=23+(n-1)\times(-4)=27-4n$

이므로 $a_6=27-24=3$

이때

$$\sum_{k=1}^{6}a_k=\frac{6(23+3)}{2}=78,\quad \sum_{k=7}^{100}a_k=(-1)\times 94=-94$$

이므로

$$\sum_{k=1}^{100}a_k=78+(-94)=-16<0$$

$a_1=27$이고 공차가 -4인 등차수열의 일반항은

$a_n=27+(n-1)\times(-4)=31-4n$

이므로 $a_7=31-28=3$

이때

$$\sum_{k=1}^{7}a_k=\frac{7(27+3)}{2}=105,\quad \sum_{k=8}^{100}a_k=(-1)\times 93=-93$$

이므로

$$\sum_{k=1}^{100}a_k=105+(-93)=12>0$$

따라서 $\displaystyle\sum_{k=1}^{100}a_k<0$을 만족시키는 a_1의 모든 값은

3, 7, 11, 15, 19, 23

이므로 그 합은 $\dfrac{6\times(3+23)}{2}=78$이다. (거짓)

따라서 옳은 것은 ㄱ, ㄴ이다.

6. 삼각함수

문제 다시 보기

중심각의 크기가 $\dfrac{\pi}{6}$인 부채꼴 S의 호의 길이가 2π일 때, 부채꼴 S의 넓이는 $a\pi$이다. 상수 a의 값을 구하시오.

부채꼴 S의 반지름의 길이를 r라 하면

부채꼴의 호의 길이는 $r\times\dfrac{\pi}{6}=2\pi$이므로 $r=12$

부채꼴의 넓이는 $\dfrac{1}{2}\times 12^2\times\dfrac{\pi}{6}=12\pi$이다.

$\therefore a=12$

그림과 같이 두 함수 $y = \log_2 x$, $y = \log_2(x-4)-1$의
그래프가 x축과 만나는 점을 각각 A, B, 직선 $y=t$와 만나는
점을 각각 C, D, 직선 $y = \dfrac{t}{2}$와 만나는 점을 각각 E, F라 하자.

사각형 ABFE의 넓이가 사각형 EFDC의 넓이의 $\dfrac{10}{19}$일 때,

$2^t = \dfrac{q}{p}$이다. $p+q$의 값을 구하시오.

(단, $t > 0$이고, p와 q는 서로소인 자연수이다.)

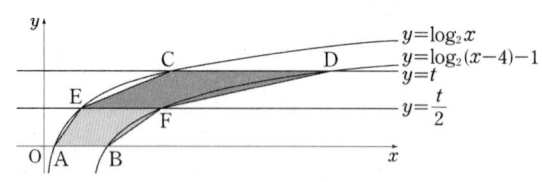

$0 = \log_2 x$에서 $x = 1$

$0 = \log_2(x-4)-1$에서 $\log_2(x-4) = 1$, $x-4 = 2$, $x = 6$
이므로 A$(1, 0)$, B$(6, 0)$이다.

$\therefore \overline{AB} = 5$

$t = \log_2 x$에서 $x = 2^t$

$t = \log_2(x-4)-1$에서 $\log_2(x-4) = t+1$, $x-4 = 2^{t+1}$,

$x = 2^{t+1}+4$

이므로 C$(2^t, t)$, D$(2^{t+1}+4, t)$이다.

$\therefore \overline{CD} = 2^{t+1}+4-2^t = 2^t+4$

마찬가지 방법에 의하여 $\overline{EF} = 2^{\frac{t}{2}}+4$이다.

사각형 ABFE의 넓이가 사각형 EFDC의 넓이의
$\dfrac{10}{19}$이므로

$\dfrac{1}{2} \times \left\{ 5 + \left(2^{\frac{t}{2}}+4 \right) \right\} \times \dfrac{t}{2}$

$= \dfrac{10}{19} \times \dfrac{1}{2} \times \left\{ \left(2^{\frac{t}{2}}+4 \right) + \left(2^t+4 \right) \right\} \times \dfrac{t}{2}$

$19 \left(2^{\frac{t}{2}}+9 \right) = 10 \left(2^t+2^{\frac{t}{2}}+8 \right)$

$10 \times 2^t - 9 \times 2^{\frac{t}{2}} - 91 = 0$

$\left(5 \times 2^{\frac{t}{2}}+13 \right)\left(2 \times 2^{\frac{t}{2}}-7 \right) = 0$

$\therefore 2^{\frac{t}{2}} = \dfrac{7}{2} \;\; \left(\because 2^{\frac{t}{2}} > 0 \right)$

$2^t = \left(2^{\frac{t}{2}} \right)^2 = \dfrac{49}{4}$이므로 $p = 4$, $q = 49$

$\therefore p+q = 53$

수열 $\{a_n\}$이 다음 조건을 만족시키도록 하는 모든 a_3의 값의
합을 p라 할 때, $200 \times |p|$의 값을 구하시오.

(가) 모든 자연수 n에 대하여 $a_{n+3} = |a_n|+3$이다.

(나) $\displaystyle\sum_{n=1}^{30} a_n = 490$

(다) $|a_1+a_2| = 10$이고 $a_1 a_2 > 0$이다.

조건 (가)에 의해
4 이상의 모든 자연수 n에 대하여 $a_n > 0$이므로
$a_{n+3} = a_n + 3 \;(n \geq 4)$이다.
따라서

$\displaystyle\sum_{n=1}^{10} a_{3n-2} = a_1 + (|a_1|+3\times 1) + \cdots + (|a_1|+3\times 9)$

$\displaystyle\sum_{n=1}^{10} a_{3n-1} = a_2 + (|a_2|+3\times 1) + \cdots + (|a_2|+3\times 9)$

$\displaystyle\sum_{n=1}^{10} a_{3n} = a_3 + (|a_3|+3\times 1) + \cdots + (|a_3|+3\times 9)$

이므로 조건 (나)에 의하여

$\displaystyle\sum_{n=1}^{10} (a_{3n-2}+a_{3n-1}+a_{3n})$

$= (a_1+a_2+a_3) + 9(|a_1|+|a_2|+|a_3|) + \left(3 \times \dfrac{9 \times 10}{2} \right) \times 3$

$= (a_1+a_2+a_3) + 9(|a_1|+|a_2|+|a_3|) + 405 = 490$

에서 $(a_1+a_2+a_3) + 9(|a_1|+|a_2|+|a_3|) = 85$이다.

이때 $|a_1+a_2| = 10$이고 $a_1 a_2 > 0$이므로

$(a_1+9|a_1|) + (a_2+9|a_2|)$의 값은

$a_1 > 0$, $a_2 > 0$이면 $10(a_1+a_2) = 100$이고

$a_1 < 0$, $a_2 < 0$이면 $-8(a_1+a_2) = 80$이다.

이때 $a_3 + 9|a_3| \geq 0$이므로

$a_3 + 9|a_3| = 85 - 80 = 5$이어야 한다.

이때 $a_3 \geq 0$이면 $10a_3 = 5$, 즉 $a_3 = \dfrac{1}{2}$이고

$a_3 < 0$이면 $-8a_3 = 5$, 즉 $a_3 = -\dfrac{5}{8}$이다.

$\therefore 200 \times |p| = 200 \times \left| \dfrac{1}{2} + \left(-\dfrac{5}{8} \right) \right| = 25$

1. ②	2. ③	3. ②	4. ①	5. ④
6. 68	7. 6	8. 19		

1. 지수함수와 로그함수 　　　　　　　정답 ②

문제 다시 보기

함수 $f(x) = \log_{\frac{1}{2}}(9-4x)+k$의 그래프가 제2사분면을 지나지

않도록 하는 자연수 k의 최댓값은?

① 2　　　② 3　　　③ 4　　　④ 5　　　⑤ 6

$$f(x) = \log_{\frac{1}{2}}(9-4x)+k$$

$$= \log_{2^{-1}}\left(-4\left(x-\frac{9}{4}\right)\right)+k$$

$$= -\log_2\left(-\left(x-\frac{9}{4}\right)\right)+k-2$$

이므로 함수 $y=f(x)$의 그래프는 함수 $y=-\log_2(-x)$의

그래프를 x축의 방향으로 $\frac{9}{4}$, y축의 방향으로 $k-2$만큼

평행이동한 그래프이다.

즉, x의 값이 커질 때 y의 값도 커지는 함수이다.

이 함수의 그래프가 제2사분면을 지나지 않으려면

$f(0) \leq 0$이어야 한다.

$f(0) = \log_{\frac{1}{2}}9+k \leq 0$에서 $k \leq -\log_{\frac{1}{2}}9 = \log_2 9$

$2^3 < 9 < 2^4$에서 $3 < \log_2 9 < 4$이므로

자연수 k의 최댓값은 3이다.

2. 수열 　　　　　　　　　　　　　정답 ③

문제 다시 보기

공비가 양수인 등비수열 $\{a_n\}$의 첫째항부터 제n항까지의 합을

S_n이라 하자.

$$\frac{S_8-S_5}{S_6-S_5}=13, \quad S_3-S_1=4$$

일 때, a_4의 값은?

① 3　　　② 6　　　③ 9　　　④ 12　　　⑤ 15

등비수열 $\{a_n\}$의 첫째항을 a, 공비를 r $(r>0)$이라 하면

$$\frac{S_8-S_5}{S_6-S_5} = \frac{a_6+a_7+a_8}{a_6}$$

$$= \frac{ar^5+ar^6+ar^7}{ar^5}$$

$$= 1+r+r^2 = 13$$

이므로 $r^2+r-12=0$

$(r+4)(r-3)=0$에서 r는 양수이므로 $r=3$이다.

또한

$$S_3-S_1 = a_2+a_3 = 3a+9a = 12a = 4$$

이므로 $a = \frac{1}{3}$

$$\therefore a_4 = \frac{1}{3} \times 3^3 = 9$$

3. 삼각함수 　　　　　　　　　　　정답 ②

문제 다시 보기

그림과 같이 양수 a에 대하여 구간 $[0, 2a\pi]$에서 정의된 함수

$y = \cos\dfrac{x}{a}$의 그래프와 직선 $y = \dfrac{2}{3}$가 만나는 두 점을 각각 A,

B라 하고, 직선 $y = -\dfrac{2}{3}$가 만나는 두 점을 각각 C, D라 하자.

사각형 ACDB의 넓이가 3일 때, a의 값은?

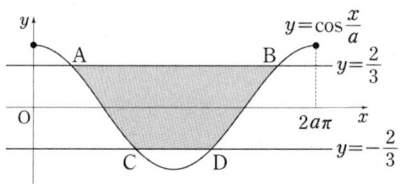

① $\dfrac{5}{2\pi}$　　② $\dfrac{9}{4\pi}$　　③ $\dfrac{2}{\pi}$　　④ $\dfrac{7}{4\pi}$　　⑤ $\dfrac{3}{2\pi}$

함수 $y = \cos\dfrac{x}{a}$의 그래프는 점 $\left(\dfrac{a}{2}\pi, 0\right)$에 대하여

대칭이므로 점 A의 x좌표를 $\dfrac{a}{2}\pi-t$라 하면 점 C의

x좌표는 $\dfrac{a}{2}\pi+t$이다.

또한 함수 $y = \cos\dfrac{x}{a}$의 그래프는 직선 $x=a\pi$에 대하여

대칭이므로 점 B의 x좌표는 $\dfrac{3}{2}a\pi+t$이고 점 D의 x좌표는

$\dfrac{3}{2}a\pi-t$이다.

따라서 $\overline{AB}=a\pi+2t$, $\overline{CD}=a\pi-2t$ 이다.

한편, 사각형 ACDB는 사다리꼴이므로

이 사각형의 넓이는

$$\frac{1}{2}\times(\overline{AB}+\overline{CD})\times2\times\frac{2}{3}=\frac{2}{3}\times2a\pi=\frac{4}{3}a\pi$$

주어진 조건에서 사각형 ACDB의 넓이는 3이므로

$$\frac{4}{3}a\pi=3$$ 에서 $a=\frac{9}{4\pi}$ 이다.

---

4. 지수함수와 로그함수 [정답] ①

문제 다시 보기

좌표평면에서 두 곡선 $y=\log_2(a-x)$, $y=\log_{\frac{1}{2}}(bx)$ 가 서로

다른 두 점 A, B에서 만난다. 선분 AB의 중점의 좌표가

$\left(\dfrac{3}{2},\,\dfrac{1}{2}\right)$ 이 되도록 하는 두 양수 a, b의 합 $a+b$의 값은?

① $\dfrac{7}{2}$ ② $\dfrac{9}{2}$ ③ $\dfrac{11}{2}$ ④ $\dfrac{13}{2}$ ⑤ $\dfrac{15}{2}$

두 점 A, B의 x좌표를 각각 p, q라 하면 방정식

$\log_2(a-x)=\log_{\frac{1}{2}}(bx)$ 의 두 실근이 p, q이다.

$\log_2(a-x)=\log_2\dfrac{1}{bx}$ 에서 $a-x=\dfrac{1}{bx}$,

즉 $x^2-ax+\dfrac{1}{b}=0$ 이므로 근과 계수의 관계에서

$p+q=a$ 이고   ......㉠

$pq=\dfrac{1}{b}$ 이다.   ......㉡

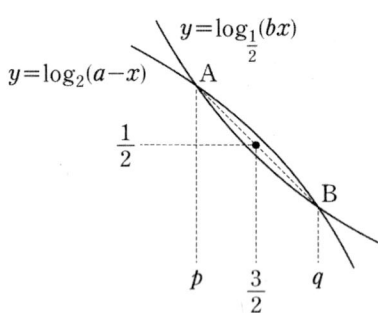

선분 AB의 중점의 x좌표가 $\dfrac{3}{2}$ 이므로 ㉠에 의하여

$\dfrac{a}{2}=\dfrac{3}{2}$, 즉 $a=3$ 이다.

선분 AB의 중점의 y좌표가 $\dfrac{1}{2}$ 이므로

$\dfrac{\log_{\frac{1}{2}}(bp)+\log_{\frac{1}{2}}(bq)}{2}=\dfrac{1}{2}$,

즉 $bp\times bq=\dfrac{1}{2}$ 이고 ㉡에 의하여 $b=\dfrac{1}{2}$ 이다.

$\therefore a+b=3+\dfrac{1}{2}=\dfrac{7}{2}$

---

5. 수열 [정답] ④

문제 다시 보기

수열 $\{a_n\}$은 $a_1=1$ 이고

$$(n+1)(n+2)a_{n+1}=(n+1)^2a_n+1 \ (n\geq1)$$

을 만족시킨다. 다음은

$$a_n+\sum_{k=1}^{n-1}\frac{a_k}{k+2}=\frac{3n+1}{2(n+1)} \ (n\geq2)\qquad\cdots\cdots(*)$$

임을 수학적 귀납법을 이용하여 증명한 것이다.

(i) $n=2$일 때,

(좌변)$=a_2+\boxed{\text{(가)}}=\dfrac{7}{6}$, (우변)$=\dfrac{7}{6}$ 이므로

$(*)$이 성립한다.

(ii) $n=m \ (m\geq2)$일 때, $(*)$이 성립한다고 가정하면

$$a_m+\sum_{k=1}^{m-1}\frac{a_k}{k+2}=\frac{3m+1}{2(m+1)}$$

이다. $n=m+1$일 때, $(*)$이 성립함을 보이자.

$$a_{m+1}+\sum_{k=1}^{m}\frac{a_k}{k+2}=a_{m+1}+\sum_{k=1}^{m-1}\frac{a_k}{k+2}+\frac{a_m}{m+2}$$

$$=a_{m+1}+\frac{a_m}{m+2}-a_m+\boxed{\text{(나)}}$$

$$=a_{m+1}-\frac{m+1}{m+2}a_m+\boxed{\text{(나)}}$$

$$=\boxed{\text{(다)}}+\boxed{\text{(나)}}$$

그러므로 $n=m+1$일 때도 $(*)$이 성립한다.

따라서 $n\geq2$인 모든 자연수 n에 대하여 $(*)$이 성립한다.

위의 (가)에 알맞은 수를 p라 하고, (나), (다)에 알맞은 식을

각각 $f(m)$, $g(m)$이라 할 때, $\dfrac{p\times f(2)}{g(4)}$의 값은?

① $\dfrac{55}{6}$ ② 10 ③ $\dfrac{65}{6}$ ④ $\dfrac{35}{3}$ ⑤ $\dfrac{75}{6}$

$a_1=1$ 이므로

$(n+1)(n+2)a_{n+1}=(n+1)^2a_n+1$ 에   ......㉠

$n=1$을 대입하면

$6a_2=4\times1+1$ 에서 $a_2=\dfrac{5}{6}$ 이다.

또한 ㉠의 양변을 $(n+1)(n+2)$로 나누면

$a_{n+1}=\dfrac{n+1}{n+2}a_n+\dfrac{1}{(n+1)(n+2)}$ 이다.   ......㉡

(i) $n=2$일 때,

(좌변)$=a_2+\displaystyle\sum_{k=1}^{1}\frac{a_k}{k+2}=a_2+\frac{a_1}{3}=\frac{5}{6}+\boxed{\dfrac{1}{3}}=\frac{7}{6}$,

(우변)$=\dfrac{7}{6}$ 이므로 $(*)$이 성립한다.

(ii) $n=m \ (m\geq2)$일 때 $(*)$이 성립한다고 가정하면

$$a_m+\sum_{k=1}^{m-1}\frac{a_k}{k+2}=\frac{3m+1}{2(m+1)}$$ ......㉢

이다. $n=m+1$일 때, $(*)$이 성립함을 보이자.

$$a_{m+1}+\sum_{k=1}^{m}\frac{a_k}{k+2}$$

$$=a_{m+1}+\sum_{k=1}^{m-1}\frac{a_k}{k+2}+\frac{a_m}{m+2}$$

$$=a_{m+1}+\frac{a_m}{m+2}-a_m+\boxed{\frac{3m+1}{2(m+1)}}\ (\because\ \boxdot)$$

$$=a_{m+1}-\frac{m+1}{m+2}a_m+\boxed{\frac{3m+1}{2(m+1)}}$$

$$=\boxed{\frac{1}{(m+1)(m+2)}}+\frac{3m+1}{2(m+1)}\ (\because\ \boxdot)$$

$$=\frac{2+(3m+1)(m+2)}{2(m+1)(m+2)}$$

$$=\frac{(3m+4)(m+1)}{2(m+1)(m+2)}=\frac{3m+4}{2(m+2)}$$

그러므로 $n=m+1$일 때도 (✱)이 성립한다.

따라서 $n\ge 2$인 모든 자연수 n에 대하여 (✱)이 성립한다.

(가) : $p=\dfrac{1}{3}$, (나) : $f(m)=\dfrac{3m+1}{2(m+1)}$,

(다) : $g(m)=\dfrac{1}{(m+1)(m+2)}$

$$\therefore\ \frac{p\times f(2)}{g(4)}=\frac{\dfrac{1}{3}\times\dfrac{7}{6}}{\dfrac{1}{5\times 6}}=\frac{35}{3}$$

---

6. 삼각함수

문제 다시 보기

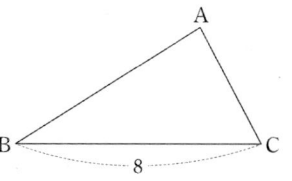

삼각형 ABC가 다음 조건을 만족시킬 때, $\overline{\mathrm{AB}}^2+\overline{\mathrm{CA}}^2$의 값을 구하시오.

> (가) $\overline{\mathrm{BC}}=8$
> (나) $\dfrac{\sin(\angle\mathrm{ABC})}{\sin(\angle\mathrm{ACB})}=\dfrac{3}{5}$
> (다) $\cos(\angle\mathrm{BAC})=\dfrac{1}{15}$

삼각형 ABC에서 사인법칙에 의하여

$\dfrac{\overline{\mathrm{AB}}}{\sin(\angle\mathrm{ACB})}=\dfrac{\overline{\mathrm{CA}}}{\sin(\angle\mathrm{ABC})}$ 이고

$\dfrac{\sin(\angle\mathrm{ABC})}{\sin(\angle\mathrm{ACB})}=\dfrac{3}{5}$ 이므로 $\dfrac{\overline{\mathrm{CA}}}{\overline{\mathrm{AB}}}=\dfrac{3}{5}$ 이다.

따라서 $\overline{\mathrm{AB}}=5k$, $\overline{\mathrm{CA}}=3k$라 하면 (단, $k>0$)

코사인법칙에 의하여

$$\cos(\angle\mathrm{BAC})=\frac{\overline{\mathrm{AB}}^2+\overline{\mathrm{CA}}^2-\overline{\mathrm{BC}}^2}{2\times\overline{\mathrm{AB}}\times\overline{\mathrm{CA}}}$$

$$=\frac{25k^2+9k^2-64}{2\times 5k\times 3k}$$

$$=\frac{17k^2-32}{15k^2}$$

이므로 $\dfrac{17k^2-32}{15k^2}=\dfrac{1}{15}$ 에서

$16k^2=32$, $k=\sqrt{2}$ 이다. ($\because\ k>0$)

$\therefore\ \overline{\mathrm{AB}}^2+\overline{\mathrm{CA}}^2=25k^2+9k^2=34k^2=68$

문제 다시 보기

두 집합

$$A = \{x \mid \log_2 x \text{는 음이 아닌 정수}\},$$
$$B = \{\log_m 2^p \mid m \text{은 } 2 \text{ 이상의 자연수}\}$$

가 $n(A \cap B) = 4$를 만족시키도록 하는 100 이하의 모든 자연수 p의 값의 개수를 구하시오.

$A = \{2^0, 2^1, 2^2, 2^3, \cdots\}$이므로

$\log_m 2^p$에서 $m = 2^k$이어야 한다. (단, k는 자연수)

또한 음이 아닌 정수 a와 홀수 b에 대하여

$p = 2^a \times b$라 하면 $\log_m 2^p = \dfrac{2^a \times b}{k}$이다.

이때 $\dfrac{2^a \times b}{k} \in A$를 만족시키는 k의 값으로 가능한 것은

$2^0 \times b$, $2^1 \times b$, $\cdots$, $2^a \times b$이다.

이때 $n(A \cap B) = 4$이어야 하므로 $a = 3$이다.

따라서 가능한 100 이하의 자연수 p의 값의 개수는

8×1, 8×3, 8×5, 8×7, 8×9, 8×11로 6이다.

문제 다시 보기

첫째항과 공차가 모두 정수인 등차수열 $\{a_n\}$에 대하여 수열 $\{S_n\}$, $\{T_n\}$을

$$S_n = \sum_{k=1}^{n} a_k, \quad T_n = \sum_{k=1}^{n} |a_k|$$

이라 하자. 두 수열 $\{S_n\}$, $\{T_n\}$이 다음 조건을 만족시킬 때, a_1의 값을 구하시오.

(가) $S_n > 0$을 만족시키는 자연수 n의 최댓값은 13이다.
(나) $T_{10} = S_{10} + 30$

수열 $\{a_n\}$의 첫째항을 a, 공차를 d(단, a, d는 정수)라 하면

조건 (가)에서 $S_{13} > 0$이고 $S_{14} \leq 0$이므로

$$S_{13} = \frac{13(2a + 12d)}{2} > 0, \quad S_{14} = \frac{14(2a + 13d)}{2} \leq 0$$

에서 $a + 6d > 0$, $a + \dfrac{13}{2}d \leq 0$　　　　……㉠

$(a + 6d) + \dfrac{d}{2} \leq 0$에서 $a + 6d > 0$이므로 $\dfrac{d}{2} < 0$이어야 한다.

즉, $d < 0$이고 $a + 7d < a + \dfrac{13}{2}d \leq 0$

따라서 $a_7 = a + 6d > 0$, $a_8 = a + 7d < 0$이므로

$1 \leq n \leq 7$일 때 $a_n > 0$, $n \geq 8$일 때 $a_n < 0$

조건 (나)에서 $\displaystyle\sum_{k=1}^{10} |a_k| = \sum_{k=1}^{10} a_k + 30$이므로

$-a_8 - a_9 - a_{10} = a_8 + a_9 + a_{10} + 30$,

$a_8 + a_9 + a_{10} = -15$, $3a_9 = -15$

$\therefore a_9 = -5$

$a + 8d = -5$에서 $a = -5 - 8d$　　　　……㉡

따라서 ㉠, ㉡에서 $a + 6d = -5 - 2d > 0$이므로 $d < -\dfrac{5}{2}$

$a + \dfrac{13}{2}d = -5 - \dfrac{3}{2}d \leq 0$이므로 $d \geq -\dfrac{10}{3}$

$-\dfrac{10}{3} \leq d < -\dfrac{5}{2}$에서 d는 정수이므로 -3이다.

㉡에서 $a = -5 - 8 \times (-3) = 19$이므로

a_1의 값은 19이다.

1. ① 　　**2.** ② 　　**3.** ① 　　**4.** ④ 　　**5.** ⑤

6. 8 　　**7.** 2 　　**8.** 32

---

1. 지수함수와 로그함수　　정답 ①

문제 다시 보기

> 지수함수 $y=a^x$의 그래프를 직선 $y=x$에 대하여 대칭이동시킨 후, x축의 방향으로 3만큼 평행이동시킨 그래프가 점 $(5, 2)$를 지날 때, 양수 a의 값은? (단, $a \neq 1$이다.)
>
> ① $\sqrt{2}$　　② $\sqrt{3}$　　③ 2　　④ $\sqrt{5}$　　⑤ $\sqrt{6}$

지수함수 $y=a^x$의 그래프를 직선 $y=x$에 대하여 대칭이동시키면 함수 $y=\log_a x$의 그래프와 같고,

함수 $y=\log_a x$의 그래프를 x축의 방향으로 3만큼 평행이동시키면 함수 $y=\log_a(x-3)$의 그래프와 같다.

이때 함수 $y=\log_a(x-3)$의 그래프가 점 $(5, 2)$를 지나므로 $x=5$, $y=2$를 대입하면

$2=\log_a 2$, $a^2=2$

$\therefore a=\sqrt{2}$ ($\because a>0$)

다른 풀이

점 $(5, 2)$를 x축의 방향으로 -3만큼 평행이동시키면 점 $(2, 2)$이고,

점 $(2, 2)$를 직선 $y=x$에 대하여 대칭이동시키면 점 $(2, 2)$이다.

따라서 주어진 조건을 만족시키기 위해서는 지수함수 $y=a^x$의 그래프는 점 $(2, 2)$를 지나야 한다.

$a^2=2$에서 $a=\sqrt{2}$ ($\because a>0$)

---

2. 삼각함수　　정답 ②

문제 다시 보기

> 실수 t에 대하여 $0 \leq x \leq 8$에서 방정식 $\left| a\sin\dfrac{\pi}{b}x \right| = t$의 서로 다른 실근의 개수를 $f(t)$라 하자. $f(0)=5$, $f(3)=4$일 때, 두 자연수 a, b의 합 $a+b$의 값은?
>
> ① 3　　② 5　　③ 7　　④ 9　　⑤ 11

함수 $y=\left| a\sin\dfrac{\pi}{b}x \right|$의 최댓값은 a이고 주기는

$\dfrac{\pi}{\frac{\pi}{b}}=b$이므로 그래프는 다음과 같다.

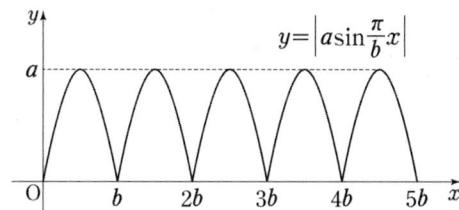

$0 \leq x \leq 8$에서 방정식 $\left| a\sin\dfrac{\pi}{b}x \right| = 0$의 실근이 5개이므로

$4b \leq 8 < 5b$이다.

즉, $\dfrac{8}{5} < b \leq 2$에서 b는 자연수이므로 $b=2$이다.

이때 $0 \leq x \leq 8$에서 $0 < t < a$일 때 $f(t)=8$,

$t=a$일 때 $f(t)=4$,

$t<0$ 또는 $t>a$일 때 $f(t)=0$

이므로 $a=3$이다.

$\therefore a+b=3+2=5$

---

3. 수열　　정답 ①

문제 다시 보기

> 수열 $\{a_n\}$에 대하여 $S_n = \displaystyle\sum_{k=1}^{n} a_k$라 하자. 모든 자연수 n에 대하여
>
> $$S_n S_{n+1} = 12$$
>
> 이고 $S_3=2$일 때, $\displaystyle\sum_{n=1}^{10}(a_n)^2$의 값은?
>
> ① 148　　② 152　　③ 156　　④ 160　　⑤ 164

모든 자연수 n에 대하여 $S_n S_{n+1}=12$ ······㉠

이고, $S_3=2$이므로

㉠에 차례로 $n=2$, 1을 대입하면

$S_2=6$, $S_1=2$이고

㉠에 차례로 $n=3, 4, 5, 6, \cdots$을 대입하면

$S_4=6$, $S_5=2$, $S_6=6$, $S_7=2$, $\cdots$이다.

따라서
$a_1 = S_1 = 2$

$a_2 = S_2 - S_1 = 6 - 2 = 4$

$a_3 = S_3 - S_2 = 2 - 6 = -4$

$a_4 = S_4 - S_3 = 6 - 2 = 4$

$a_5 = S_5 - S_4 = 2 - 6 = -4$

$\vdots$

이므로 $(a_1)^2 = 4$이고,

$n \geq 2$일 때 $(a_n)^2 = 16$이다.

$$\therefore \sum_{n=1}^{10} (a_n)^2 = 4 + 9 \times 16 = 148$$

4. 삼각함수

정답 ④

문제 다시 보기

그림과 같이 중심이 O이고 선분 AB를 지름으로 하는 반원이 있다. 선분 OB 위의 점 C와 반원 내부의 점 D가

$\overline{DA} = \dfrac{6}{\sqrt{13}}$, $\overline{DC} = \dfrac{2}{\sqrt{13}}$, $\angle ADO = \angle CDO = \dfrac{\pi}{3}$ 를

만족시킬 때, 반원의 호 위의 점 P에 대하여 $\angle OPC$가 최대일 때 삼각형 OCP의 넓이는?

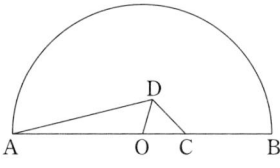

① $\dfrac{\sqrt{3}}{7}$　② $\dfrac{\sqrt{2}}{6}$　③ $\dfrac{\sqrt{3}}{5}$　④ $\dfrac{\sqrt{2}}{4}$　⑤ $\dfrac{\sqrt{3}}{3}$

삼각형 ACD에서 코사인법칙에 의하여

$$\overline{AC}^2 = \left(\frac{6}{\sqrt{13}}\right)^2 + \left(\frac{2}{\sqrt{13}}\right)^2 - 2 \times \frac{6}{\sqrt{13}} \times \frac{2}{\sqrt{13}} \times \cos\frac{2\pi}{3}$$

$$= \frac{40}{13} - \frac{24}{13} \times \left(-\frac{1}{2}\right) = 4$$

즉, $\overline{AC} = 2$이다.

이때 각의 이등분선의 성질에 의하여

$\overline{OA} : \overline{OC} = \overline{DA} : \overline{DC} = 3 : 1$이므로

$\overline{OA} = 2 \times \dfrac{3}{4} = \dfrac{3}{2}$, $\overline{OC} = 2 \times \dfrac{1}{4} = \dfrac{1}{2}$이다.

한편 $\overline{CP} = t$라 하면 $1 \leq t \leq 2$이고,

삼각형 OCP에서 코사인법칙에 의하여

$$\cos(\angle OPC) = \frac{\left(\frac{3}{2}\right)^2 + t^2 - \left(\frac{1}{2}\right)^2}{2 \times \frac{3}{2} \times t} = \frac{2}{3t} + \frac{t}{3}$$

$$\geq 2\sqrt{\frac{2}{3t} \times \frac{t}{3}} = \frac{2\sqrt{2}}{3}$$

등호는 $\dfrac{2}{3t} = \dfrac{t}{3}$, 즉 $t = \sqrt{2}$일 때 성립한다.

$\cos(\angle OPC)$가 최소일 때 $\angle OPC$가 최대이므로

$\angle OPC$의 최댓값을 θ라 하면 $\cos\theta = \dfrac{2\sqrt{2}}{3}$이다.

즉, $\angle OPC$가 최대일 때

$\overline{CP} = \sqrt{2}$, $\sin\theta = \dfrac{1}{3}$이므로

이때의 삼각형 OCP의 넓이는

$\dfrac{1}{2} \times \dfrac{3}{2} \times \sqrt{2} \times \dfrac{1}{3} = \dfrac{\sqrt{2}}{4}$이다.

5. 지수함수와 로그함수

정답 ⑤

문제 다시 보기

$\dfrac{1}{10} < a < 1$인 실수 a에 대하여 지수함수 $y = a^x$의 그래프와 로그함수 $y = \log_a x$의 그래프가 만나는 점을 A라 하고, 점 A를 중심으로 하고 점 O를 지나는 원을 C라 하자. 원 C가 함수 $y = a^x$의 그래프와 만나는 점 중 y좌표가 큰 점을 B, 원 C가 함수 $y = \log_a x$의 그래프와 만나는 점 중 y좌표가 작은 점을 C라 할 때, <보기>에서 옳은 것만을 있는 대로 고른 것은?

(단, O는 원점이다.)

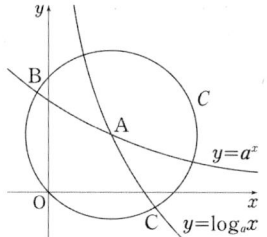

―――〈 보 기 〉―――

ㄱ. 점 B가 y축 위의 점일 때, $a = \dfrac{1}{4}$이다.

ㄴ. $\dfrac{1}{10} < a < \dfrac{1}{4}$일 때, 원 C의 넓이는 $\dfrac{\pi}{2}$보다 작다.

ㄷ. $\dfrac{1}{4} < a < 1$일 때, 사각형 ABOC의 넓이를 $f(a)$라 하면 $f(a) < \sqrt{2}$이다.

① ㄱ　　　　　② ㄱ, ㄴ　　　　　③ ㄱ, ㄷ

④ ㄴ, ㄷ　　　　　⑤ ㄱ, ㄴ, ㄷ

ㄱ. 점 B가 y축 위의 점이므로 점 B의 좌표는 $(0, 1)$이다.

이때 두 함수 $y = a^x$, $y = \log_a x$의 그래프는 직선 $y = x$에 대하여 대칭이므로 점 C의 좌표는 $(1, 0)$이고, $\angle BOC = 90°$이므로 선분 BC는 원 C의 지름이다.

따라서 점 A는 선분 BC의 중점이므로 A$\left(\dfrac{1}{2}, \dfrac{1}{2}\right)$이다.

즉, $\dfrac{1}{2} = a^{\frac{1}{2}}$이므로 $a = \dfrac{1}{4}$이다. (참)

ㄴ. 점 A는 직선 $y=x$ 위의 점이므로 점 A는 함수
$y=a^x$의 그래프와 직선 $y=x$가 만나는 점이다.
따라서 $A(p, p)\,(p>0)$라 하면 $\dfrac{1}{10}<a<\dfrac{1}{4}$일 때 구간
$(0, \infty)$에서 $a^x<\left(\dfrac{1}{4}\right)^x$이고, 직선 $y=x$와 함수
$y=\left(\dfrac{1}{4}\right)^x$의 그래프가 만나는 점이 $\left(\dfrac{1}{2}, \dfrac{1}{2}\right)$이므로
$p<\dfrac{1}{2}$이다.
이때 원 C의 반지름의 길이는 $\overline{OA}=\sqrt{2}\,p$이므로
원 C의 넓이는 $\pi(\sqrt{2}\,p)^2=2p^2\pi<\dfrac{\pi}{2}$이다. (참)

ㄷ. $a\to 1-$일 때 두 함수 $y=a^x$, $y=\log_a x$의
그래프는 각각 직선 $y=1$과 직선 $x=1$에 가까워진다.
즉, 세 점 A, B, C의 좌표는 각각 $(1, 1)$,
$(1-\sqrt{2}, 1)$, $(1, 1-\sqrt{2})$에 가까워진다.

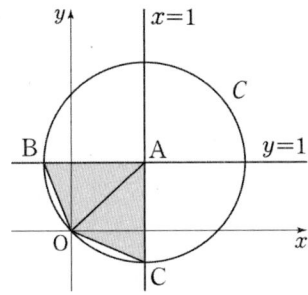

$A(1, 1)$, $B(1-\sqrt{2}, 1)$, $C(1, 1-\sqrt{2})$인 경우를
생각해보자.
이때 $\overline{AB}=\overline{AO}=\overline{AC}=\sqrt{2}$이고
$\angle BAO=\angle CAO=\dfrac{\pi}{4}$이므로 사각형 ABOC의 넓이는
$2\times\dfrac{1}{2}\times\sqrt{2}\times\sqrt{2}\times\sin\dfrac{\pi}{4}=\sqrt{2}$
따라서 $\dfrac{1}{4}<a<1$일 때 사각형 ABOC의 넓이를
$f(a)$라 하면 $f(a)<\sqrt{2}$이다. (참)
따라서 옳은 것은 ㄱ, ㄴ, ㄷ이다.

6. 수열 　　　　　　　　　　　　　　　　　　정답 8

> 문제 다시 보기
>
> 수열 $\{a_n\}$이 모든 자연수 n에 대하여 다음 조건을 만족시킨다.
>
> | (가) $a_{2n}=2a_n$ |
> | (나) $a_{2n+1}=a_{2n-1}+2$ |
>
> $a_1=2$일 때, a_8-a_7의 값을 구하시오.

조건 (가)에 의하여
$a_2=2a_1=4$, $a_4=2a_2=8$,
$a_8=2a_4=16$
조건 (나)에 의하여
$a_3=a_1+2=4$, $a_5=a_3+2=6$,
$a_7=a_5+2=8$
$\therefore a_8-a_7=16-8=8$

7. 지수함수와 로그함수 　　　　　　　　정답 2

> 문제 다시 보기
>
> 1보다 큰 양수 a에 대하여 두 곡선 $y=a^x$, $y=\log_a x$와 직선
> $y=-x+6$이 만나는 점을 각각 A, B라 하고, 두 점 A, B에서
> x축에 내린 수선의 발을 각각 C, D라 하자. 사각형 ACDB의
> 넓이가 6일 때, a의 값을 구하시오.
> 　　　　　　　　　(단, 점 A의 x좌표는 점 B의 x좌표보다 작다.)
>
>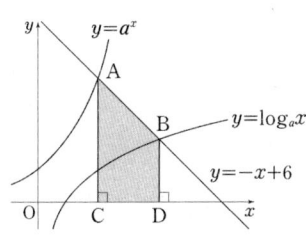

곡선 $y=a^x$와 직선 $y=-x+6$이 만나는 점의 좌표를
$A(p, q)$라 하면 (단, $p<q$)
함수 $y=\log_a x$는 함수 $y=a^x$의 역함수이므로
곡선 $y=\log_a x$와 직선 $y=-x+6$이 만나는 점의 좌표는
$B(q, p)$이다.
이때 사각형 ACDB의 넓이를 S라 하면
$S=\dfrac{1}{2}\times\overline{CD}\times(\overline{AC}+\overline{BD})$
$=\dfrac{1}{2}(q-p)(q+p)=\dfrac{1}{2}(q^2-p^2)=6$ 　　…… ㉠
또한 점 $A(p, q)$는 직선 $y=-x+6$ 위의 점이므로
$-p+6=q$이다.
이를 ㉠에 대입하면
$\dfrac{1}{2}\{(-p+6)^2-p^2\}=6$,
$-12p+36=12$
$\therefore p=2$, $q=4$ $(\because -p+6=q)$
따라서 $a^2=4$에서 $a=2$이다.

문제 다시 보기

2 이상의 자연수 m에 대하여 좌표평면 위의 점 P_n을 다음 규칙에 따라 정한다.

> (가) 점 P_1의 좌표는 $(m-1, m)$이다.
> (나) 점 P_n의 좌표가 (a, b)일 때,
> $\quad a=b$이면 점 P_{n+1}의 좌표는 $(a+1, 2b)$이고,
> $\quad a \ne b$이면 점 P_{n+1}의 좌표는 $(a+1, b)$이다.

점 P_{30}이 직선 $y=x$ 위에 있도록 하는 모든 m의 값의 합을 구하시오.

주어진 규칙에 의하여 점 P_1의 좌표 $(m-1, m)$에서 점 P_2의 좌표는 (m, m)이다.

또한 점 P_3의 좌표는 $(m+1, 2m)$이고, 이후 차례로 x좌표가 1씩 커져서 $2m$이 되면 좌표가 $(2m, 2m)$이다.

자연수 i에 대하여 점 $(2m, 2m)$을 점 P_i라 하면 $i = 3+(m-1) = 2+m$이다.

마찬가지로 점 P_{i+1}의 좌표는 $(2m+1, 4m)$이므로 차례로 x좌표가 1씩 커져서 $4m$이 되면 좌표가 $(4m, 4m)$이다.

자연수 j에 대하여 점 $(4m, 4m)$을 점 P_j라 하면 $j = i+1+(2m-1) = 2+3m$이다.

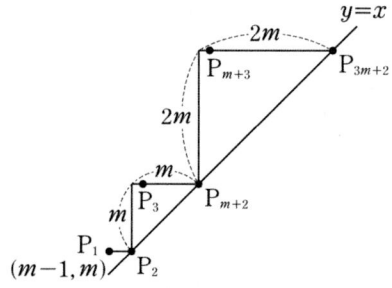

이와 같이 자연수 k에 대하여 점 P_n의 좌표가 $(2^{k-1} \times m, 2^{k-1} \times m)$일 때 점 P_n이 직선 $y=x$ 위에 있다.

자연수 t에 대하여 점 $(2^{k-1} \times m, 2^{k-1} \times m)$을 점 P_t라 하면 $t = 2 + (2^{k-1}-1) \times m$이다.

ⅰ) 점 P_{30}의 좌표가 $(2m, 2m)$일 때,

　$2+m = 30$에서 $m = 28$

ⅱ) 점 P_{30}의 좌표가 $(4m, 4m)$일 때,

　$2+3m = 30$을 만족시키는 자연수 m이 존재하지 않는다.

ⅲ) 점 P_{30}의 좌표가 $(8m, 8m)$일 때,

　$2+7m = 30$에서 $m = 4$

ⅳ) 점 P_{30}의 좌표가 $(16m, 16m)$일 때,

　$2+15m = 30$을 만족시키는 자연수 m이 존재하지 않는다.

ⅴ) $k \ge 6$인 경우 점 P_{30}의 좌표가 $(2^{k-1} \times m, 2^{k-1} \times m)$이 되도록 하는 자연수 m이 존재하지 않는다.

ⅰ)~ⅴ)에서 주어진 조건을 만족시키는 모든 자연수 m의 값의 합은 $28+4 = 32$이다.

1. ②	**2.** ③	**3.** ⑤	**4.** ④	**5.** ②
6. 28	**7.** 15	**8.** 10		

1. 수열
정답 ②

문제 다시 보기

등비수열 $\{a_n\}$이

$$a_1 + a_2 + a_3 = 26,$$
$$a_2 + a_3 + a_4 = 78$$

을 만족시킬 때, a_1의 값은?

① 1　　② 2　　③ 3　　④ 4　　⑤ 5

등비수열 $\{a_n\}$의 공비를 r라 하면

$$a_1 + a_2 + a_3 = (1 + r + r^2)a_1 = 26 \quad \cdots\cdots \bigcirc$$

$$a_2 + a_3 + a_4 = (r + r^2 + r^3)a_1$$
$$= r(1 + r + r^2)a_1 = 78$$

이고 $78 = 3 \times 26$이므로 $r = 3$

이를 $\bigcirc$에 대입하면 $13a_1 = 26$에서 $a_1 = 2$이다.

2. 지수함수와 로그함수
정답 ③

문제 다시 보기

두 함수 $f(x) = 2^{x-3}$, $g(x) = -x^2 + 2x$에 대하여 정의역이 $\{x \mid 0 \le x \le 5\}$인 함수 $h(x) = (g \circ f)(x)$의 최댓값과 최솟값의 합은?

① -5　② -6　③ -7　④ -8　⑤ -9

함수 $f(x) = 2^{x-3}$은 증가하는 함수이므로

$0 \le x \le 5$일 때

$x = 0$에서 최솟값 $f(0) = 2^{-3} = \dfrac{1}{8}$,

$x = 5$에서 최댓값 $f(5) = 2^2 = 4$를 갖는다.

즉, $f(x) = t$로 놓으면 $0 \le x \le 5$일 때 $\dfrac{1}{8} \le t \le 4$이므로

$$(g \circ f)(x) = g(f(x)) = g(t)$$
$$= -t^2 + 2t$$
$$= -(t-1)^2 + 1$$

함수 $g(t)$는 $\dfrac{1}{8} \le t \le 4$일 때

$t = 1$에서 최댓값 $g(1) = 1$,

$t = 4$에서 최솟값 $g(4) = -3^2 + 1 = -8$을 가지므로

최댓값과 최솟값의 합은

$1 + (-8) = -7$이다.

3. 삼각함수
정답 ⑤

문제 다시 보기

그림과 같이 양수 t에 대하여 좌표평면에서 두 직선 $y = tx$, $y = -\dfrac{2}{t}x + t$가 만나는 점을 A라 하고 직선 $y = -\dfrac{2}{t}x + t$와 x축이 만나는 점을 B라 하자. 삼각형 OAB의 외접원의 반지름의 길이가 선분 OA의 길이와 같을 때, $\sin(\angle OAB)$의 값은? (단, O는 원점이다.)

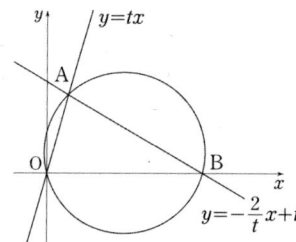

① $\dfrac{3}{26}\sqrt{13}$　② $\dfrac{2}{13}\sqrt{13}$　③ $\dfrac{5}{26}\sqrt{13}$

④ $\dfrac{3}{13}\sqrt{13}$　⑤ $\dfrac{7}{26}\sqrt{13}$

$\overline{OA} = r \ (r > 0)$라 하자.

삼각형 OAB의 외접원의 반지름의 길이가 r이므로 사인법칙에 의하여

$$\dfrac{r}{\sin(\angle ABO)} = 2r$$에서 $\sin(\angle ABO) = \dfrac{1}{2}$

$$\therefore \angle ABO = \dfrac{\pi}{6}$$

따라서 $-\dfrac{2}{t} = -\dfrac{1}{\sqrt{3}}$에서 $t = 2\sqrt{3}$이다.

이때 방정식 $2\sqrt{3}\,x=-\dfrac{1}{\sqrt{3}}x+2\sqrt{3}$ 에서 $x=\dfrac{6}{7}$ 이므로

점 A의 x좌표는 $\dfrac{6}{7}$ 이고, y좌표는 $\dfrac{12\sqrt{3}}{7}$ 이므로

$\overline{\text{OA}}=\dfrac{6}{7}\sqrt{13}$

이때 $\overline{\text{OB}}=6$이므로 삼각형 OAB에서 사인법칙에 의하여

$\dfrac{\dfrac{6}{7}\sqrt{13}}{\sin(\angle\text{ABO})}=\dfrac{6}{\sin(\angle\text{OAB})}$

$\therefore\ \sin(\angle\text{OAB})=\dfrac{7}{26}\sqrt{13}$

참고

삼각형 OAB의 외접원의 반지름의 길이가 선분 OA의 길이와 같으므로 점 B를 포함하지 않는 호 OA에 대한 중심각의 크기가 $60°$임을 이용하여 점 B를 포함하지 않는 호 OA에 대한 원주각의 크기 $\angle\text{ABO}=30°$임을 구할 수도 있다.

---

4. 지수함수와 로그함수
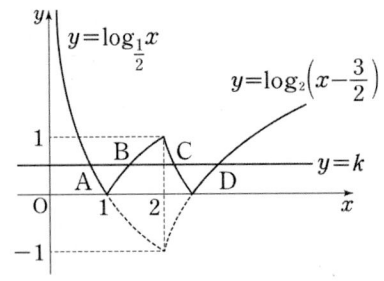

정답 ④

문제 다시 보기

함수 $f(x)=\begin{cases}\log_{\frac{1}{2}}x & (0<x<2)\\[4pt]\log_2\left(x-\dfrac{3}{2}\right) & (x\ge 2)\end{cases}$ 에 대하여 곡선

$y=|f(x)|$와 직선 $y=k\,(0<k<1)$의 교점을 x좌표가 작은 것부터 순서대로 A, B, C, D라 하자. $\overline{\text{AB}}=\overline{\text{BC}}=\overline{\text{CD}}$일 때, 상수 k의 값은?

① $-3+\log_2(3+\sqrt{55})$ ② $-3+\log_2(3+\sqrt{59})$

③ $-3+\log_2(3+\sqrt{65})$ ④ $-3+\log_2(3+\sqrt{73})$

⑤ $-3+\log_2(3+\sqrt{83})$

두 곡선 $y=f(x)$, $y=|f(x)|$와 직선 $y=k\,(0<k<1)$의 그래프는 그림과 같다.

$\log_{\frac{1}{2}}x=k$에서 $x=\left(\dfrac{1}{2}\right)^k=2^{-k}$,

$\log_{\frac{1}{2}}x=-k$에서 $x=\left(\dfrac{1}{2}\right)^{-k}=2^k$,

$\log_2\left(x-\dfrac{3}{2}\right)=-k$에서 $x=\dfrac{3}{2}+2^{-k}$,

$\log_2\left(x-\dfrac{3}{2}\right)=k$에서 $x=\dfrac{3}{2}+2^k$

이므로 네 점 A, B, C, D의 x좌표는 각각 2^{-k}, 2^k, $\dfrac{3}{2}+2^{-k}$, $\dfrac{3}{2}+2^k$이다.

따라서

$\overline{\text{AB}}=\overline{\text{CD}}=2^k-2^{-k}$, $\overline{\text{BC}}=\left(\dfrac{3}{2}+2^{-k}\right)-2^k$

이고, $\overline{\text{AB}}=\overline{\text{BC}}=\overline{\text{CD}}$에서

$2^k-2^{-k}=\left(\dfrac{3}{2}+2^{-k}\right)-2^k$ 즉, $2(2^k-2^{-k})=\dfrac{3}{2}$

$4(2^k-2^{-k})=3$에서 $4\times(2^k)^2-3\times2^k-4=0$

$2^k=\dfrac{3+\sqrt{73}}{8}$ 이므로 $k=-3+\log_2(3+\sqrt{73})$이다.

참고

함수 $y=\log_2\left(x-\dfrac{3}{2}\right)$의 그래프는 함수 $y=\log_2 x$의

그래프를 x축의 방향으로 $\dfrac{3}{2}$만큼 평행이동시킨 것과

같으므로 $0<k<1$인 모든 양수 k에 대하여

$\overline{\text{AB}}=\overline{\text{CD}}$이다.

---

5. 수열

정답 ②

문제 다시 보기

모든 항이 0이 아닌 수열 $\{a_n\}$은 모든 자연수 n에 대하여

$$a_n\times|a_{n+3}|=a_{n+1}\times|a_{n+4}|$$

이고, 다음 조건을 만족시킨다.

(가) $\dfrac{a_1\times a_7}{a_2\times a_8}=4$

(나) $5a_1=2a_3=a_4$

$a_2-a_6=6$일 때, a_1의 값은?

① -5 ② -4 ③ -3 ④ -2 ⑤ -1

수열 $\{a_n\}$의 모든 항은 0이 아니고

$a_n \times (양수) = a_{n+1} \times (양수)$이므로 수열 $\{a_n\}$의 모든 항의

부호는 서로 같다.

따라서 모든 자연수 n에 대하여

$a_n \times a_{n+3} = a_{n+1} \times a_{n+4}$이다.

$a_1 \times a_4 = a_4 \times a_7$이므로 $a_1 = a_7$

$a_2 \times a_5 = a_5 \times a_8$이므로 $a_2 = a_8$

따라서 조건 (가)에 의하여 $\left(\dfrac{a_1}{a_2}\right)^2 = 4$,

즉 $a_2 = \dfrac{a_1}{2}$이다.　　　　　$\cdots\cdots$㉠

$a_1 \times a_4 = a_3 \times a_6$에서

조건 (나)에 의하여

$a_1 \times 5a_1 = \dfrac{5}{2}a_1 \times a_6$, 즉 $a_6 = 2a_1$　　$\cdots\cdots$㉡

㉠, ㉡에서 $a_2 - a_6 = -\dfrac{3}{2}a_1$이므로

$-\dfrac{3}{2}a_1 = 6$에서 $a_1 = -4$이다.

6. 삼각함수　　　　　　　　　정답 28

문제 다시 보기

이차방정식 $2x^2 - ax + 1 = 0$의 두 실근이 $\cos\theta$,

$\tan\theta \left(0 < \theta < \dfrac{\pi}{2}\right)$일 때, 상수 a에 대하여 $a^2 = \dfrac{q}{p}$이다.

$p+q$의 값을 구하시오. (단, p와 q는 서로소인 자연수이다.)

이차방정식 $2x^2 - ax + 1 = 0$에서 근과 계수의 관계에

의하여

$\cos\theta + \tan\theta = \dfrac{a}{2}$, $\cos\theta \times \tan\theta = \dfrac{1}{2}$

$\cos\theta \times \tan\theta = \sin\theta = \dfrac{1}{2}$

에서 $\theta = \dfrac{\pi}{6}$ $\left(\because 0 < \theta < \dfrac{\pi}{2}\right)$이므로

$\dfrac{a}{2} = \cos\dfrac{\pi}{6} + \tan\dfrac{\pi}{6}$

$= \dfrac{\sqrt{3}}{2} + \dfrac{\sqrt{3}}{3} = \dfrac{5\sqrt{3}}{6}$

따라서 $a = \dfrac{5\sqrt{3}}{3}$이므로

$a^2 = \dfrac{25}{3}$

$\therefore p + q = 3 + 25 = 28$

7. 지수함수와 로그함수　　　　　정답 15

문제 다시 보기

최고차항의 계수가 1인 이차함수 $f(x)$에 대하여 다음 조건을

만족시키는 모든 실수 t의 값이 a, b, c $(a < b < c)$이다.

(가) $-1 < \log_3 f(t) < 4$

(나) $\dfrac{1}{2} + \log_9 f(t)$의 값이 자연수이다.

$b > 0$이고 $abc = a + b + c$일 때, $f(\sqrt{3})$의 값을 구하시오.

$\dfrac{1}{2} + \log_9 f(t) = m$ $(m$은 자연수)라고 하면

$\dfrac{1}{2}\log_3 f(t) = m - \dfrac{1}{2}$

$\log_3 f(t) = 2m - 1$

$-1 < \log_3 f(t) < 4$에서 $-1 < 2m - 1 < 4$이므로

$0 < m < \dfrac{5}{2}$

따라서 자연수 m의 값은 1 또는 2이다.

$m = 1$일 때, $\log_3 f(t) = 1$에서 $f(t) = 3$

$m = 2$일 때, $\log_3 f(t) = 3$에서 $f(t) = 27$

$f(t) = 3$ 또는 $f(t) = 27$을 만족시키는 실수 t의 값이 a, b,

c $(a < b < c)$이므로

이차함수 $y = f(x)$의 그래프는 직선 $y = 3$과 $x = b$에서

접해야 한다.

즉, $f(x) = (x-b)^2 + 3$이고,

a, c는 방정식 $f(x) = 27$의 서로 다른 두 실근이다.

$f(x) = 27$에서 $x^2 - 2bx + b^2 - 24 = 0$

이차방정식의 근과 계수의 관계에 의해

$a + c = 2b$, $ac = b^2 - 24$이므로

$abc = a + b + c$에서 $b(b^2 - 24) = 3b$

$b > 0$이므로 $b^2 - 24 = 3$, $b^2 = 27$에서

$b = 3\sqrt{3}$이다.

$\therefore f(x) = (x - 3\sqrt{3})^2 + 3$

$\therefore f(\sqrt{3}) = 12 + 3 = 15$

문제 다시 보기

다음 조건을 만족시키는 수열 $\{a_n\}$이 있다.

(가) a_1은 자연수이다.

(나) $a_{n+1}-a_n=\begin{cases}n+1 & (a_n \text{이 짝수일 때})\\ n & (a_n \text{이 홀수일 때})\end{cases}$

$$(n=1,\ 2,\ 3,\ \cdots)$$

$a_{20}=210$일 때, a_1의 최솟값을 구하시오.

$$a_{n+1}-a_n=\begin{cases}n+1 & (a_n \text{이 짝수일 때})\\ n & (a_n \text{이 홀수일 때})\end{cases}$$

에서

a_n이 짝수이면 $a_{n+1}=(n+1)+a_n$

a_n이 홀수이면 $a_{n+1}=n+a_n$

조건 (가)에서 a_1이 자연수이므로 다음 두 가지 경우로

나누어 생각할 수 있다.

ⅰ) a_1이 홀수인 경우

$\quad a_2=1+a_1$이므로 a_2는 짝수

ⅱ) a_1이 짝수인 경우

$\quad a_2=2+a_1$이므로 a_2는 짝수

ⅰ), ⅱ)에서 a_2는 항상 짝수이다.

따라서

$a_3=3+a_2$이므로 a_3은 홀수

$a_4=3+a_3$이므로 a_4는 짝수

$a_5=5+a_4$이므로 a_5는 홀수

$a_6=5+a_5$이므로 a_6은 짝수

$\qquad \vdots$

따라서

모든 자연수 n에 대하여 a_{2n}은 짝수, a_{2n+1}은 홀수이므로

$a_{2n+1}=(2n+1)+a_{2n}$ $\qquad \cdots\cdots$ ㉠

$a_{2n+2}=(2n+1)+a_{2n+1}$ $\qquad \cdots\cdots$ ㉡

㉠+㉡에서

$a_{2n+2}=2(2n+1)+a_{2n}$

$\therefore\ a_{20}=2\times19+a_{18}$

$\qquad =2\times19+2\times17+a_{16}$

$\qquad =2\times19+2\times17+2\times15+a_{14}$

$\qquad\qquad \vdots$

$\qquad =2\times(19+17+15+\cdots+5+3)+a_2$

$\qquad =2\times\dfrac{9(19+3)}{2}+a_2$

$\qquad =198+a_2$

$a_{20}=210$이므로 $198+a_2=210$에서 $a_2=12$

a_1이 홀수이면 $a_2=1+a_1$이므로 $12=1+a_1$에서 $a_1=11$

a_1이 짝수이면 $a_2=2+a_1$이므로 $12=2+a_1$에서 $a_1=10$

따라서 $a_{20}=210$이면 a_1의 최솟값은 10이다.

08회

1. ⑤	**2.** ⑤	**3.** ①	**4.** ⑤	**5.** ⑤
6. 28	**7.** 42	**8.** 90		

1. 지수함수와 로그함수   정답 ⑤

문제 다시 보기

방정식 $4^x - 2^{x+2} + 3 = 0$의 두 실근을 α, β라 할 때, $2^{2\alpha} + 2^{2\beta}$의 값은?

① 2   ② 4   ③ 6   ④ 8   ⑤ 10

$4^x - 2^{x+2} + 3 = 0$,

$(2^x)^2 - 4 \times 2^x + 3 = 0$

에서 $2^x = t \ (t > 0)$라 하면

$t^2 - 4t + 3 = 0$

이때 방정식 $4^x - 2^{x+2} + 3 = 0$의 두 근이 α, β이므로

방정식 $t^2 - 4t + 3 = 0$의 두 근은 2^α, 2^β이다.

따라서 근과 계수의 관계에 의하여

$2^\alpha + 2^\beta = 4$, $2^\alpha \times 2^\beta = 3$

이므로

$(2^\alpha + 2^\beta)^2 = 2^{2\alpha} + 2 \times 2^\alpha \times 2^\beta + 2^{2\beta}$에서

$16 = 2^{2\alpha} + 2^{2\beta} + 6$에서 $2^{2\alpha} + 2^{2\beta} = 10$

다른 풀이

$4^x - 2^{x+2} + 3 = 0$,

$(2^x)^2 - 4 \times 2^x + 3 = (2^x - 1)(2^x - 3) = 0$

에서 두 실근은 0 또는 $\log_2 3$이다.

$\alpha = 0$, $\beta = \log_2 3$이라 하면

$2^{2\alpha} + 2^{2\beta} = 1 + 2^{2\log_2 3} = 1 + 2^{\log_2 9} = 1 + 9 = 10$

2. 수열   정답 ⑤

문제 다시 보기

첫째항이 0이고 공차가 0이 아닌 등차수열 $\{a_n\}$의 첫째항부터 제n항까지의 합을 S_n이라 하자. $\sum_{n=2}^{10} \dfrac{1}{S_n} = \dfrac{1}{5}$일 때, a_2의 값은?

① 5   ② 6   ③ 7   ④ 8   ⑤ 9

등차수열 $\{a_n\}$의 공차를 d라 하자.

$a_n = (n-1)d$에서 $S_n = d \times \dfrac{n(n-1)}{2}$

$\therefore \sum_{n=2}^{10} \dfrac{1}{S_n} = \sum_{n=2}^{10} \dfrac{2}{dn(n-1)}$

$= \dfrac{2}{d} \times \sum_{n=2}^{10} \dfrac{1}{n(n-1)}$

$= \dfrac{2}{d} \times \sum_{n=2}^{10} \left(\dfrac{1}{n-1} - \dfrac{1}{n} \right)$

$= \dfrac{2}{d} \times \left\{ \left(1 - \dfrac{1}{2} \right) + \left(\dfrac{1}{2} - \dfrac{1}{3} \right) + \cdots + \left(\dfrac{1}{9} - \dfrac{1}{10} \right) \right\}$

$= \dfrac{2}{d} \times \left(1 - \dfrac{1}{10} \right) = \dfrac{9}{5d}$

주어진 조건에서 $\sum_{n=2}^{10} \dfrac{1}{S_n} = \dfrac{1}{5}$이므로 $d = 9$이다.

$\therefore a_2 = d = 9$

3. 삼각함수   정답 ①

문제 다시 보기

그림과 같이 반지름의 길이가 2이고 중심각의 크기가 30°인 부채꼴 OAB가 있다. 점 A에서 직선 OB에 내린 수선의 발을 C라 하고, 점 C에서 직선 OA에 내린 수선의 발을 D라 하자.

$\angle BDC = \alpha$, $\angle CBD = \beta$라 할 때, $\dfrac{\sin\beta}{\sin\alpha}$의 값은?

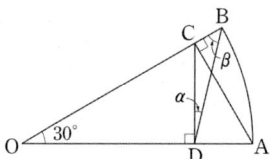

① $\dfrac{3}{2} + \sqrt{3}$ ② $\dfrac{7}{2}$ ③ $2 + \sqrt{3}$

④ 4   ⑤ $\dfrac{5}{2} + \sqrt{3}$

직각삼각형 OCA에서 $\overline{OC} = \sqrt{3}$이므로

직각삼각형 ODC에서 $\overline{CD} = \dfrac{\sqrt{3}}{2}$이고

$\overline{BC} = \overline{OB} - \overline{OC} = 2 - \sqrt{3}$

이때 삼각형 BCD에서 $\dfrac{\overline{BC}}{\sin\alpha} = \dfrac{\overline{CD}}{\sin\beta}$이므로

$\dfrac{\sin\beta}{\sin\alpha} = \dfrac{\overline{CD}}{\overline{BC}} = \dfrac{\dfrac{\sqrt{3}}{2}}{2 - \sqrt{3}} = \dfrac{\sqrt{3}}{2}(2 + \sqrt{3}) = \dfrac{3}{2} + \sqrt{3}$

4. 수열

정답 ⑤

문제 다시 보기

등차수열 $\{a_n\}$이 다음 조건을 만족시킬 때, a_1의 값은?

(가) $\displaystyle\sum_{n=11}^{20} a_n = \sum_{n=1}^{10} a_n + 20$

(나) $|a_4| - |a_3| = \dfrac{1}{10}$

① $-\dfrac{1}{4}$ ② $-\dfrac{3}{10}$ ③ $-\dfrac{7}{20}$ ④ $-\dfrac{2}{5}$ ⑤ $-\dfrac{9}{20}$

등차수열 $\{a_n\}$의 공차를 d라 하면 조건 (가)에서

$$\sum_{n=11}^{20} a_n - \sum_{n=1}^{10} a_n = \sum_{n=1}^{10}(a_{n+10} - a_n) = \sum_{n=1}^{10} 10d$$
$$= 100d = 20$$

이므로 $d = \dfrac{1}{5}$이다.

조건 (나)에서

$a_3 \geq 0$, $a_4 \geq 0$이면 $|a_4| - |a_3| = a_4 - a_3 = d = \dfrac{1}{5}$이므로

모순이고,

$a_3 \leq 0$, $a_4 \leq 0$이면

$|a_4| - |a_3| = -a_4 + a_3 = -(a_4 - a_3) = -d = -\dfrac{1}{5}$이므로

모순이다.

따라서 $d > 0$에서 $a_3 < a_4$이므로 $a_3 \leq 0$, $a_4 \geq 0$이어야

한다.

$|a_4| - |a_3| = a_4 + a_3 = \left(a_3 + \dfrac{1}{5}\right) + a_3 = 2a_3 + \dfrac{1}{5} = \dfrac{1}{10}$이므로

$a_3 = -\dfrac{1}{20}$

$\therefore a_1 = a_3 - 2d = \left(-\dfrac{1}{20}\right) - \dfrac{2}{5} = -\dfrac{9}{20}$

5. 지수함수와 로그함수

정답 ⑤

문제 다시 보기

그림과 같이 좌표평면에서 함수 $y = |2^x - 1|$의 그래프와 원 $x^2 + y^2 = a^2$ $(0 < a \leq \sqrt{2})$이 만나는 서로 다른 두 점을 각각 $A(x_1, y_1)$, $B(x_2, y_2)$라 할 때, <보기>에서 옳은 것만을 있는 대로 고른 것은? (단, $x_1 < x_2$이다.)

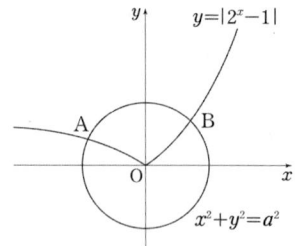

─── 〈 보 기 〉 ───

ㄱ. $x_2 = 1$이면 $y_1 + y_2 < 2$이다.

ㄴ. 원 위의 점 B에서의 접선의 기울기를 m이라 할 때, $|m| \geq \dfrac{y_2}{x_2}$이다.

ㄷ. 원점 O에 대하여 삼각형 OAB의 넓이를 S라 할 때, $S < x_2 y_2$이다.

① ㄱ   ② ㄴ   ③ ㄱ, ㄴ

④ ㄱ, ㄷ   ⑤ ㄱ, ㄴ, ㄷ

ㄱ. 점 B는 함수 $y = |2^x - 1|$의 그래프 위의 점이므로

$x_2 = 1$을 대입하면 $y_2 = 1$

한편, 점 A를 x축에 대하여 대칭이동시킨 점을 A'이라

하면

점 A'은 곡선 $y = 2^x - 1$ 위의 점이다.

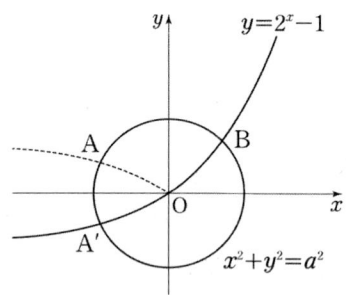

이때 직선 OA'의 기울기는 직선 OB의 기울기보다

작으므로

$\overline{OA'} = \overline{OB} = a$에서 $y_1 < y_2$이다.

즉, $y_1 + y_2 < 2$이다. (참)

ㄴ. ㄱ에서 곡선 $y = 2^x - 1$과 직선 $y = x$는 두 점 $(0, 0)$,

$(1, 1)$에서 서로 만나므로

$0 < a \leq \sqrt{2}$이면 $\dfrac{y_2}{x_2} \leq 1$이다.　　　……㉠

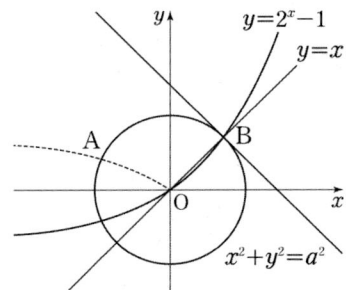

한편, 원 위의 점 B에서의 접선은 직선 OB와 서로

수직이므로 $m = -\dfrac{x_2}{y_2}$

이때 ㉠에 의하여 $|m| = \dfrac{x_2}{y_2} \geq 1$이므로 $|m| \geq \dfrac{y_2}{x_2}$이다.

(참)

ㄷ. $S = \dfrac{1}{2}(x_2 y_1 - x_1 y_2)$이므로 $S < x_2 y_2$이면

$x_2 y_1 - x_1 y_2 < 2 x_2 y_2$이다.

부등식 $x_2 y_1 - x_1 y_2 < 2 x_2 y_2$가 참이면

ㄱ에 의하여 $y_1 < y_2$, $-x_1 > x_2$이므로

$x_2 y_2 - x_2 y_1 > -(x_2 y_2 + x_1 y_2)$,

$x_2(y_2 - y_1) > -y_2(x_2 + x_1)$,

$\dfrac{y_2 - y_1}{x_2 + x_1} < -\dfrac{y_2}{x_2}$,

$\dfrac{y_2 - y_1}{(-x_1) - x_2} > \dfrac{y_2}{x_2}$

이때 점 B를 y축에 대하여 대칭이동시킨 점을 B′이라

하면

직선 AB′의 기울기는 $\dfrac{y_2 - y_1}{(-x_1) - x_2}$이고

$\dfrac{y_2 - y_1}{(-x_1) - x_2}$의 값은 원 $x^2 + y^2 = a^2$ 위의 점 B′에서의

접선의 기울기보다 크다.

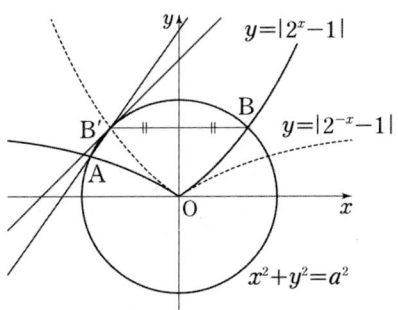

이때 원 $x^2 + y^2 = a^2$ 위의 점 B′에서의 접선의 기울기는

$\dfrac{x_2}{y_2}$이므로

부등식 $\dfrac{y_2 - y_1}{(-x_1) - x_2} > \dfrac{x_2}{y_2}$는 항상 성립한다.

한편, ㄴ에 의하여 $\dfrac{x_2}{y_2} \geq \dfrac{y_2}{x_2}$이므로

$\dfrac{y_2 - y_1}{(-x_1) - x_2} > \dfrac{x_2}{y_2} \geq \dfrac{y_2}{x_2}$

즉, $\dfrac{y_2 - y_1}{(-x_1) - x_2} > \dfrac{y_2}{x_2}$이므로 $S < x_2 y_2$이다. (참)

따라서 옳은 것은 ㄱ, ㄴ, ㄷ이다.

> **참고**
>
> 원점 O와 두 점 $A(a, b)$, $B(c, d)$를 꼭짓점으로 하는
> 삼각형 OAB의 넓이는 $\dfrac{1}{2}|ad - bc|$이다.

6. 수열   정답 28

문제 다시 보기

수열 $\{a_n\}$이 $a_1 = \dfrac{1}{2}$이고 모든 자연수 n에 대하여

$$a_{n+1} = \begin{cases} 1 - \cos a_n \pi & (a_n \leq 1) \\ \dfrac{2}{3} - \sin \dfrac{a_n}{4}\pi & (a_n > 1) \end{cases}$$

을 만족시킬 때, $12(a_{11} - a_{12})$의 값을 구하시오.

$a_1 = \dfrac{1}{2}$

$a_2 = 1 - \cos\dfrac{\pi}{2} = 1 - 0 = 1$

$a_3 = 1 - \cos\pi = 1 - (-1) = 2$

$a_4 = \dfrac{2}{3} - \sin\dfrac{\pi}{2} = \dfrac{2}{3} - 1 = -\dfrac{1}{3}$

$a_5 = 1 - \cos\left(-\dfrac{\pi}{3}\right) = 1 - \dfrac{1}{2} = \dfrac{1}{2}$

$\vdots$

수열 $\{a_n\}$은 $\dfrac{1}{2}$, 1, 2, $-\dfrac{1}{3}$이 반복되어 나타나므로

$a_{11} = a_3 = 2$, $a_{12} = a_4 = -\dfrac{1}{3}$이다.

$\therefore 12(a_{11} - a_{12}) = 12 \times \dfrac{7}{3} = 28$

문제 다시 보기

두 함수

$$f(x) = \log_2 16x, \quad g(x) = \log_2 \frac{x}{8}$$

에 대하여 두 곡선 $y = f(x)$, $y = g(x)$와 두 직선 $x = f^{-1}(5)$, $x = g^{-1}(0)$으로 둘러싸인 부분의 넓이를 구하시오.

$\log_2 16x = 4 + \log_2 x$, $\log_2 \dfrac{x}{8} = -3 + \log_2 x$이므로

곡선 $y = f(x)$는 곡선 $y = g(x)$를 y축의 방향으로 7만큼
평행이동시킨 것과 같다. ……㉠

한편

$\log_2 16x = 5$에서 $16x = 2^5$, 즉 $x = 2$이므로
$f^{-1}(5) = 2$이고

$\log_2 \dfrac{x}{8} = 0$에서 $\dfrac{x}{8} = 2^0$, 즉 $x = 8$이므로 $g^{-1}(0) = 8$이다.

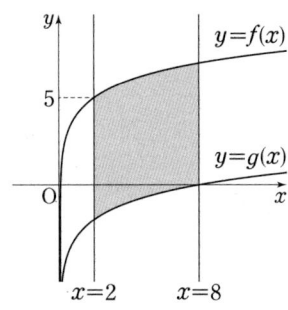

따라서 구하는 넓이는
두 곡선 $y = f(x)$, $y = g(x)$와 두 직선 $x = 2$, $x = 8$로
둘러싸인 부분의 넓이이다. ……㉡
이때 곡선 $y = f(x)$와 두 직선 $y = f(2)$, $x = 8$로 둘러싸인
부분의 넓이는 곡선 $y = g(x)$와 두 직선 $y = g(2)$, $x = 8$로
둘러싸인 부분의 넓이와 같으므로 ㉡은 네 직선 $y = f(2)$,
$y = g(2)$, $x = 2$, $x = 8$로 둘러싸인 직사각형의 넓이와 같다.
따라서 ㉠에 의하여 구하는 넓이는 $7 \times (8 - 2) = 42$이다.

문제 다시 보기

$0 < k < \dfrac{1}{4}$인 상수 k에 대하여 구간 $[0, 2\pi]$에서 정의된 함수
$y = 2\sin(5(x - k\pi))$의 그래프와 직선 $y = \sqrt{2}$가 만나는 모든
점의 x좌표를 크기가 작은 수부터 크기순으로 나열하면 x_1,
x_2, x_3, $\cdots$, x_m (m은 자연수)이다. $x_1 + x_m = \dfrac{9}{4}\pi$일 때,
$40mk$의 값을 구하시오.

함수 $y = 2\sin(5(x - k\pi))$의 주기는 $\dfrac{2\pi}{5}$이므로

구간 $[0, 2\pi]$에서 정의된 함수 $y = 2\sin(5(x - k\pi))$의
그래프와 직선 $y = \sqrt{2}$가 만나는 서로 다른 점의 개수는

10이다. $\left(\because 0 < k < \dfrac{1}{4}\right)$

$\therefore m = 10$

$t = x - k\pi$라 하자.

$2\sin 5t = \sqrt{2}$에서 $\sin 5t = \dfrac{\sqrt{2}}{2}$

따라서 정수 n에 대하여 $5t = \dfrac{\pi}{4} + 2n\pi$이거나

$5t = \dfrac{3}{4}\pi + 2n\pi$이다.

즉, $t = \dfrac{\pi}{20} + \dfrac{2}{5}n\pi$ 또는 $t = \dfrac{3}{20}\pi + \dfrac{2}{5}n\pi$에서

$x = \dfrac{\pi}{20} + \dfrac{2}{5}n\pi + k\pi$ 또는 $x = \dfrac{3}{20}\pi + \dfrac{2}{5}n\pi + k\pi$

이때 $0 < k < \dfrac{1}{4}$이고 $0 \le x \le 2\pi$이므로

$n = 0$일 때 $x_1 = \dfrac{\pi}{20} + k\pi$,

$n = 4$일 때 $x_m = \dfrac{35}{20}\pi + k\pi$이다.

주어진 조건에서 $x_1 + x_m = \dfrac{9}{4}\pi$이므로

$\left(\dfrac{\pi}{20} + k\pi\right) + \left(\dfrac{35}{20}\pi + k\pi\right) = \dfrac{9}{5}\pi + 2k\pi = \dfrac{9}{4}\pi$

$\therefore k = \dfrac{9}{40}$

$\therefore 40mk = 40 \times 10 \times \dfrac{9}{40} = 90$

09회

수능고쟁이 미니모의고사

1. ④	2. ③	3. ①	4. ②	5. ③
6. 15	7. 37	8. 13		

1. 지수함수와 로그함수

정답 ④

문제 다시 보기

1이 아닌 두 양의 실수 x, y가 $\log_x y = \dfrac{1}{3}$, $\log_{2x} y = \dfrac{1}{5}$ 을 만족시킬 때, xy의 값은?

① $\dfrac{5}{2}$ ② 3 ③ $\dfrac{7}{2}$ ④ 4 ⑤ $\dfrac{9}{2}$

$\log_x y = \dfrac{1}{3}$ 에서 $\log_y x = 3$ ......㉠

$\log_{2x} y = \dfrac{1}{5}$ 에서 $\log_y 2x = \log_y 2 + \log_y x = \log_y 2 + 3 = 5$

따라서 $\log_y 2 = 2$이므로 $y = \sqrt{2}$ 이다.

이를 ㉠에 대입하면

$2\log_2 x = 3$에서 $x = 2^{\frac{3}{2}} = 2\sqrt{2}$

∴ $xy = 4$

다른 풀이

$\log_x y = \dfrac{\log_2 y}{\log_2 x} = \dfrac{1}{3}$, ...㉡

$\log_{2x} y = \dfrac{\log_2 y}{\log_2 2x} = \dfrac{\log_2 y}{\log_2 2 + \log_2 x}$

$= \dfrac{\log_2 y}{1 + \log_2 x} = \dfrac{1}{5}$

에서 $\log_2 x : 1 + \log_2 x = 3 : 5$

$3 + 3\log_2 x = 5\log_2 x$, $2\log_2 x = 3$

$\log_2 x = \dfrac{3}{2}$

∴ $x = 2^{\frac{3}{2}}$

이를 ㉡에 대입하면

$\dfrac{\log_2 y}{\dfrac{3}{2}} = \dfrac{2\log_2 y}{3} = \dfrac{1}{3}$ 에서

$\log_2 y = \dfrac{1}{2}$이므로 $y = 2^{\frac{1}{2}}$이다.

∴ $xy = 4$

다른 풀이

$\log_x y = \dfrac{1}{3}$에서 $y = x^{\frac{1}{3}}$ ......㉢

$\log_{2x} y = \dfrac{1}{5}$에서 $y = (2x)^{\frac{1}{5}}$ ......㉣

㉢, ㉣에서 $x^{\frac{1}{3}} = (2x)^{\frac{1}{5}}$이므로

$\dfrac{x^{\frac{1}{3}}}{x^{\frac{1}{5}}} = 2^{\frac{1}{5}}$, $x^{\frac{1}{3} - \frac{1}{5}} = 2^{\frac{1}{5}}$

$x^{\frac{2}{15}} = 2^{\frac{1}{5}}$

∴ $x = 2^{\frac{3}{2}}$

이를 ㉢에 대입하면 $y = 2^{\frac{1}{2}}$

따라서 $xy = 4$이다.

2. 삼각함수

정답 ③

문제 다시 보기

$0 < x < 2\pi$에서 정의된 함수 $f(x) = 2\sin x + a$의 그래프와 직선 $y = t$의 교점의 개수가 1이 되도록 하는 모든 실수 t의 값의 합이 18일 때, $f\left(\dfrac{\pi}{a}\right)$의 값은?

① 5 ② 6 ③ 7 ④ 8 ⑤ 9

함수 $f(x) = 2\sin x + a$의 그래프와 직선 $y = t$의 교점의 개수가 1이 되도록 하는 실수 t의 값은 $-2 + a$, a, $2 + a$이므로 모든 실수 t의 값의 합은

$(-2 + a) + a + (2 + a) = 3a = 18$

∴ $a = 6$

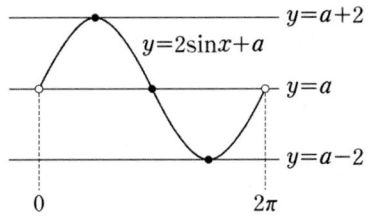

따라서 $f(x) = 2\sin x + 6$이므로

$f\left(\dfrac{\pi}{a}\right) = f\left(\dfrac{\pi}{6}\right) = 2\sin\dfrac{\pi}{6} + 6 = 7$

3. 삼각함수

정답 ①

문제 다시 보기

그림과 같이 점 O를 중심으로 하는 부채꼴 OAB가 있다.

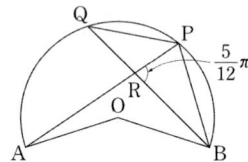

호 AB 위의 서로 다른 두 점 P, Q에 대하여 두 직선 AP, BQ가 만나는 점을 R라 할 때, 점 R는 다음 조건을 만족시킨다.

(가) $\angle PRB = \dfrac{5}{12}\pi$

(나) $\sin(\angle PBR) = \dfrac{1}{3}$

두 호 AQ, PB의 길이가 각각 6π, 4π일 때, 선분 PQ의 길이는?

① 8   ② 9   ③ 10   ④ 11   ⑤ 12

두 호 AQ, PB의 길이의 비가 $3:2$이므로
두 호에 대한 원주각의 크기의 비도 $3:2$이다.
즉, $\angle APQ : \angle PQB = 3:2$이고
조건 (가)에 의하여 삼각형 PQR에서
$\angle PQR + \angle QPR = \dfrac{5}{12}\pi$이므로
$\angle APQ = \dfrac{3}{12}\pi = \dfrac{\pi}{4}$, $\angle BQP = \dfrac{2}{12}\pi = \dfrac{\pi}{6}$ 이다.

따라서 호 PB에 대한 중심각의 크기는
$2 \times \angle BQP = \dfrac{\pi}{3}$이므로

호 PB의 길이는 $\overline{OA} \times \dfrac{\pi}{3}$이다.

이때 주어진 조건에서 호 PB의 길이는 4π이므로
$\overline{OA} \times \dfrac{\pi}{3} = 4\pi$에서 $\overline{OA} = 12$

삼각형 PQB에서 사인법칙에 의하여
$\dfrac{\overline{PQ}}{\sin(\angle PBR)} = 2r$가 성립하고,

조건 (나)에서 $\sin(\angle PBR) = \dfrac{1}{3}$이므로

$\overline{PQ} = 2 \times 12 \times \dfrac{1}{3} = 8$이다.

4. 수열

정답 ②

문제 다시 보기

수열 $\{a_n\}$의 첫째항부터 제n항까지의 합을 S_n이라 하자.
다음은 모든 자연수 n에 대하여

$$\sum_{k=1}^{n} \frac{a_k}{S_k} = \frac{1}{3}(3n + 16 - 4^{n+1})$$

이 성립할 때, a_n을 구하는 과정이다. (단, $a_1 \neq 0$이다.)

$n \geq 2$인 모든 자연수 n에 대하여

$$\frac{a_n}{S_n} = \sum_{k=1}^{n} \frac{a_k}{S_k} - \sum_{k=1}^{n-1} \frac{a_k}{S_k} = \boxed{(가)}$$

이므로

$$\frac{S_{n-1}}{S_n} = \boxed{(나)}$$

이 등식의 양변에 n대신 $2, 3, 4, \cdots, n$을 대입하여 나온 모든 식을 곱하여 정리하면

$$S_n = S_1 \times \boxed{(다)}$$

따라서 $n \geq 2$인 모든 자연수 n에 대하여

$$a_n = a_1 \times (1 - 4^n) \times \boxed{(다)}$$

이다.

위의 (가), (나), (다)에 알맞은 식을 각각 $f(n)$, $g(n)$, $h(n)$이라 할 때, $g(4)h(2) - f(3)$의 값은?

① 77   ② 79   ③ 81   ④ 83   ⑤ 85

$n \geq 2$인 모든 자연수 n에 대하여
$$\frac{a_n}{S_n} = \sum_{k=1}^{n} \frac{a_k}{S_k} - \sum_{k=1}^{n-1} \frac{a_k}{S_k}$$
$$= \frac{1}{3}(3n + 16 - 4^{n+1}) - \frac{1}{3}(3n + 13 - 4^n)$$
$$= \boxed{1 - 4^n}$$

이때
$$\frac{a_n}{S_n} = \frac{S_n - S_{n-1}}{S_n} = 1 - \frac{S_{n-1}}{S_n}$$ 이므로

$$\frac{S_{n-1}}{S_n} = \boxed{4^n} \ (n \geq 2)$$

이 등식의 양변에 n대신 $2, 3, 4, \cdots, n$을 대입하여 나온 모든 식을 곱하여 정리하면
$$\frac{S_1}{S_2} \times \frac{S_2}{S_3} \times \frac{S_3}{S_4} \times \cdots \times \frac{S_{n-1}}{S_n} = 4^2 \times 4^3 \times 4^4 \times \cdots \times 4^n$$

즉, $\dfrac{S_1}{S_n} = 4^{2+3+4+\cdots+n}$에서

$$S_n = S_1 \times 4^{-(2+3+4+\cdots+n)}$$
$$= S_1 \times 4^{-\left\{\frac{n(n+1)}{2} - 1\right\}}$$
$$= S_1 \times \boxed{2^{-n^2-n+2}}$$

$$a_n = (1 - 4^n) \times S_n$$
$$= (1 - 4^n) \times S_1 \times 2^{-n^2-n+2}$$
$$= a_1 \times (1 - 4^n) \times \boxed{2^{-n^2-n+2}}$$

$f(n)=1-4^n$, $g(n)=4^n$, $h(n)=2^{-n^2-n+2}$이므로

$f(3)=1-4^3=-63$,

$g(4)=4^4=256$,

$h(2)=2^{-4}=\dfrac{1}{16}$

$\therefore g(4)h(2)-f(3)=\dfrac{256}{16}-(-63)=79$

---

5. 지수함수와 로그함수 정답 ③

문제 다시 보기

그림과 같이 곡선 $y=\log_2 x\,(x\ge 1)$와 두 직선 $y=x-2$, $y=x-k$ 및 x축으로 둘러싸인 부분의 넓이를 S_1, 곡선 $y=2^{x-1}+1\,(x\ge 0)$과 두 직선 $y=x+2$, $y=x+k$ 및 y축으로 둘러싸인 부분의 넓이를 S_2라 하자. $S_2-S_1=5$일 때, 상수 k의 값은? (단, $k>2$)

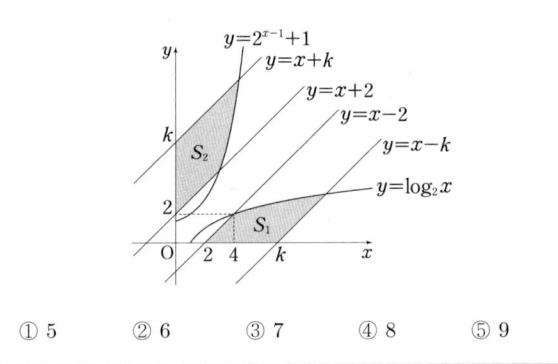

① 5 　　② 6 　　③ 7 　　④ 8 　　⑤ 9

두 함수 $y=\log_2 x\,(x\ge 1)$, $y=2^x\,(x\ge 0)$의 그래프는 서로 직선 $y=x$에 대하여 대칭이고 $S_2-S_1=5$이므로

두 곡선 $y=2^x$, $y=2^{x-1}+1$과 두 직선 $y=x+2$, $y=x+k$로 둘러싸인 부분의 넓이가 5이다. ……㉠

이때 두 곡선 $y=2^x$, $y=2^{x-1}+1$이 직선 $y=x+2$와 만나는 점을 각각 A, A′라 하고

두 곡선 $y=2^x$, $y=2^{x-1}+1$이 직선 $y=x+k$와 만나는 점을 각각 B, B′라 하자.

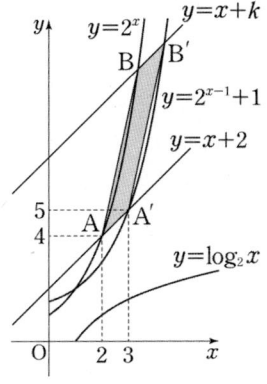

A$(2, 4)$, A′$(3, 5)$이고

곡선 $y=2^x$와 직선 $y=x+k$의 교점을 B$(\alpha, 2^\alpha)$라 하면

곡선 $y=2^{x-1}+1$과 직선 $y=x+k$의 교점은 B′$(\alpha+1, 2^\alpha+1)$이다.

따라서 곡선 $y=2^x$와 직선 AB로 둘러싸인 부분의 넓이와 곡선 $y=2^{x-1}+1$과 직선 A′B′로 둘러싸인 부분의 넓이는 서로 같으므로

㉠에 의하여 평행사변형 AA′B′B의 넓이가 5이다.

이때 평행사변형의 밑변을 AA′라 하면

밑변의 길이는 $\sqrt{2}$이고

높이는 점 A$(2, 4)$와 직선 $x-y+k=0$ 사이의 거리

$\dfrac{|-2+k|}{\sqrt{1^2+(-1)^2}}=\dfrac{k-2}{\sqrt{2}}$와 같다. ($\because k>2$)

즉, $\sqrt{2}\times\dfrac{k-2}{\sqrt{2}}=5$에서 $k=7$이다.

참고

곡선 $y=2^x$과 세 직선 $x=0$, $y=x+2$, $y=x+k$로 둘러싸인 부분의 넓이 S_1은

각 곡선과 직선을 x축, y축의 방향으로 모두 1만큼 평행이동시킨 곡선 $y=2^{x-1}+1$과 세 직선 $x=1$, $y=x+2$, $y=x+k$로 둘러싸인 부분의 넓이와 같다.

따라서 S_2-S_1을 네 직선 $x=0$, $x=1$, $y=x+2$, $y=x+k$로 둘러싸인 평행사변형의 넓이로 해석하면 $(k-2)\times 1=5$에서 $k=7$임을 빠르게 구할 수 있다.

---

6. 수열 정답 15

문제 다시 보기

수열 $\{a_n\}$의 첫째항부터 제n항까지의 합 S_n이 모든 자연수 n에 대하여

$$S_n=2a_n-n$$

을 만족시킬 때, a_4의 값을 구하시오.

$a_1=S_1=2a_1-1$에서 $a_1=1$

$n\ge 2$일 때

$a_n=S_n-S_{n-1}$

$\quad=(2a_n-n)-(2a_{n-1}-n+1)$

$\quad=2a_n-2a_{n-1}-1$

에서 $a_n=2a_{n-1}+1$

$a_2=2a_1+1=3$, $a_3=2a_2+1=7$

$\therefore a_4=2a_3+1=15$

7. 지수함수와 로그함수 정답 37

문제 다시 보기

두 집합 $A = \left\{ \dfrac{1}{9}, \dfrac{1}{8}, \dfrac{1}{2}, 2, 4, 16 \right\}$,

$B = \left\{ -\dfrac{1}{2}, -\dfrac{1}{3}, 0, \dfrac{1}{3}, \dfrac{1}{2} \right\}$이 있다. 두 집합 C, D를

$$C = \{ x \,|\, x = a^b, \ a \in A, \ b \in B \},$$
$$D = \{ x \,|\, x \text{는 1 이하의 유리수} \}$$

라 할 때, 집합 $C \cap D$의 모든 원소의 합은 $\dfrac{q}{p}$이다. $p + q$의

값을 구하시오. (단, p와 q는 서로소인 자연수이다.)

1이 아닌 양수 a와 실수 b에 대하여 $a^b \le 1$이기 위한

필요충분조건은

$0 < a < 1$, $b \ge 0$ 또는 $a > 1$, $b \le 0$

집합 $C \cap D$의 원소는 1 이하의 유리수이므로 집합 $C \cap D$의

원소는 다음과 같다.

(ⅰ) $b = 0$일 때

　　A의 모든 원소 a에 대하여 $a^0 = 1$이다.

(ⅱ) $b \ne 0$일 때

　　$\left(\dfrac{1}{9} \right)^{\frac{1}{2}} = \dfrac{1}{3}$, $\left(\dfrac{1}{8} \right)^{\frac{1}{3}} = 4^{-\frac{1}{2}} = \dfrac{1}{2}$, $16^{-\frac{1}{2}} = \dfrac{1}{4}$

(ⅰ), (ⅱ)에서

$$C \cap D = \left\{ 1, \dfrac{1}{3}, \dfrac{1}{2}, \dfrac{1}{4} \right\}$$

이므로 집합 $C \cap D$의 모든 원소의 합은

$$1 + \dfrac{1}{3} + \dfrac{1}{2} + \dfrac{1}{4} = \dfrac{12 + 4 + 6 + 3}{12} = \dfrac{25}{12}$$

$$\therefore p + q = 12 + 25 = 37$$

---

8. 수열 정답 13

문제 다시 보기

수열 $\{ a_n \}$이 모든 자연수 n에 대하여 다음 조건을 만족시킨다.

(가) $a_{2n-1} = a_{2n+1}$
(나) 좌표평면에서 함수 $y = \log_2 x + 1$의 그래프가
　　점 (a_n, a_{2n})을 지난다.

$a_{20} = 3$일 때, $\displaystyle\sum_{n=1}^{k} a_n < 80$을 만족시키는 자연수 k의 최댓값을
구하시오.

조건 (가)에서 $a_1 = a_3 = a_5 = \cdots$이다. ⋯⋯㉠

조건 (나)에 의하여

$a_{2n} = \log_2 a_n + 1$, 즉 $a_n = 2^{a_{2n}-1}$이므로

$a_{20} = 3$일 때

$a_{10} = 2^{3-1} = 4$, $a_5 = 2^{4-1} = 8$이다. ⋯⋯㉡

㉠, ㉡과 조건 (나)에 의해

모든 자연수 n에 대하여

$a_{2n-1} = 8$이고

$a_{4n-2} = \log_2 8 + 1 = 4$이므로

a_n의 값을 표로 나타내면 다음과 같다.

n	a_n
1	8
2	4
3	8
4	$\log_2 4 + 1 = 3$
5	8
6	4
7	8
8	$\log_2 3 + 1$
9	8
10	4
11	8
12	$\log_2 4 + 1 = 3$
13	8
14	4
⋮	⋮

이때 $1 < \log_2 3 < 2$이므로

$$\sum_{n=1}^{12} a_n = \sum_{n=1}^{6} a_{2n-1} + \sum_{n=1}^{6} a_{2n}$$

$$= \sum_{n=1}^{6} 8 + \{ 4 + 3 + 4 + (\log_2 3 + 1) + 4 + 3 \}$$

$$= 8 \times 6 + (19 + \log_2 3)$$

$$= 67 + \log_2 3 < 80,$$

$$\sum_{n=1}^{13} a_n = \sum_{n=1}^{12} a_n + a_{13} = (67 + \log_2 3) + 8$$

$$= 75 + \log_2 3 < 80,$$

$$\sum_{n=1}^{14} a_n = \sum_{n=1}^{13} a_n + a_{14} = (75 + \log_2 3) + 4$$

$$= 79 + \log_2 3 > 80$$

이다.

즉, $\displaystyle\sum_{n=1}^{13} a_n < 80 < \sum_{n=1}^{14} a_n$이므로 구하는 자연수 k의 최댓값은

13이다.

1. ⑤	2. ④	3. ④	4. ⑤	5. ③
6. 25	7. 101	8. 10		

1. 수열

정답 ⑤

문제 다시 보기

$a_1 = 3$, $a_2 = 1$인 수열 $\{a_n\}$이 모든 자연수 n에 대하여

$$\frac{a_n + a_{n+1}}{a_{n+1} + a_{n+2}} = 2$$

를 만족시킬 때, a_5의 값은?

① $-\dfrac{1}{2}$ ② $-\dfrac{1}{4}$ ③ 0 ④ $\dfrac{1}{4}$ ⑤ $\dfrac{1}{2}$

$a_1 = 3$, $a_2 = 1$이므로

$\dfrac{a_1 + a_2}{a_2 + a_3} = \dfrac{3+1}{1+a_3} = 2$에서 $a_3 = 1$,

$\dfrac{a_2 + a_3}{a_3 + a_4} = \dfrac{1+1}{1+a_4} = 2$에서 $a_4 = 0$,

$\dfrac{a_3 + a_4}{a_4 + a_5} = \dfrac{1+0}{0+a_5} = 2$에서 $a_5 = \dfrac{1}{2}$이다.

2. 지수함수와 로그함수

정답 ④

문제 다시 보기

함수 $f(x) = \log_2 (x+1) + a$의 역함수를 $g(x)$라 하자. 곡선 $y = g(x)$가 점 $(3, 1)$을 지나고 점근선이 $y = b$일 때, $a+b$의 값은? (단, a, b는 상수이다.)

① -2 ② -1 ③ 0 ④ 1 ⑤ 2

$y = \log_2 (x+1) + a$에서

$\log_2 (x+1) = y - a$

$x + 1 = 2^{y-a}$

$x = 2^{y-a} - 1$

이므로 $g(x) = 2^{x-a} - 1$이다.

곡선 $y = g(x)$가 점 $(3, 1)$을 지나므로

$2^{3-a} - 1 = 1$

$2^{3-a} = 2$에서 $a = 2$

또한 곡선 $y = g(x)$의 점근선은 직선 $y = -1$이므로 $b = -1$

$\therefore$ $a + b = 2 + (-1) = 1$

다른 풀이

함수 $f(x)$의 역함수 $g(x)$의 그래프가 점 $(3, 1)$을 지나므로

$f(1) = 3$, $\log_2 2 + a = 3$, $a = 2$

함수 $f(x) = \log_2 (x+1) + a$의 그래프의 점근선이

$x = -1$이므로

그 역함수 $y = g(x)$의 그래프의 점근선은 $y = -1$, $b = -1$

$\therefore$ $a + b = 2 + (-1) = 1$

3. 삼각함수

정답 ④

문제 다시 보기

그림과 같이 $\overline{AB} = 3$, $\overline{BC} = 2$, $\overline{CA} = 4$인 삼각형 ABC가 원 O에 내접하고 있다. 원 O 위의 한 점 D에 대하여 $\sin(\angle CAD) = \dfrac{5}{8}$일 때, 선분 CD의 길이는?

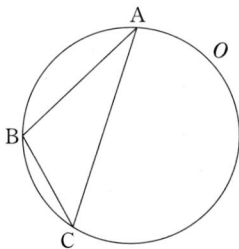

① $\dfrac{\sqrt{15}}{3}$ ② $\dfrac{4\sqrt{15}}{9}$ ③ $\dfrac{5\sqrt{15}}{9}$

④ $\dfrac{2\sqrt{15}}{3}$ ⑤ $\dfrac{7\sqrt{15}}{9}$

삼각형 ABC에서 코사인법칙에 의하여

$\cos(\angle ABC) = \dfrac{3^2 + 2^2 - 4^2}{2 \times 3 \times 2} = -\dfrac{3}{12} = -\dfrac{1}{4}$이므로

$\sin(\angle ABC) = \sqrt{1 - \left(-\dfrac{1}{4}\right)^2} = \dfrac{\sqrt{15}}{4}$이다.

한편 두 삼각형 ABC, ACD에 외접하는 원은 O로 서로 같으므로

$$\frac{\overline{CA}}{\sin(\angle ABC)} = \frac{\overline{CD}}{\sin(\angle CAD)},$$

즉 $\dfrac{\dfrac{4}{\sqrt{15}}}{4} = \dfrac{\overline{CD}}{\dfrac{5}{8}}$ 이다.

$$\therefore \overline{CD} = \frac{16}{\sqrt{15}} \times \frac{5}{8} = \frac{10\sqrt{15}}{15} = \frac{2\sqrt{15}}{3}$$

4. 수열

정답 ⑤

문제 다시 보기

첫째항이 10이고 공차가 정수인 등차수열 $\{a_n\}$의 첫째항부터 제n항까지의 합을 S_n이라 하고, $T_n = \displaystyle\sum_{k=1}^{n} S_k$라 하자. $T_m < 0$을 만족시키는 자연수 m의 최솟값이 6일 때, a_2의 값은?

① 7   ② 6   ③ 5   ④ 4   ⑤ 3

첫째항이 10인 수열 $\{a_n\}$의 공차를 d라 하면 (단, d는 정수)

$$S_n = \frac{n\{20 + (n-1)d\}}{2} = \frac{d}{2}n^2 + \frac{20-d}{2}n \text{이다.}$$

$T_m < 0$을 만족시키는 자연수 m의 최솟값이 6이려면 $d < 0$이고 $T_6 < 0 \le T_5$이어야 한다.

$$T_5 = \sum_{k=1}^{5} S_k$$
$$= \frac{d}{2} \times \frac{5 \times 6 \times 11}{6} + \frac{20-d}{2} \times \frac{5 \times 6}{2}$$
$$= \frac{d}{2} \times 55 + \frac{20-d}{2} \times 15$$
$$= 20d + 150$$

$$T_6 = \sum_{k=1}^{6} S_k$$
$$= \frac{d}{2} \times \frac{6 \times 7 \times 13}{6} + \frac{20-d}{2} \times \frac{6 \times 7}{2}$$
$$= \frac{d}{2} \times 91 + \frac{20-d}{2} \times 21$$
$$= 35d + 210$$

$T_5 \ge 0$에서 $d \ge -\dfrac{15}{2}$이고

$T_6 < 0$에서 $d < -6$이므로

$-\dfrac{15}{2} \le d < -6$을 만족시키는 정수 d의 값은 -7이다.

$$\therefore a_2 = a_1 + d = 10 + (-7) = 3$$

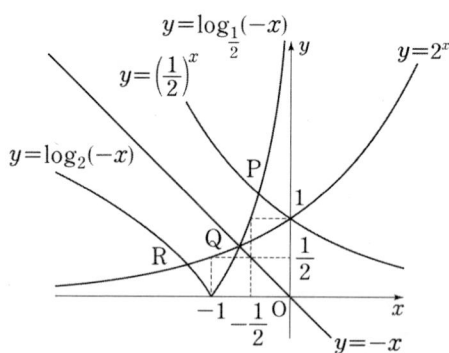

5. 지수함수와 로그함수

정답 ③

문제 다시 보기

그림과 같이 좌표평면에서 함수 $y = |\log_2(-x)|$의 그래프가 곡선 $y = \left(\dfrac{1}{2}\right)^x$과 만나는 점을 $P(x_1, y_1)$, 곡선 $y = 2^x$과 만나는 두 점을 각각 $Q(x_2, y_2)$, $R(x_3, y_3)$ $(x_2 > x_3)$이라 할 때, <보기>에서 옳은 것만을 있는 대로 고른 것은?

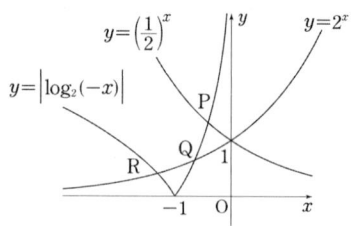

─── 〈 보 기 〉 ───

ㄱ. $\left(x_1 + \dfrac{1}{2}\right)\left(x_2 + \dfrac{1}{2}\right) < 0$

ㄴ. $(x_1)^2 + (y_1 - 1)^2 = (x_3 + 1)^2 + (y_3)^2$

ㄷ. $x_2 \times 2^{x_3} - x_3 \times 2^{x_2} > y_1 - y_2$

① ㄱ   ② ㄷ   ③ ㄱ, ㄴ
④ ㄴ, ㄷ   ⑤ ㄱ, ㄴ, ㄷ

함수 $y = |\log_2(-x)|$의 그래프는 $x \le -1$일 때 곡선 $y = \log_2(-x)$의 일부이고,

$-1 < x < 0$일 때 곡선 $y = -\log_2(-x) = \log_{\frac{1}{2}}(-x)$

의 일부이다.

ㄱ. 곡선 $y = -\log_2(-x)$는 점 $\left(-\dfrac{1}{2}, 1\right)$을 지난다.

그래프에서 $x_2 < -\dfrac{1}{2} < x_1$이므로

$$x_2 + \frac{1}{2} < 0, \quad x_1 + \frac{1}{2} > 0$$

$$\therefore \left(x_1 + \frac{1}{2}\right)\left(x_2 + \frac{1}{2}\right) < 0 \text{ (참)}$$

ㄴ. 점 $P(x_1, y_1)$은 두 곡선 $y = \left(\dfrac{1}{2}\right)^x$, $y = -\log_2(-x)$의 교점이고, 점 $R(x_3, y_3)$은 두 곡선 $y = \log_2(-x)$, $y = 2^x$의 교점이다.

곡선 $y=\left(\dfrac{1}{2}\right)^x$ 을 직선 $y=-x$ 에 대하여

대칭이동시키면

$-x=\left(\dfrac{1}{2}\right)^{-y}$ 에서 $y=\log_2(-x)$ 이고,

곡선 $y=-\log_2(-x)$ 를 직선 $y=-x$ 에 대하여

대칭이동시키면

$-x=-\log_2 y$ 에서 $y=2^x$ 이므로

점 P를 직선 $y=-x$ 에 대하여 대칭이동시킨 점이

R이다.

따라서 $x_3=-y_1$, $y_3=-x_1$ 이므로

$(x_3+1)^2+(y_3)^2=(-y_1+1)^2+(-x_1)^2$

$\qquad\qquad\qquad\quad =(x_1)^2+(y_1-1)^2$ (참)

ㄷ. ㄴ에 의하여 두 곡선 $y=2^x$, $y=-\log_2(-x)$ 는 서로

직선 $y=-x$ 에 대하여 대칭이고, 이때 점 Q는 두

곡선의 교점이므로 직선 $y=-x$ 위에 있다.

즉, $y_2=-x_2$ 이다.

또한 ㄴ에 의하여 $x_3=-y_1$ 이므로

$y_1-y_2=(-x_3)-(-x_2)=x_2-x_3$

따라서 주어진 부등식은

$x_2\times 2^{x_3}-x_3\times 2^{x_2}>x_2-x_3$ 이다.

$x_2\times 2^{x_3}-x_3\times 2^{x_2}-(x_2-x_3)$

$=x_2 y_3-x_3 y_2-x_2+x_3$

$=x_2(y_3-1)-x_3(y_2-1)$

$=x_2 x_3\left(\dfrac{y_3-1}{x_3}-\dfrac{y_2-1}{x_2}\right)$ $\qquad$ ……㉠

$x_2<0$, $x_3<0$ 이므로 $x_2 x_3>0$ 이다.

이때 점 $\mathrm{R}(x_3, y_3)$ 과 점 $(0,1)$ 을 지나는 직선의

기울기가 $\dfrac{y_3-1}{x_3}$ 이고,

점 $\mathrm{Q}(x_2, y_2)$ 와 점 $(0,1)$ 을 지나는 직선의 기울기가

$\dfrac{y_2-1}{x_2}$ 이므로

$\dfrac{y_3-1}{x_3}<\dfrac{y_2-1}{x_2}$ 이다.

따라서 ㉠의 값이 음수이므로

$x_2\times 2^{x_3}-x_3\times 2^{x_2}-(x_2-x_3)<0$ 에서

$x_2\times 2^{x_3}-x_3\times 2^{x_2}<x_2-x_3$ 이다. (거짓)

따라서 옳은 것은 ㄱ, ㄴ이다.

문제 다시 보기

> 방정식 $\log_x \dfrac{1}{16}=\log_{\frac{1}{2}} 4x$ 의 두 실근을 α, β라 할 때,
>
> $100\alpha\beta$의 값을 구하시오.

$\log_x \dfrac{1}{16}=\log_x 2^{-4}=-4\log_x 2$,

$\log_{\frac{1}{2}} 4x=-\log_2 4x=-\log_2 x-2$

이므로

$-\dfrac{4}{\log_2 x}=-\log_2 x-2$

$(\log_2 x)^2+2\log_2 x-4=0$

$X=\log_2 x$ 라 하면

$X^2+2X-4=0$ 이고 근과 계수의 관계에 의하여

$\log_2\alpha+\log_2\beta=-2$

따라서 $\log_2\alpha\beta=-2$ 이므로

$\alpha\beta=2^{-2}=\dfrac{1}{4}$

$\therefore 100\alpha\beta=100\times\dfrac{1}{4}=25$

문제 다시 보기

n이 자연수일 때, $0 \leq x \leq n$에서 함수

$$f(x) = (x-7)^2 + 1$$

의 최솟값을 a_n이라 하자. $\displaystyle\sum_{n=1}^{10} a_n$의 값을 구하시오.

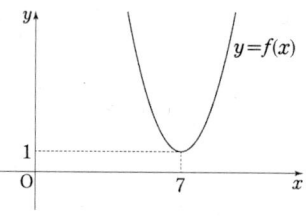

$1 \leq n \leq 7$일 때, 함수 $f(x) = (x-7)^2 + 1$의 최솟값은
$f(n)$이고,

$n \geq 8$일 때, 함수 $f(x) = (x-7)^2 + 1$의 최솟값은
$f(7) = 1$이므로

$$\sum_{n=1}^{10} a_n = \sum_{n=1}^{7}\{(n-7)^2+1\} + \sum_{n=8}^{10} 1$$

$$= \sum_{n=1}^{7}(n-7)^2 + 7 + 3$$

$$= \sum_{n=1}^{6} n^2 + 10$$

$$= \frac{6 \times 7 \times 13}{6} + 10$$

$$= 101$$

문제 다시 보기

$-\dfrac{\pi}{2} < x < \dfrac{\pi}{2}$에서 정의된 함수 $f(x) = \tan x$에 대하여

$$|f(x)+3|+1 = f(-x) + 2f(a)$$

를 만족시키는 실수 x의 값의 집합은 $\left\{x \,\middle|\, -\dfrac{\pi}{2} < x \leq b\right\}$이다.

$\dfrac{120a}{\pi \times f(b)}$의 값을 구하시오.(단, $-\dfrac{\pi}{2} < a < \dfrac{\pi}{2}$, $-\dfrac{\pi}{2} < b < \dfrac{\pi}{2}$)

$|f(x)+3|+1 = f(-x)+2f(a)$에서
$g(x) = |f(x)+3|+1$이라 하고
$h(x) = f(-x)+2f(a)$라 하자.

이때 $f(c)+3 = 0$이라 하면 (단, $-\dfrac{\pi}{2} < c < \dfrac{\pi}{2}$)

$$g(x) = \begin{cases} -\{f(x)+3\}+1 & \left(-\dfrac{\pi}{2} < x \leq c\right) \\ \{f(x)+3\}+1 & \left(c < x < \dfrac{\pi}{2}\right) \end{cases}$$

$$= \begin{cases} -f(x)-2 & \left(-\dfrac{\pi}{2} < x \leq c\right) \\ f(x)+4 & \left(c < x < \dfrac{\pi}{2}\right) \end{cases}$$

이다.

즉, 함수 $y = g(x)$의 그래프는 $-\dfrac{\pi}{2} < x \leq c$에서 함수

$y = -f(x)-2$의 그래프와 일치한다. 　　　　…… ㉠

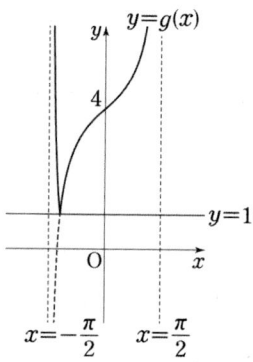

한편 삼각함수의 성질에 의하여 $\tan(-x) = -\tan x$이므로
$h(x) = -f(x)+2f(a)$이다. 　　　　　　　…… ㉡

따라서 방정식 $g(x) = h(x)$의 해가 $-\dfrac{\pi}{2} < x \leq b$이려면

㉠, ㉡에 의하여
$b = c$이고 $-2 = 2f(a)$, 즉 $f(a) = -1$이어야 한다.

따라서 $a = -\dfrac{\pi}{4}$이고 $f(b) = -3$이다.

$$\therefore \frac{120a}{\pi \times f(b)} = \frac{120}{\pi} \times \left(-\frac{\pi}{4}\right) \times \frac{1}{-3} = 10$$